十一五期間國家古籍整理重點圖書出版規劃項目
中華人民共和國教育部人文社會科學研究專項任務項目
（項目批准號 01JD770001）
本書的整理編輯出版由廣州市人民政府資助

《葉名琛檔案》由廣州文化局與中山大學歷史人類學研究中心合作編輯

整理編輯工作小組

主編：劉志偉　陳玉環

編校：楊培娜　程美寶　邱　捷

成員：陳麗華　陳永升　陳志國　丁　蕾　何文平　賀　喜
胡雪蓮　盧樹鑫　唐金英　田　宓　王愛英　韋錦新
溫春來　謝曉輝　周鷺濤　周小蘭

葉名琛檔案

清代兩廣總督衙門殘牘

第一冊（FO931/0001－0073）

劉志偉　陳玉環　主編

廣東省出版集團
廣東人民出版社
·廣州·

圖書在版編目（CIP）數據

葉名琛檔案：清代兩廣總督衙門殘牘 / 劉志偉，陳玉環主編.
—廣州：廣東人民出版社，2012.12
ISBN 978-7-218-06658-5

Ⅰ.①葉… ②清… Ⅱ.①劉… ②陳… Ⅲ.①檔案資料—中國—清後期 Ⅳ.①K252.06

中國版本圖書館 CIP 數據核字（2010）第 025853 號

YeMingchenDang'an：Qingdai LiangguangZongduYamen Candu
葉名琛檔案：清代兩廣總督衙門殘牘
劉志偉 陳玉環 主編

出 版 人：曾 瑩

選題策劃：戴 和
責任編輯：柏 峰 張賢明 陳其偉
裝幀設計：張力平
責任技編：周 傑 黎碧霞

出版發行：廣東人民出版社
地　　址：廣州市大沙頭四馬路 10 號（郵政編碼：510102）
電　　話：（020）83798714（總編室）
傳　　真：（020）83780199
網　　址：http: //www.gdpph.com
印　　刷：東莞市本色印刷有限公司
書　　號：ISBN 978-7-218-06658-5
開　　本：787mm × 1092mm 1/16
印　　張：316.25 插頁：9 字數：6450 千
版　　次：2012 年 12 月第 1 版 2012 年 12 月第 1 次印刷
定　　價：4800.00 元 (全套定價)

如果發現印裝質量問題，影響閱讀，請與出版社(020-83795749)聯繫調換。
售書熱綫：（020）83790604 83791487 83797157

前言

「葉名琛檔案」是目前所知僅存的成批傳世的清代總督衙門檔案。在第二次鴉片戰爭中，英法聯軍進攻兩廣總督衙門時，兩廣總督葉名琛從衙門帶出一批文件，這些文件隨葉名琛一起被英法聯軍俘獲，幾經輾轉，最後爲英國國家檔案館（The National Archives）收藏。中國學者歷來對這批檔案懷有濃厚興趣。早在數十年以前，海外的學者已經在整理、利用和研究這批檔案方面，取得矚目的成就，但在相當長的一段時間裏，中國大陸地區的學者都没有條件直接看到並利用這批檔案。1995年，我們在牛津大學訪學期間，曾到位於Kew Garden的英國公共檔案館（Public Record Office，2003年後與其他數個檔案館合併爲「英國國家檔案館」）翻閱這些檔案，爲其中豐富的內容所吸引，同時也爲在國內難以利用這批檔案感到遺憾。後來，我們向廣州市政府申請資助，得市政府大力支持，撥出專款，在廣州博物館立項，從英國公共檔案館購得檔案縮微膠卷，並委托中山大學歷史系負責整理和研究，編輯影印出版。

在英國國家檔案館中全宗號爲FO 931的這批檔案，大部分爲兩次鴉片戰爭之間兩廣總督衙門的官方文件，也有少量是在此期間歷任兩廣總督的私人文件，經歷數次揀選編目，無論在內容還是形式上都呈零亂之態，幸經龐百騰教授（Prof. David Pong）整理，編撰了完整的目錄，內容稍成系統，使我們得以在較有條理的基礎上進行編輯。鑒於檔案本身的殘缺狀態已不能改變，又考慮到學界多年來已慣於利用英國國家檔案館的編目，爲了與直接在英國國家檔案館裏利用這批檔案的研究者保持一致，我們這次整理出版，不對檔案的編排進行調整和重新編號，只是把由縮微膠卷掃描製成的圖像進行裁切拼接，儘量以較爲整齊的頁面影印成冊。同時，爲便於學者利用，我們重新編撰了每份文件的內容提要，另冊刊行，以便讀者檢讀。我們所擬的提要，與龐百騰教授編寫的英文目錄有較大的差異，除訂正了其中一些錯漏外，更多直接根據或參照文件本身所列的事由撰寫，相對地較少對文件的內容作細節上的描述，希望能够盡可能減少對讀者產生的誤導。

本書的編輯，前後經歷了十多年，其中曾經因爲我們個人工作狀況的變動而擱置了數年，後來由於計算機硬軟件和圖像處理技術的進步，爲了提高排版質量，我們又把早年以較低解像度掃描後排妥的版面徹底捨棄，重新掃描和排版，由此又拖延了數年。長達十餘年的編輯整理工作過程，同很多朋友的努力是分不開的。科大衛教授不但自始至終都給予我們很多幫助和鼓勵，還曾經帶領我們幾位學生圍繞葉名琛檔案開展專題研究和討論；邱捷教授親自撰寫了一部分檔案提要，並爲提要體例應如何處理提出了很多重要的建議；程美寶教授參與了整理工作的全過程；楊培娜博士在後期承擔了檔案校對和修訂提要的大部分工作，没有她的努力，本書的編輯工作可能還要繼續拖延下去；溫春來和陳永升博士早期在艱苦的工作條件下完成了檔案的初步拼接工作，爲後來的整理奠定了基礎；在後期檔案核查過程中，吴滔教授提供了相關圖像以幫助校對；工作小組的其他成員在不同的階段，也爲整理編輯工作做出了多方面的貢獻。我們最應該感謝的，當然是對這些檔案的整理編目做出奠基性貢獻的龐百騰教授，在開展工作的初期，我們也向龐百騰教授就編纂目錄的問題作過一些諮詢，得到他的指點。我們尤要表達感謝的，是研究葉名琛檔案用力最多的黄宇和教授給予我們的支持，當我們在2000年向黄院士提出希望他爲本書撰寫一篇序言時，他在了解到我們已經得到英國國家檔案館的允許後，當即答應，並很快撰寫了一份長篇序言，詳細介紹了這批檔案幸存下來、輾轉流離的經歷，以及學者們整理利用的許多情況，同時也發表了一些他個人的意見。我們還要感謝的，是廣東人民出版社十餘年來不離不棄，戴和、倪臘松、柏峰、張賢明、陳其偉等編輯朋友鍥而不捨的努力，是本書終於能够面世不可缺少的推動力。

我們衷心期望，這批檔案的影印出版，能够爲學界提供研究的便利，但由於我們的能力有限，本書還存在一些明顯的缺陷，也一定會有不少錯漏，我們爲此深感遺憾，更希望學界朋友能給予指正。

編者謹識

凡例

一、本書輯錄的是第二次鴉片戰爭期間，兩廣總督葉名琛被俘時被英法聯軍同時繳獲的部分文件，原件現藏於英國國家檔案館，編號爲FO 931。書名以學界習稱之《葉名琛檔案》爲題。

二、本書輯錄的檔案，沿用經龐百騰（David Pong）教授整理編目後的檔案順序編排，每件檔案的編號亦沿用英國國家檔案館的檔案編號，在頁眉處標示。爲版面整齊起見，檔案序號以加0的方式統一爲四位數字，如FO 931/1改標記爲FO 931/0001。

三、本書所用圖版，利用英國國家檔案館提供的縮微膠卷掃描、拼接、整理而成，其中膠卷原標記缺失的文件，多錯置於其他文件中，編輯時已移回原來的位置。

四、原檔案文件中存有明顯錯簡者，若在同一編號內，儘量校正其頁次；有疑問而不能確認者，仍保留原頁序；但同一文件被分別編在不同編號內的，則不予調整。

五、檔案的版面處理，以完整呈現文件內容爲首要前提，不一定能完全保存文件形制的完整性和原狀。出於版面編排的需要，在確保檔案內容完整的前提下，對檔案中一些空白處進行適當的剪裁。

六、爲最大限度利用版面，同一文件的不同頁面未能按相同比例縮放。

七、檔案在縮微膠卷拍攝和掃描製作過程中形成的黑邊，一般情況下予以清除，其中部分文件需要適當保留黑邊以呈現文件原貌的，則酌情保留。

八、文件中存在的黑點、蛀痕、摺痕、浮水印、缺損痕蹟等盡可能保留，但對部分底色較深的文件，爲有利於文字的辨讀，對其中底色作了必要的調校。經調校仍不能顯出文字者，保留原貌。

九、大部分檔案上有早期整理時留下的舊編號（即FO 682），儘量予以保留；部分因版面裁切的需要，將該編號位置略加移動，仍以不影響檔案內容爲前提。

十、原檔案部分文件上有粘附紙條覆蓋，以分別保留兩個圖像的方式處理，或在一頁中以上下欄排，或排爲前後兩頁，一般爲掀開紙條後的頁面在前，紙條覆蓋的頁面在後。

十一、爲便於研究者檢讀利用，編者根據檔案內容爲每份文件作了簡短的提要。提要的草擬，參考了龐百騰教授編撰的目錄*A Critical Guide to the Kwangtung Provincial Archives Deposited at the Public Record Office of London*（Cam., Mass.: Harvard East Asian Research Center, 1975），但除訂正了龐氏目錄中的一些錯漏外，在內容選擇和表達方式上，與龐氏目錄有較大的差異，建議讀者一併參酌使用。

十二、原檔案編號有一號多件，亦有一件多號者，今一律以同一編號文件爲基本單位。同一文件號內，若有兩份獨立文件，提要分行排列（如FO 931/1493）；同一文件編號下包括多份文件者，以阿拉伯數字順序編號並分別撰寫提要（如FO 931/58、FO 931/454等）。

十三、提要由撰文人、事由、文件相關日期三部分組成。撰文人爲文件主題內容的責任人，撰文人不詳者，用「無撰文人」表示；事由以文件主體內容爲主，過於繁複的內容作簡省處理；文件相關日期或爲擬文日期，或爲發文日期，或爲奉上諭日期，或爲收文日期，依次擇用。

十四、撰文人只以文件本身直接提供的信息爲依據，一般不參照其他文件或書籍考證、推斷撰文人，但個別學界熟知的文件（如FO 931/15）除外。

十五、具文人爲兩人以下的，兩人同列出，三人以上者，只列第一人，並以「等」標示。

十六、撰文或受文人職銜全稱較長，或多個職銜並列者，一般只列一個主要職銜並用簡略稱謂。

十七、撰文人中的外國國家名和人名採用現行通用名稱，事由中則均保留文件中的譯名用字（如「暎咭唎、噫吡時」）。

十八、文件沒有直接標示相關日期者，以「無年份日期」標示，若只有年份，或只有日期，只標出年份或日期。

十九、文件相關日期沒直接信息，但文中涉事有發生時間者，儘量在事由中標出。

二十、上諭的各種鈔傳本以及軍機大臣字寄上諭等，均直接著錄爲「上諭」，並以奉上諭日期爲行文日期。

二十一、硃批奏摺抄片以原具奏人爲撰文人，並以上奏日期爲行文日期，一般不特別標出是否有硃批。有上奏日期的，省略硃批日期；若上奏日期不明，則標出硃批或奉到硃批日期。

二十二、檔案中有稿本、鈔本，提要中一般不予標明，只錄其內容要點。

二十三、提要不標記文體，於事由中以「奏」、「咨」、「呈」、「詳」等字樣標示，鈔本不另外注明。文件中很多件明顯爲殘本，但無法一一判斷原件是否完整，故一律不予標明。

二十四、奏摺提要若照錄原摺事由，保留用「奏爲……事」的寫法，若爲編者據內容另擬，則只寫作「奏……」。

二十五、奏摺附片用「片奏」標示。

二十六、原檔案中有多幅地圖（圖版），因縮微膠卷清晰度的限制，本輯一律只縮印爲適合本書開本大小的圖版，研究者如需細覽原圖，當參考華林甫編：《英國國家檔案館庋藏近代中文輿圖》，上海社會科學院出版社2009年版。

全球一體化旋風中的近代中國：從葉名琛檔案談起〔一〕

黃宇和

（一）劫後餘生：葉名琛檔案來源

1857年12月28日黎明，英法聯軍開始炮轟廣州城。「連珠炮聲如千萬爆竹」，〔二〕專擊廣州新城內的兩廣總督葉名琛督署。南海縣知縣華廷傑急趨視，則轅門內不見一人。冒煙入，至花廳，見葉氏袍襟上挽，獨自在此尋檢緊要文件。華廷傑請速從。葉氏不允，繼續收拾要緊文件。不久，紳士林福盛帶勇百餘入內敦勸，葉氏乃遷入廣州內城粵［越］華書院。「不愈刻而全署火發，盡化灰燼，行李重物無得出者。」〔三〕

上面華廷傑這段記錄，有兩份外國人的目擊記可作佐證。第一份是英國全權公使額爾金伯爵（Earl of Elgin）的私人秘書奧利芬（Laurence Oliphant）的目擊記。他說，劫後的督轅盡是一片灰燼。〔四〕第二份文獻則說得更具體：它正是《泰晤士報》特派戰地記者柯克（G. W. Cooke）的目擊記。當英法聯軍炮轟葉名琛的督轅時，他早已爬到英國軍艦「獵人」號（HMS *Nimrod*）的主桅桿最高處觀戰。他目睹連天炮火之下，佔地約兩英畝的兩廣總督衙門內之亭臺樓閣，一棟一棟地倒下去，無一幸免。與此同時，大批附近的居民蜂擁而至。他們冒著槍林彈雨，不顧一切地搶奪家私雜物。甚至門戶窗框、屋樑木柱，凡是能搬得動的都全搬走了。最後剩下來的只有瓦礫一片、兩根被炮彈打斷了的旗桿和兩頭熏黑了石獅子。〔五〕

〔一〕 本文乃應中山大學歷史系劉志偉教授的邀請，介紹其編輯的《葉名琛檔案》而寫。初稿完成於1999年11月29日，並蒙該系邱捷教授費神細閱並提出寶貴意見，至以爲感。二稿則作爲學術報告，先於2000年9月8日在北京召開的「第二屆近代中國與世界」國際學術討論會上宣讀。繼而在2000年9月11日和15日分別於北京大學和中山大學舉行的研討會上作報告。感謝各方賢達不吝賜教，準此再作修改。應該聲明，邱捷教授和其他先進所提的意見，純屬技術性的事情。本文的內容及所有觀點，皆本人原意。文責自負，與別人無關。由於技術緣故，阻遲了《葉名琛檔案》的出版。經劉志偉教授奮戰多年，終於在2005年7月31日接其來鴻，謂已克服重重困難，《葉名琛檔案》行將出版。大慰！志偉教授造福學林，功德無量。準此，我把序言重新訂正增補，把六年以來對葉名琛及第二次鴉片戰爭曾作過更深入研究的心得寫進去，權作序。

〔二〕 華廷傑：《觸藩始末》，載齊思和等（編）《中國近代史資料叢刊：第二次鴉片戰爭》（上海：上海人民出版社，1978），（一），第180頁。以下簡稱《二鴉》。

〔三〕 華廷傑：《觸藩始末》，載《二鴉》（一），第180頁。

〔四〕 Laurence Oliphant, *Narrative of the Earl of Elgin's Mission to China and Japan*, two vs.（Edinburgh and London: Blackwood, 1859）, v. 1, p. 137.

〔五〕 這位戰地記者寫了不少通訊，刊登在英國《泰晤士報》。後來他把這些通訊集中在一起整理出版成書。見 George Wingrove Cooke, *China: Being "The Times" Special Correspondence in China in the years 1857—1858, with corrections and additions*（London: Routledge, 1858）, p. 368.

由此可知，葉氏未來得及收拾的文件當然是盡化灰燼，或被附近居民搶回家裏生火做飯。那麽，葉氏已撿起來的要緊文件，下落又如何？華廷傑沒有説明。我們從英方的檔案資料中卻知道，葉氏是帶出了。是否把欲帶走的都全帶了，就不清楚。〔二〕無論如何，學術界真的要感謝這位葉相。他在炮火連天當中，冒著性命危險，拼命收拾的不是金銀細軟，而是一批文獻。

翌日，英法聯軍佔據了廣州的制高點觀音山，「守城滿兵全潰」。〔二〕葉氏藏身的越華書院離觀音山太近，「敵兵已常到門」。於是華廷傑等又勸葉氏再搬，終於在1858年1月2日晚上移到左都統雙齡署中。雙齡住第三院，葉氏住第五院。〔三〕這麽一搬再搬，葉氏星夜又隨身帶了多少文件？可有遺留？華廷傑沒有説。外國文獻也無從斷定，只憑常理推測，説可能丢了一部分。〔四〕

上述華廷傑所述有關葉氏一搬再搬情節，由於華氏曾親歷其境，娓娓道來，非常確鑿。至於葉氏具體如何被俘，則由於葉氏被俘時華廷傑不在場，所以説得比較模糊。只説1858年1月5日，敵人「先挾雙都統出署而去，並不知葉相在内。葉相家丁有勸令他避者，葉相堅不肯避。轉瞬敵人復至，擁之而去」。〔五〕葉氏隨身帶著輾轉逃命的要緊文件是否也被擁之而去了？華廷傑沒説。英國人説，擁去了。〔六〕

如何擁去？葉名琛如何被俘？英國《泰晤士報》的特派戰地記者柯克（G. W. Cooke）卻機緣巧合地目睹事情經過。原來在1858年1月5日當天，英國陸軍的赫洛魏上校（Colonel Holloway）奉命帶兵搜索葉名琛。巴夏禮（Harry Parkes）則奉命陪同作翻譯。可惜巴夏禮來晚了，他到達集合地點時，部隊已出發。巴夏禮頓足之餘，腦袋一轉，馬上有了主意。他跟英國皇家海軍準將阿理㖒（Commodore Elliot）吹嘘説，他掌握了機密情報，知道葉名琛藏身的地方。如果阿理㖒準將願意派兵隨他去一趟，肯定有所斬獲。阿理㖒準將信以爲真，也不向上司請示，就派了部屬跟他去。戰地記者柯克也跟著去了。〔七〕

爲何阿理㖒準將如此輕率地就派兵出動？原來這位海軍準將，正是1856年10月8日「亞羅」事件發生當天，巴夏禮就鼓動其帶兵赴穗的那位駐紮粵河的英國皇家海軍司令。當時他也是沒有向上司請示就採取了行動。後來天天跟巴夏禮在一起，向葉名琛尋釁鬧事，非常過癮。〔八〕現在巴夏禮又送來過癮的玩意兒，自然樂從。

〔一〕 Wade to Elgin, on board HMS *Furious*, Fuzhou 10 March 1858; enclosed in Elgin to Clarendon, Ningbo 18 March 1858, FO 17/287.

〔二〕 華廷傑：《觸藩始末》，載《二鴉》（一），第182頁。

〔三〕 華廷傑：《觸藩始末》，載《二鴉》（一），第184頁。

〔四〕 Wade to Elgin, on board HMS *Furious*, Fuzhou 10 March 1858; enclosed in Elgin to Clarendon, Ningbo 18 March 1858, FO 17/287.

〔五〕 華廷傑：《觸藩始末》，載《二鴉》（一），第184頁。

〔六〕 Wade to Elgin, on board HMS *Furious*, Fuzhou 10 March 1858; enclosed in Elgin to Clarendon, Ningbo 18 March 1858, FO 17/287.

〔七〕 Cooke, *China*, p. 340.

〔八〕 見拙著 *Deadly Dreams: Opium, Imperialism, and the Arrow War*（*1856—1860*）*in China*（Cambridge, New York: Cambridge University Press, 1998）, chapter 3.

巴夏禮帶著這股水兵到了越華書院〔一〕，翻箱倒櫃地找葉名琛，就是不見他蹤影。正要離開時，巴夏禮踢開一道關著的門。只見一個酸秀才在那里之乎者也地埋頭讀書。嚴詢之下，酸秀才終於供出了葉名琛曾在那兒藏過身，但數天前已離開，不知所蹤。巴夏禮就纏著酸秀才不放。終於酸秀才供出了葉名琛藏身的地方，即離粵華書院三英里以外的、在粵城西南角的、兩位都統其中一位的衙門之中。巴夏禮等也不馬上趨赴，反而帶了這位酸秀才一起趕往巡撫柏貴的衙門。

到了巡撫衙門，只見前已按時出發了的赫洛魏上校（Colonel Holloway）和他所帶領的士兵已逮住了柏貴，而英國遠征軍的陸軍和海軍兩位司令員也同時趕到。柏貴供出了葉名琛藏身的地方。對比之下，與酸秀才所供相同。司令員命柏貴提供一個人當嚮導。於是，在這個嚮導與酸秀才的帶領下，阿理咢準將所屬的水兵、巴夏禮、戰地記者柯克等，就向目的地出發。狹街隘道似乎是沒完沒了，水兵們心裏發毛，唯恐中伏。終於到了，是一所第三流的衙門。撞開門，水兵們衝進去，下意識地搶前把守各要隘。定下神來，不錯！整棟房子到處都是行李箱，大小官員忙個不停。其中一個官員自認是葉名琛。巴夏禮認爲他不夠格，把他推開，繼續往內堂走。〔二〕

巴夏禮等穿堂入室地疾走到後園，發覺一個高大的身形正要爬過後牆逃走。祺上校（Captain Key）與阿理咢準將屬下的划艇管理員像飛鏢一樣衝向他，一個抓腰，一個扭手，把他扳過來。五十多名水兵同時像發了狂般齊呼三聲，把帽子拋向天空。軍官們把閃亮亮的佩劍與手槍拼命搖晃，水兵們把冰森森的彎刀朝天亂砍。葉名琛全身發抖，束手就擒。〔三〕

英方花了三個小時搜查葉名琛的行李，目標是機要文件。果然，《中英南京條約》、《中美望廈條約》、《中法黃埔條約》等等的原件俱在。〔四〕但英方的目的不在這些，而是希望找到中方有關軍情、部署作戰計劃等等的機密文件。但是，英方失望了。儘管他們在葉名琛身旁繳獲了四十多箱文件，〔五〕但沒有一件對他們的作戰計劃提供任何有利的情報。英法聯軍諸將領不禁大失所望。

於是英方就把該批文件交給英方翻譯威妥瑪（Thomas Wade）和法方翻譯馬柯（Senhor Marques）共同保管。兩位翻譯又請來一些有文化的華人幫忙，共同審查全部文件。最後兩位翻譯把其中一批對外國人來說是毫無意思的文件，加上所有葉名琛帶在身邊的書籍，通通交了給軍艦「寶座」號（HMS *Tribune*）的艦長咢戈上校（Captain Edgell），讓他轉給「英法聯軍管理廣州三人委員會」（Allied Commissioners），以便該委員會交還給中方。〔六〕

該委員會的主席正是巴夏禮。這大批文件和書籍後來是否真的全部交還了中方，交還以後中方如何處理，則無從考核。

〔一〕原文作 Imperial Library。見 Cooke, *China*, p. 340。參諸上文下理，佐以華廷傑，可知爲越華書院。
〔二〕Cooke, *China*, p. 431.
〔三〕Cooke, *China*, pp. 342, 399.
〔四〕Cooke, *China*, p. 342.
〔五〕Wade to Elgin, on board HMS *Furious*, Fuzhou 10 March 1858, para. 3; enclosed in Elgin to Clarendon, Ningbo 18 March 1858, FO 17/287.
〔六〕FO 17/287，第四段。

被兩位翻譯扣留下來的文件，可以被分爲五大類：

一、條約：中國與英國、美國、法國和瑞典所簽署過的條約原件。

二、外交文書：歷任清朝欽差大臣與各國領事的來往公函，包括該大臣等命令下屬所作的有關報告。這批文書，殘缺不全。

三、奏摺：三任欽差大臣耆英、徐廣縉、葉名琛等有關外事的奏摺。其中百分之九十是有關英國的。

四、情報：對廣東紅兵的軍情探報和對外情的探報。其中的外情探報，非常定期，都是從香港的報刊翻譯過來的報告，內容錯謬絕倫。

五、地圖：絕大部分是有關廣東紅兵的駐軍情況，非常粗劣。〔一〕

這些被扣留下來的文件如何處理？最後決定，其中第二部分（外交文書），凡是屬於法國和葡萄牙的，全交給法國公使。剩下來的，則交給香港總督屬下的漢文秘書處高級見習翻譯員摩根先生（Senior Student Interpreter, Mr Morgan），並在他的監督下，由幾位有文化的華人來整理。〔二〕

（二）葉名琛檔案被劫時對全球一體化所起過的作用

把葉名琛檔案整理過後，威妥瑪的行動值得注意。他不是個軍人，所以不像英法聯軍諸將領那樣，以葉名琛檔案沒能提供具體軍事情報諸如調兵遣將的信息等而感到失望。相反的，作爲一個文人、一個學過漢語和中國文化的文人，他要破解（decode）所謂清廷密碼，即掌握清政府官僚的心理狀態、行事方式等，以便在交涉過程中好好對付敵方。所以，他高度重視葉名琛檔案中的奏稿、硃諭等。當他讀到耆英在1844年所寫的一道奏摺，如獲至寶，並馬上把它翻譯成英語。〔三〕

英法聯軍打到天津，道光皇帝於1858年6月2日派耆英到天津與英法公使交涉。〔四〕威妥瑪認爲應該給他個下馬威，就把早已翻譯好的耆英奏稿出示額爾金公使；在徵得額爾金公使同意後，〔五〕威妥瑪就在雙方會見期間，冷不防地把上述耆英的奏摺拿出來羞辱他。原來耆英在該奏摺中向道光誇誇其談，說其制夷之術在於羈縻。耆英無地自容，急忙告退。耆英在事後聲稱：「五月初一日［1858年6月

〔一〕FO 17/287，第五段。

〔二〕FO 17/287，第七段。

〔三〕威妥瑪的譯文見 British Parliamentary Papers, *Correspondence Relative to the Earl of Elgin's Special Missions to China and Japan, 1857—1859*（London: Harrison and Sons, 1859）, pp. 175 - 177.

〔四〕上諭：耆英賞給侍郎銜，辦理夷務，1858年6月2日，載《籌辦夷務始末》咸豐朝，卷之二四，（北京：中華書局，1979），第3冊，第857頁（中華書局文件編號914）。

〔五〕British Parliamentary Papers, *Correspondence Relative to the Earl of Elgin's Special Missions to China and Japan, 1857—1859*（London: Harrison and Sons, 1859）, p. 334.

二日」，李泰國［H. N. Lay］復同通使［事］威妥瑪至桂良、花沙納行寓，逼索議准照會，神色俱厲。並呈出當年密陳夷情硃批摺件，公同展閱，多係辱罵夷人之語。」〔二〕所謂「辱罵夷人之語」者，只不過是當時清廷慣用的一套術語，重華夏之分、賴羈縻之術而已。

事後耆英越想越羞，奏請回京。〔三〕惟「未候批奏摺」，即擅自啓程。〔三〕道光以其擅離職守，大怒，嚴命將其鎖扭解京審訊。〔四〕正如耆英自己所說的：「竊思耆英中外多年，雖衰邁糊塗，豈不知舉凡陳奏事件，須俟奉到批摺始敢遵行。今未俟批摺，率行回京，誠如聖諭，實屬自速其死。」〔五〕結果，咸豐皇帝「傳旨令伊自盡」。〔六〕

耆英明知故犯之處，可能有兩個解釋。第一，可能他被威妥瑪打個措手不及之餘，方寸大亂，以致犯了平常不會犯的錯誤。第二，可能他覺得極其丟臉，情急之下，不顧一切地離開天津。無論是哪個可能性屬實，或兼而有之，都證明威妥瑪的戰略徹底成功了，葉名琛檔案讓他破解了清官僚系統的密碼。有學者甚至認爲，耆英之驚惶失措，其實是當時整個清廷處境的縮影。〔七〕

筆者更認爲，耆英之死，是當時全球一體化的一個里程碑。因爲，在全球一體化的進程中，什麼「華夏之分、羈縻之術」，通通都是攔路虎。英國人利用葉名琛檔案所提供的情報來對付耆英，要消滅的不單是耆英本人，也要消滅他所代表的一切。

兩年之後，英國人突然之間又要求按國際法把國書遞到咸豐皇帝手裏。據欽差大臣怡親王載垣具奏：「該夷巴夏禮呈出照會，內有互換和約時，所有該夷國書，須呈大皇帝御覽之語。奴才（等）詰以二十九日［1860 年 9 月 14 日］接晤時，並無此說，何以忽生枝節？〔八〕……舌敝唇焦，而該夷堅執如故。」〔九〕爲何忽生枝節？原來葉名琛檔案的文件當中，有一份是 1777 年內閣奏報朝廷命官上朝面聖

〔二〕　耆英親供之一，［1858 年 6 月］，附《綿愉等奏遵旨會審耆英並將其親供覆奏呈覽摺》，1858 年 6 月 21 日，載《籌辦夷務始末》咸豐朝，卷之二六，（北京：中華書局，1979），第 3 冊，第 942—943 頁（中華書局文件編號 1018）：其中第 942 頁。

〔三〕《耆英奏李泰國因夙隙不肯相見擬回京面陳摺》，［1858 年 6 月］，附《綿愉等奏遵旨會審耆英並將其親供覆奏呈覽摺》，1858 年 6 月 21 日，載《籌辦夷務始末》咸豐朝，卷之二六，（北京：中華書局，1979），第 3 冊，第 945—946 頁（中華書局文件編號 1021）。

〔三〕　同上，第 943 頁。

〔四〕《綿愉等奏遵旨會審耆英並將其親供覆奏呈覽摺》，1858 年 6 月 21 日，載《籌辦夷務始末》咸豐朝，卷之二六，（北京：中華書局，1979），第 3 冊，第 941—942 頁（中華書局文件編號 1017）：其中第 941 頁。該上諭全文見同書第 923—924 頁（中華書局文件編號 999）。

〔五〕　耆英親供之一，［1858 年 6 月］，附「綿愉等奏遵旨會審耆英並將其親供覆奏呈覽摺」，1858 年 6 月 21 日，載《籌辦夷務始末》咸豐朝，卷之二六，（北京：中華書局，1979），第 3 冊，第 941—943 頁（中華書局文件編號 1018）：其中第 943 頁。

〔六〕　硃諭：宣示耆英罪狀，着其自盡，1858 年 6 月 29 日，載《籌辦夷務始末》咸豐朝，卷之二七，（北京：中華書局，1979），第 3 冊，第 1003—1005 頁（中華書局文件編號 1066）：其中第 1005 頁。

〔七〕　James L. Hevia. *English Lessons: The Pedagogy of Imperialism in Nineteenth-Century China* (Durham, NC: Duke University Press, 2003), p. 59.

〔八〕《載垣、穆蔭奏巴夏禮照會須親遞國書摺》，1860 年 9 月 18 日，載《籌辦夷務始末》咸豐朝，卷之六二，（北京：中華書局，1979），第 7 冊，第 2314—2315 頁（中華書局文件編號 2349）：其中第 1 段第 3—4 句。

〔九〕《載垣、穆蔭奏巴夏禮照會須親遞國書摺》，1860 年 9 月 18 日，載《籌辦夷務始末》咸豐朝，卷之六二，（北京：中華書局，1979），第 7 冊，第 2314—2315 頁（中華書局文件編號 2349）：其中第 2 段第 1—2 句。

時服飾與禮儀的有關規定。[一]禮儀規定了什麽？三跪九叩等等不在話下。此外，還規定若有什麽機密文件，無論機密到什麽程度，都不能交到皇帝的手裹，只能轉交。但按照歐洲各國在1820年簽署的《維也納公約》所規定，大使呈遞國書時，只須站立三鞠躬便禮成。大使三鞠躬時，身體直立，俯身到腰爲止。大使當然無須下跪：單膝下跪也不用，遑論雙膝下跪了。至於九叩，那更是駭人聽聞。因此，中國的三跪九叩必然被目爲荒謬絶倫。又按《維也納公約》所規定，大使鞠躬過後，就把國書遞到君主手裹。現在中國皇帝拒絶親手接受國書，當然也讓英法公使極度反感，因爲，到了19世紀中葉，歐洲這種大使三鞠躬、君主親手接受國書的禮節已經被西方國際大家庭公認爲國與國之間互認對方主權的標誌。[二]

可是，閉塞的欽差大臣怡親王載垣，聽巴夏禮説，英法公使要親自把國書交到咸豐手裹，就大驚失色，慌忙具奏曰：「此事關係國體，萬難允許……已知照僧格林沁、瑞麟嚴兵以待。」[三]就是説，載垣爲了阻止中國進入國際大家庭，不惜一戰。咸豐以其所言甚是，准奏；並命載垣等「勿得泥於撫議，致誤戰局」。[四]値得注意的是，載垣明知「僧格林沁，如果竟須開仗，實係毫無把握」，[五]但仍然主戰；而咸豐雖然硃批「知道了」，[六]依然准奏。[七]無知自然就狂妄，信焉！結果僧格林沁的騎兵被英國的大炮轟得屍横遍野，咸豐蒙塵，天朝大國土崩瓦解。此後英國人還不斷利用葉名琛檔案所能提供的情報來摧毁清廷賴以自我孤立的森嚴壁壘。葉名琛檔案，像當時中國的茶絲、印度的鴉片、南美的白銀、英國的紡織品等，皆促使全球一體化急先鋒。[八]

（三）葉名琛檔案的整理

威妥瑪盡情利用過葉名琛檔案中的有關文件之後，就讓它們歸隊：回到早已交給香港總督屬下的漢文秘書處高級見習翻譯員摩根先

〔一〕該文件編號爲FO 682/75。

〔二〕Harry H. Hinsley, *Sovereignty* (Cambridge, New York: Cambridge University Press, 1986). I am grateful to my supervisor, Mr G. F. Hudson, who in 1968 gave me a copy of Sir Harry's book when I was a doctoral student at Oxford, embarking on my research on Ye Mingchen.

〔三〕《載垣、穆蔭奏巴夏禮照會須親遞國書摺》，1860年9月18日，載《籌辦夷務始末》咸豐朝，卷之六二（北京：中華書局，1979），第7冊，第2314—2315頁（中華書局文件編號2349）；其中第2段第1—2句。

〔四〕廷寄，1860年9月18日，載《籌辦夷務始末》咸豐朝，卷之六二（北京：中華書局，1979），第7冊，第2316—2317頁（中華書局文件編號2352）；其中第1段最後一句。

〔五〕《載垣等又奏開仗毫無把握請示遵循片》，1860年9月16日，載《籌辦夷務始末》咸豐朝，卷之六二（北京：中華書局，1979），第7冊，第2308頁（中華書局文件編號2343）。

〔六〕硃批：知道了，附《載垣等又奏開仗毫無把握請示遵循片》，1860年9月16日，載《籌辦夷務始末》咸豐朝，卷之六二（北京：中華書局，1979），第7冊，第2308頁（中華書局文件編號2343）。

〔七〕廷寄，1860年9月18日，載《籌辦夷務始末》咸豐朝，卷之六二（北京：中華書局，1979），第7冊，第2316—2317頁（中華書局文件編號2352）；其中第1段。

〔八〕See J. Y. Wong, *Deadly Dreams: Opium, Imperialism, and the Arrow War (1856—1860) in China* (Cambridge, New York: Cambridge University Press, 1998).

生那裏保存的葉名琛檔案之中。但從檔案管理的角度看，問題也因此而複雜起來。

事情是這樣的。這個所謂「香港總督屬下的漢文秘書處」，嚴格來說，應該是「英國駐華全權公使屬下的漢文秘書處」。由於五口通商以來，英國駐華全權公使都駐香港並兼任香港總督，該公使的漢文秘書處順理成章地就設在香港，並保存有五口通商以來的中英外交文件。不單如此，這漢文秘書處是沿襲五口通商以前、1759 年開始委派的英國駐華商務監督（Superintendent of Trade）〔一〕的漢文秘書處，因而也繼承了一大批漢語文件。現在把葉名琛檔案存放在該漢文秘書處，很容易就會跟其他漢語文件混淆起來。

混淆的機會馬上就來了。1860 年簽訂的《北京條約》，結束了第二次鴉片戰爭，也讓英國在北京設立了公使館。公使不再由香港總督兼任，而是另外委派。於是，存放在香港的葉名琛檔案就和其他存放在漢文秘書處的文件一樣，被搬到英國駐北京公使館的漢文秘書處。這麼一搬，新舊文件就混在一起了。更複雜的事情還在後頭。像所有駐外使節一樣，英國駐北京公使館的任務之一，正是收集情報。採用的手段包括賄賂中國各衙門的文職人員以便搜集官方的漢語文件。〔二〕因此，隨著時間的推移，存放在該公使館漢文秘書處的漢語文件就越來越多。就連葉名琛檔案，經過充分利用以後，〔三〕慢慢也過時了，於是順理成章地被「冷藏」起來。「冷藏」的地方，正是該公使館大院內基督教堂的閣樓，非常偏僻。後來，遭「冷藏」的其他過時文件也隨著時間的推移而越來越多，同樣也通通被藏在公使館教堂的閣樓，與原來的葉名琛檔案混雜在一起。

約一個世紀後的 1958 年，英國駐北京的代辦處（原公使館）搬家，因此英國當局就決定在 1959 年 4 月，把這些舊檔案通通打包裝進大木箱，海運回英國，於同年 6 月平安到達倫敦。準此，葉名琛檔案又逃過了一劫。否則，等到了 1966 年「文化大革命」時，紅衛兵火燒英國代辦處，這批檔案肯定要化爲灰燼。

一箱箱的檔案運到倫敦的白廳（White Hall，英國外交部的別名）。英國外交部也不開箱審視，就原封不動地通通轉送到英國國家檔案館在倫敦郊區 Ashridge 地方的文件庫。該庫開箱檢視過後，就把「來貨」分成兩大類。其中的《京報》，屬「國家出版物」（state papers）類，就按法律規定全部送往大英博物館內的國家出版物收藏室（State Papers Room）。剩下來的，屬文獻類，就全部留在英國國家檔案館 Ashridge 地方的文件庫。

文獻不能永遠存放在文件庫，而必須提供給研究者利用才能體現其價值。要利用則首先必須有一個目錄。誰能爲一大批全部是漢語的文件作個目錄？當時英國國家檔案館的工作人員當中，沒有一位懂漢語。但他們發現，其中 1471 份文件的封面早已有人用鉛筆分別

〔一〕See FO 677, British Foreign Office, Embassy and Consular Archives, China, Superintendent of Trade, Records, 1759—1874.

〔二〕例如，編號 FO 682/5 的文件上就有如下的一項英語説明：「雲南：據説是一道機密上諭，1876 年 4 月獲得。」編號 FO 682/3 文件上的英語説明是：「據説是一道奏摺，內容涉及馬嘉理案（A. R. Margary murder）［無日期］。」

〔三〕見上文。

爲各文件的內容作了極爲粗略的説明並用西曆注明了大約日期，[一]看來是當時的漢文秘書爲了工作需要而付出的勞動。這批文件屬中英雙方的來往信件，從1811年開始，到1906年結束。檔案館的工作人員就分別給每一份文件來一個編號，是爲FO 682/161—231和FO 682/515—1916。

其他一紮一紮的文件，都沒有個別的提要；只是在用以包紮的紙上用英語注上“Miscellaneous Papers”（雜項）的字樣。打開包紮，裏邊盡是漢語文件。檔案館的工作人員就分別給每一紮文件來一個編號，編號後邊就注上“Miscellaneous Papers”（雜項）等字樣。如此這般，第一個目錄就於1961年面世了。研究人員到達檔案館時，便可以按照這編目申請文件來鑽研。

1963年，美籍華裔學者、鴉片戰爭專家張馨保教授[二]利用短休假期到倫敦作研究，應邀與大英博物館的奇恩士特（Eric Grinstead）先生合作，把各紮「雜項」拆開再分類重整，並因而做了第二個目錄。同時寫了一篇文章，介紹這批漢語文獻。[三]

按照這兩個，哪怕是極爲粗略的目錄的指引，日本學者佐佐木正哉申請得閱大量的文件，並鈔錄發表，[四]引起了學術界的廣泛注意。倫敦大學亞非學院（School of Oriental and African Studies）歷史系的柯文南（Charles Curwen）博士爲了研究太平天國[五]而到英國國家檔案館看檔案，從目錄中看到種種「雜項」。好奇心起，於是追閱。看過一批文件後，斷定這一紮一紮的「雜項」正是當年英法聯軍從葉名琛身邊奪走的機要文案。他的系主任比斯利（William G. Beasley）教授得悉後，決定在1968年起聘請其博士生龐百騰當助教，條件是花部分時間爲諸「雜項」中的文件逐一作提要並重新編號。全宗號改爲FO 931，在這新的全宗號之內的文件則從第一開始排列，共排到1954。那就是説，葉名琛檔案共有1954份文件被保存下來。目錄完成後，[六]檔案館的工作人員就把該批文件逐一抽離原來的全宗號FO 682，而放在新的全宗號FO 931之內。

同時，我於1968年到了牛津大學聖安東尼研究院（St. Antony's College, Oxford）當研究生，博士學位的論文題目是《葉名琛的生平》，於是與葉名琛檔案結下不解之緣。1971年我完成了博士論文後留校當「博士後」，應英國學術院（British Academy）與英國國家檔案館的共同邀請，當該館的名譽編輯（honorary editor），花部分時間義務爲該館所藏漢語文件當中葉名琛檔案以外的部分作提要。[七]我選

〔一〕 例如，後來領了編號FO 682/1這份文件上的英語説明是這樣的：「20世紀初中方照會和信件。」編號FO 682/2文件的英語説明是：「有關聯合叛匪與西藏人侵略中國的機密奏摺［無日期］。」

〔二〕 著有*Commissioner Lin and the Opium War*（Camb., Mass.: Harvard University Press, 1964）.

〔三〕 Eric Grinstead and Chang Hsin-pao, “Chinese Documents of the British Embassy in Peking, 1793—1911”, *Journal of Asian Studies*, v. 22, no. 3（1963）, pp. 354 – 356.

〔四〕 詳見本文第二節。

〔五〕 後來他出版了*Taiping Rebel: The Deposition of Li Hsiu-ch'eng*（Cambridge, New York: Cambridge University Press, 1977）.

〔六〕 爲了廣益學術界，龐百騰博士把他所編的目錄發表了。見David Pong（ed.）, *A Critical Guide to the Kwangtung Provincial Archives Deposited at the Public Record Office of London*（Camb., Mass.: Harvard East Asian Research Center, 1975）.

〔七〕 當時龐百騰博士已去了美國任教，假期期間繼續回倫敦爲葉名琛檔案編目，忙不過來。

擇了1839年到1860年兩次鴉片戰爭時代的中英外交文件作爲鑒定和作提要的對象。1974年我應聘到澳洲悉尼大學任教，假期則頻頻飛返英國國家檔案館繼續努力，並把文件製成縮微膠卷，以便我在悉尼大學的課餘期間，也可以繼續做鑒定和作提要的工作。十年窗下，終於在1983年完成任務，英國學術院決定把目錄作爲該院的叢書之一發表。〔一〕

經過龐、黃兩人的努力而仍然剩下來的漢語文件，英國國家檔案館則邀請懂漢語的英國前外交官郭德思（Patrick Devereux Coates）〔二〕先生當名譽編輯繼續做鑒定和提要的工作。終於，他在1990年10月去世以前完成任務，〔三〕是爲大幸。美中不足的是，他所編的目錄沒有被發表。不過郭先生曾撰文介紹其目錄的內容，供學者參考。〔四〕

經過三位義務編輯約二十個寒暑的努力，藏在英國國家檔案館內的漢語檔案終於全部作了提要和編入了目錄。

（四）冒天下之不韙：版權法與國際關係

1999年11月底，我到廣州市中山大學參加紀念陳寅恪先生的學術研討會。承該校歷史系劉志偉教授相告，他與廣州市文化局的陳玉環女士在1995年訪問英國時，得悉英國國家檔案館珍藏有葉名琛檔案。陳玉環女士曾在在廣州博物館從事中國近代史研究和陳列工作，現供職廣州市文化局當副局長，特向廣州市政府申請了經費，購入該檔案的縮微膠卷，並準備把縮微膠卷複印出版。

又蒙劉志偉教授不棄，邀我撰文介紹葉名琛檔案。祇承雅命，趕快籌謀。同時想到，該檔案不單是研究中國近代史的寶庫，也是研究世界近代史的寶藏，應該把它放到世界史與國際關係的領域裏考察，所以牽涉面就廣了。

首先，版權的問題如何處理？猶記1968年我從牛津大學初到英國國家檔案館申請鑽研葉名琛檔案時，該館助理副館長就特別找我作個別談話。他說，該館正在認真考慮向國際法庭提出控訴，控訴日本學者佐佐木正哉侵犯了英國皇家版權（Crown copyright）。

正如前述，佐佐木正哉在早我幾年以前已到了該館申請閱讀檔案。申請時簽了協議書，答應在未取得該館同意以前，不會把鈔來的文件擅自出版。否則該館會採取法律行動。不料佐佐木正哉回國以後竟然食言，擅自把鈔來的原始文獻在日本出版。

他在1964年11月30日出版第一冊時，取名《鴉片戰爭研究の資料篇》，還由東京大學出版社正式印刷出版，並由東京的近代中國

〔一〕見J. Y. Wong, *Anglo-Chinese Relations 1839—1860: A Calendar of Chinese Documents in the British Foreign Office Records*（Published for the British Academy by Oxford University Press, 1983）. 該書內封的中文書名由中山大學校友、名書法家秦咢生先生所題。文件提要各條後來由中山大學的區鉷教授翻譯成中文，收入拙著《兩次鴉片戰爭與香港的割讓：史實和史料》（臺北：國史館，1998）。

〔二〕在這裏，他名字的中譯是按照某天他來函的私章而定。見Coates to Wong, 29 March 1989.

〔三〕Mary Coates to Wong, 30 January 1991. Mary Coates was Mr Coates's wife. For an obituary, see Andrew Franklin, "Patrick Coates", *Independent*, 16 November 1990.

〔四〕P. D. Coates, "Documents in Chinese from the Chinese Secretary's Office, British Legation, Peking, 1861—1939", *Modern Asian Studies*, v. 17, pt 2（1983）, pp. 239 - 255.

研究委員會發行。〔二〕後來不曉得是東京大學當局發覺不妥還是別的什麽原因，1964年12月25日面世的《鴉片戰爭後の中英抗爭資料篇稿》就再不是由該大學出版社負責印刷出版了。該書既不是印刷也沒有任何出版社，而只是由經手人把佐佐木正哉的手稿影印釘裝售賣，仍由東京的近代中國研究委員會發行。〔三〕該書最後一頁還作了「續刊豫定」聲明，說準備陸續發表《清末の攘夷運動（上），1860—1890》、《清末の攘夷運動（下），1891—1902》、《廣東天地會の叛亂（資料と解說）》和《廣東廣西の會黨（資料と解說）》。結果卻是大大地縮小了規模，只是在1967年3月20日發表了《清末の秘密結社資料篇》。該書同樣是沒有出版社，同樣是把手稿影印多份釘裝售賣，同樣是由東京的近代中國研究委員會發行。〔三〕如果佐佐木正哉按原定計劃出版了其餘的資料篇，可能就省了目前劉志偉教授大費周章地出版葉名琛檔案了。

爲什麽佐佐木正哉停止了原定的出版計劃？1984年，我到東京做研究時，就因利乘便電佐佐木正哉先生，要求登門拜訪他，以便當面問個明白。可惜他不予俯允會面。不過，到了1984年，我當上英國國家檔案館的名譽編輯已有12年。我爲該館編著的《鴉片戰爭時代中英外交文件提要》，也已於1983年作爲英國學術院（British Academy）的叢書由牛津大學出版社出版了。〔四〕該編著計劃由當時的英國國家檔案館館長咢特先生（Mr Jeffrey Ede）親自主持。由於業務上的關係，我經常與他見面。對該館與佐佐木正哉的瓜葛，也由於業務上的關係已經聽了不少有關消息。

原來該館知道了佐佐木正哉違反了他親筆簽署的協議書後，就部署向國際法庭控訴他侵犯了英國皇家版權。該館直轄於英國司法大臣（Lord Chancellor），〔五〕要部署控訴，是舉手之勞。但由於該舉將會牽涉國際關係，所謂牽一髮而動全身，必須徵諸英國政府的其他部門。商務部說，由於英國經濟不景氣，而當時日本的經濟正在突飛猛進，該部正要派代表團到日本考察，不宜把關係搞僵。向國際法庭起訴佐佐木正哉的計劃，就此擱淺。

但該館似乎還是向佐佐木正哉發出了書面警告。果真如此，則可以理解爲何佐佐木正哉把鈔了的資料準備全部發表的鴻圖大志夭折了。學術研究離不開了奉公守法，信焉。

同時值得一提的是，1979年我到中國大陸某大學講學時，該校一位近代史學者要求我用照相機把葉名琛檔案通通拍照給他。我解釋說，這是英國法律不容許的。他大爲光火，幾乎翻臉成仇。可見當年的東方人，無論是日本人還是中國人，對於法律的概念是非常薄弱的。後來中國改革開放，國人對法治的重要性認識慢慢越來越深，該學者冰釋前嫌。大慰！

〔二〕見該書扉頁。
〔三〕見該書扉頁。
〔三〕見該書扉頁。
〔四〕見Wong, *Anglo-Chinese Relations 1839—1860*.
〔五〕當時的總裁是Lord Hailsham，1973年他到檔案館來巡視時，還親自向筆者詢問了當時編輯有關中文檔案的情況。

撇開法律不提，光是從學術上說，則佐佐木正哉發表了部分英國國家檔案館所藏的珍貴漢語史料，無疑是推動了學術研究。可惜的是，他的手稿存在著不少手民之誤。我抽樣核對了他所鈔的四件文件，每件都存有不少錯誤。有些甚至是誤導性非常嚴重的錯誤。[一]現在劉志偉教授準備把原件的縮微印刷出版，應可避免不必要的手民之誤。

不過，我最關心的倒是版權的問題。於是劉志偉教授就把英國國家檔案館的一封覆函傳真給我。原來劉教授早已考慮到版權的問題，並曾讓其同事程美寶教授致函該館，徵求其同意出版。中國年青一代的學者，如此注意尊重版權以及慣例，象徵著中國學術界真正走向國際大家庭，讓我感到欣慰莫名。

該覆函要緊的第一句話深深地吸引了我：「您希望出版的英國外交部檔案，全宗號931［FO 931，即葉名琛檔案］，不屬皇家版權所擁有。因此，本館既無權授予您出版權，也無法告訴您該批文件的版權擁有者是誰。」這種姿態，與1960年代該館所採取的態度，剛剛相反。過去，該館堅持這批文件屬皇家版權所擁有。現在再不作這種堅持了。覆函的最後一句話說：「本館不反對您出版該批文件，但您必須在出版時聲明該批文件的保管權屬英國國家檔案館，並在每一件文件上注明英國國家檔案館給予的編號。」[二]

這種改變，象徵著世界已變了。1960年代，英國還比較強大，所以外交手段也相當強硬。當時日本人侵犯了他們的版權利益，就不惜籌劃訴諸國際法庭。但自從1980年代開始，過去曾遭大英帝國掠奪過的國家，諸如印度、埃及等，紛紛向英國索還曾被奪走的珍物。印度索還鑲在英王皇冠上的紅寶石，該寶石號稱世界最大的紅寶石。埃及索還其古石針（Cliopatra's Needle，是高聳的一尊大石針。英國人奪得以後，安放在泰晤士河河畔，是遊人常到之處）。甚至澳大利亞的土著，也向英國索還過去曾被英國人砍下來的某土著首領的首級。該首級被英國人作爲戰利品帶回英國炫耀去了。

按照19世紀暨以前的歐洲國際法，搶來的東西可以合法地據爲己有。但按照20世紀末的世界國際法，劫匪就再不能聲稱其搶來的東西是合法地歸其所有了。看來，英國退而求其次，即不再堅持葉名琛檔案暨版權屬其所有，退而堅持保管權屬其所有。

不過，這都只是我個人鄙見。爲了慎重起見，我在1999年底離開廣州後，即乘訪英研究之便，前往拜會英國國家檔案館現任館長泰咢女士（Ms Sarah J. Tyacke, Keeper）。她讓我接觸該館版權部負責人。商談結果，證實該覆函內容屬實。我就放心爲劉志偉教授寫介紹文章了。

寫介紹文章應該談些什麼？我想，除了介紹葉名琛檔案的來源以及該檔案曾涉及過的版權法與國際關係以外，應該談談檔案的內容、價值和如何應用才可以達到最理想的效果。

[一] 見佐佐木正哉（編）：《鴉片戰爭後中英抗爭資料篇稿》，第136—139頁。其中「右」誤作「左」，「煜」誤作「煌」，「才」誤作「戈」，「干」誤作「于」，「謂」誤作「請」等等。

[二] Tim Padfield to Ching May-bo, 16 April 1997, PRO Ref. 2 CPY4 (21).

（五）罕有的史料：葉名琛檔案的內容與價值

首先應該聲明，這裏稱之爲「葉名琛檔案」的文獻，嚴格來説，應該是指1858年1月5日英軍在葉名琛身邊奪走的漢語文件。其中絕大部分屬於葉名琛在粵任內的文獻，起自葉氏在1846年到粵當藩司之日，止於1858年1月5日他被俘之時。清朝官場慣例，某官離任，就把任内的文件帶走或銷毀。若某些文件包含繼任人必須遵守的條例，則留下來：例如目前收進「葉名琛檔案」的文件當中，就有上述的、1777年内閣奏報朝廷命官上朝面聖時服飾與禮儀的有關規定。〔1〕

有關地方大吏銷毀文件的慣例，不影響中國最主要的檔案——中央政府檔案——的完整性。蓋中央與地方的行政關係，主要反映在上諭與奏摺。上諭發出以前，中央已錄副，所以地方大吏後來有否保存收到的上諭，不影響中央檔案的完整性。奏摺送到中央，中央會保存下來，所以地方大吏後來有否把其奏摺副本保存，對中央來説，也不影響中央檔案的完整性。更重要的是，中國獨裁的帝制發展到清代，清帝刻意把每一員地方大吏都孤立起來，皇帝與某地方大吏的通信，第三者不得與聞。若地方大吏把收到的上諭正本與其發出奏摺的副本留給繼任人，那就洩漏了他與皇上之間的通信秘密，殺無赦！皇帝本人當然有權把上諭、奏摺等摘要甚至全文在《京報》上刊刻，以利施政。但那是皇帝的專利。臣子若擅自披露，則等着誅九族好了。

經過龐百騰博士的重新調整，目前藏在英國國家檔案館的「葉名琛檔案」（編號FO 931）共分爲六個部分：

一、第一部分題爲「鴉片貿易與鴉片戰爭，1835—1842」。共73份文件，編號爲FO 931/1到FO 931/73。

二、第二部分題爲「中央與地方政府的施政，1765—1857」。共377份文件，編號爲FO 931/74到FO 931/450。

三、第三部分題爲「中外關係與中外貿易，1810—1857」。共529份文件，編號爲FO 931/451到FO 931/979。

四、第四部分題爲「叛亂，秘密會社、軍事組織與軍事行動暨平亂，1811—1857」。共820份文件，編號爲FO 931/980到FO 931/1799。

五、第五部分題爲「第二次中英戰爭（又名『亞羅』戰爭），第一階段，1856—1857」。共84份文件，編號爲FO 931/1800到FO 931/1883。

六、第六部分題爲「地圖與有關説明」。共71份文件。編號爲FO 931/1884到FO 931/1954。

第一部分的73份文件，雖然説從1835年開始，但當中只有一份屬1835年，是粵海關監督頒布的禁煙令。1836—1837年沒有文件。1838年有一份，是粵督鄧廷楨諭英國商務監督義律。其餘的71份文件全屬1839年到1842年，尤其是林則徐以欽差大臣身份抵粵後爲

〔1〕 該文件編號爲FO 682/75。

多，而以祁𡊮督粵期間的1841年粵省軍事調動爲最。在數量上，區區73份文件，比起收進《近代史資料叢刊：鴉片戰爭》[一]一套6冊，《林則徐集》一套6冊[二]，和後來的《鴉片戰爭檔案史料》[三]一套7冊的衆多資料，當然是小巫見大巫。但小巫珍貴在其地方性質，而大巫則多是中央性質的上諭與奏摺。大小巫互補短長，在漢語史料的運用上可以得出一個比較多樣化的概念。

第二部分的377份文件，雖然説是從1765年開始，但當中只有1份屬1765年，是一份契約。第二和第三份文件分屬1777年和1778年，都是內閣奏報朝廷命官上朝面聖時服飾與禮儀的有關規定。第四份文件屬1795年，又是一份契約。第五份文件即進入了19世紀，其餘絕大部分文件都屬於1846年葉名琛抵粵任事時起，到1857年底他快要被俘時止。很多文件都沒有具體日期，只是憑編輯的推測而定了一個大約的年份。至於文件內容，大多集中在葉名琛抵粵後，從藩司到廣東巡撫再到欽差大臣兩廣總督任內飾文勵武，調兵遣將種種。可以説是研究19世紀中葉中國的地方吏治、稅收、鹽業、商務、士風、民變等問題上，絕無僅有的珍貴漢語原始文獻。因爲，同類的文獻已經被其主人銷毀了，只有葉名琛的檔案，由於其在任期間被英國人奪走，才奇蹟般被保存下來。準此，沒有任何名稱比「葉名琛檔案」更能反映這批文獻的性質。

第三部分的529份文件，雖然説是從1810年開始，但當中只有5份屬1810年到1842年之間的文件，其餘的都屬1843年到1857年之間的歷任欽差大臣耆英（1843—1848年在任）、徐廣縉（1848—1851年在任）、葉名琛（1851—1857年在任）等處理外事時內部調度的有關文件。這批「對內」的文件，與黃宇和整理出來的「鴉片戰爭時代中英外交文件」[四]內外呼應，相輔相成。把這兩批文件與收進《中國近代史料叢刊：第二次鴉片戰爭》[五]中的上諭、奏摺、時人筆記以至稗官野史等等同時應用，在駕馭漢語史料時可以得出一個比較多元的概念。由於這批文件不是耆英、徐廣縉等分別與清帝的公文往來，而是處理外事時所衍生的，沒有觸動清帝的切身利益。加上中央派遣欽差大臣長駐廣州辦理外事，是《南京條約》以來的新生事物，以致耆英、徐廣縉等離任時，把有關文獻留下來，以便繼任者有例可援。亦屬情理之內。

第四部分的820份文件，雖然説是從1811年開始，只有頭4份的日期被推算爲大約在1811年與1840年之間成文，另7份屬1840—1847年間，其餘的日期均爲1848到1857年底之間。絕大部分與當時的廣東紅兵以及太平天國起義有關。其中有徐廣縉、葉名琛的奏稿，軍事情報，獎罰將士，紳商捐餉，僱勇等詳情；掘洪秀全、馮雲山祖墳的報告；被擒紅兵、太平軍的名單、供詞，紳商捐餉、僱

[一] 齊思和等（編）：《近代史資料叢刊：鴉片戰爭》（上海：新知出版社，1955），一套6冊。
[二] 該集包括奏稿上、中、下3冊（北京：中華書局，1965），公牘（北京：中華書局，1963）和日記（北京：中華書局，1962）。皆由中山大學歷史系近代現代史教研組、研究室等合編。後來該系的老師又出版了《林則徐奏稿、公牘、日記補編》（廣州：中山大學出版社，1985）。加起來共6冊。
[三] 中國第一歷史檔案館（編）：《鴉片戰爭檔案史料》（天津：天津古籍出版社，1992），一套7冊。
[四] 該批文件的漢語提要被收進拙著《兩次鴉片戰爭與香港的割讓：史實和史料》一書當中。
[五] 齊思和等（編）：《中國近代史料叢刊：第二次鴉片戰爭》（上海：上海人民出版社，1978—1979），一套6冊。

勇，解餉和遣兵赴桂、湘鎮壓太平軍等等。是研究太平天國、紅兵、清朝應變措施、晚清社會變遷等極爲珍貴的第一手漢語材料。若結合《中國近代史料叢刊：太平天國》[二]及《廣東紅兵起義史料》[三]同時應用，在漢語史料的領域上就大爲豐富。

第五部分的84份文件當中，第一份的日期被鑒定爲1856年夏天，但內容卻是有關英國下議院投票反對攻打中國的報告，應爲1857年5月。[三]第二份文件的日期被鑒定爲1856年10月，內容是蛇頭灣炮臺的清兵駐紮情況。該炮臺遠眺香港的新界，1856年10月增兵，肯定是第二次鴉片戰爭的導火線——「亞羅」事件於1856年10月8日爆發以後的事情。第三份文件的日期則更明確——注明是1856年10月27日有關英軍佔據虎門的報告。可以說，這84份文件絕大部分應該是關於第二次鴉片戰爭的。至於內容方面，則有探報（包括葉名琛在香港和澳門的探子所寫的報告和翻譯的報章片段），以及各種攻打停泊在廣州河面英艦的策略。在1857年初英艦被葉名琛的持久戰拖得筋疲力盡而被逼退回香港以後，[四]就有部分文件提到如何封鎖香港及騷擾其治安的種種步驟，修復炮臺的措施，募勇捐餉，以及抓漢奸（無論是曾幫助過英軍攻打中方還是供應食物）。比起第一部分有關第一次鴉片戰爭的73份文件，除了多出11份以外，內容更是多姿多彩。而對我們驗證葉名琛「不戰不和不守，不死不降不走」的民謠更是大有幫助。當然，比起收進《中國近代史料叢刊：第二次鴉片戰爭》裏邊的衆多文件，從數量上說，同樣是小巫見大巫。

第六部分的71份文件，都是地圖和有關說明。從性質上說，多爲軍用地圖。不少是用紅色標簽貼在某軍（官軍或是起義軍）駐地。由於時間長了，漿糊失靈，標簽通通掉了下來，成了無主孤魂，至爲可惜。從地域上來說，絕大部分是關於廣東的（包括潮州、嘉應州、惠州、韶州、肇慶、瓊州、海南島、英德、陽山、羅定、清遠等），尤其是廣州地區的（因爲廣東紅兵曾於1854—1855年間圍困廣州城）。有廣西的（包括上思州、平南、合浦以及一幅圍困永安的地圖），湖南的（包括一幅圍困長沙的地圖）。從現代科學繪圖的角度來看，這些地圖當然通通都是非常粗糙。但是，從瞭解中國地理歷史、軍事史、太平天國史、紅兵史等角度來看，卻是不可多得的第一手材料。

（六）全球一體化的旋風：運用葉名琛檔案的體會

在談及我運用葉名琛檔案的體會之前，讓我先對「全球一體化」這概念作簡單的詮釋。所謂「全球一體化」，來自英語globalization。即由於科技進步神速，以及由此而衍生的一切，把個人、個別的社會、個別的民族以及個別的國家之間的距離拉得越來越近，之間的關

〔二〕向達等（编）：《中國近代史料叢刊：太平天國》（上海：神州國光社，1952），一套8冊。

〔三〕廣東省文史研究館、中山大學歷史系（合编）：《廣東紅兵起義史料》（廣州：廣東人民出版社，1996），一套3冊。編者收入了幾篇從葉名琛檔案中影印回來的文件（見該書上冊，第37頁）。

〔三〕Hansard, 3rd series, v. 144, cols. 1846—1850 (March 1857). 消息傳到香港見報然後再被翻譯成漢語送到廣州時，最快也要在5月底。

〔四〕見拙著 *Deadly Dreams*，第二部分。

係拉得越來越緊密。其緊密的程度，幾乎成一個身體的各個不同的組成部分，到了牽一髮而動全身的階段。至於「全球一體化」的有關理論，可以說是衆說紛紜。但大致可以歸納爲兩大派。一派集中研究現代傳媒在文化與社會意識形態的領域裏對個人的影響。比方說，非洲人可以通過電視而看到北京的文藝表演、浸淫於中國文化而不自知；看了美國的暴力電影而同樣地受到心靈上的影響而不自覺。〔一〕另一派則集中討論在經濟與政治領域裏，「全球一體化」通過國際貿易、跨國投資等，對個別的國家、民族所造成的後果。〔二〕本文的討論範圍，屬於後一種。即19世紀中葉，大英帝國通過國際貿易，把中國的經濟緊密地結合到其全球貿易網之中。而它在中國的貿易若遇到障礙時，則不惜發動戰爭，以便排除障礙，讓其全球貿易暢通無阻。

我從1968年起研究葉名琛。由於葉名琛曾鎮壓過廣東紅兵，又曾派兵攻打太平軍，更在第二次鴉片戰爭中全力抵抗過英法聯軍的侵略，〔三〕所以我的研究範圍就隨著研究的深入而擴大，終於把這幾件大事全牽涉在內。又由於第二次鴉片戰爭的確是第一次鴉片戰爭的延續，〔四〕所以又把兩次鴉片戰爭連在一起研究。準此，葉名琛檔案順理成章就成了我攻堅的對象，輔以上述的《鴉片戰爭》、《太平天國》等中國近代史資料叢刊，〔五〕以及《林則徐集》、《京報》〔六〕、《籌辦夷務始末》〔七〕、《道光咸豐兩朝籌辦夷務始末》〔八〕、《四國新檔》〔九〕、《近代中國對西方及列強認識資料彙編》〔一〇〕、《鴉片戰爭時期思想史資料選輯》〔一一〕、《大清歷朝實錄》〔一二〕等漢語資料。

由於當時我在英國，於是決定同時把英語的原始檔案也按部就班地、一個一個地看。首先看英國外交部的檔案。其中有兩大宗。第一宗是外交大臣〔一三〕與駐華公使〔一四〕的來往信件，全宗號爲FO 17。其中駐華公使寫給外交大臣的信，有不少附件，包括該公使與清朝欽

〔一〕See, e.g. Tony Spybey, *Globalization and World Society* (London: Polity Press, 1996).

〔二〕See, e.g. the articles in Satya Dev Gupta (ed.), *The Political Economy of Globalization* (Boston: Kluwer, 1997).

〔三〕世人譏他「不戰不和不守」，絕對不符事實。詳見拙文《葉名琛歷史形象的探究——兼論林則徐與葉名琛的比較》，《九州學林》（香港城市大學和上海復旦大學合編），第2卷（2004），第1期，第86—129頁。

〔四〕見拙文《帝國主義新析——第二次鴉片戰爭探索》，《近代史研究》，1997年第四期（總100期），第22—62頁。

〔五〕當時《第二次鴉片戰爭》、《廣東紅兵起義史料》和《鴉片戰爭檔案史料》還沒出版。

〔六〕如上所述，在1959年從北京英國代辦處運回英國後即藏於大英博物館。

〔七〕臺北的文海暨國風兩種影印版兼用。

〔八〕臺北：「中央研究院」近代史研究所，1966。

〔九〕臺北：「中央研究院」近代史研究所，1966。

〔一〇〕臺北：「中央研究院」近代史研究所，1972—1988。

〔一一〕北京：三聯書店，1963。

〔一二〕臺北的文海影印版。

〔一三〕Foreign Secretary.

〔一四〕Minister Plenipotentiary, 1841—1860年間駐香港，兼任香港總督。

差大臣的來往照會（英語本），可與我後來整理出來的《鴉片戰爭時代中英外交文件》〔二〕的漢語本互相參照核實。其他附件則包括公使下屬給他所寫的英語報告中之較爲重要者。第二宗正是該公使與其下屬——英國駐中國五口各領事——的來往信件，全宗號是FO 228。其中各領事寫給公使的信也有不少附件，包括該領事與清朝地方官員的來往照會（英語本），可與葉名琛檔案中的漢語本互相參照核實。其他附件則包括該領事所搜集到的情報，同樣可與葉名琛檔案中的漢語情報參照。

把同一份文件的漢語本與英語本比較，馬上就發覺一些很有趣的問題。譬如，《太平天國》中一條漢語史料，是曹墅居在1936年從英國議會文書（俗稱藍皮書）倒譯回來的。該文件的日期是1853年4月28日，內容是太平天國將領羅大綱、吴汝孝聯銜致大英國文武官吏的照會。茲摘錄內容片段如下：「猶記多年前與白萊謨（Bremer）、伊理（Elliot）、王金（Wan-king）諸君在廣州共同建立教堂，崇拜天兄耶穌，歷歷往事，有如昨日。近聞白萊謨遭遇不幸，至爲痛惜。其人品之高尚，誠令吾人永不能忘。至於伊理與王金兩君，則深祝其別後福履綏和，春樹暮雲，不勝翹企之至」〔三〕幸虧譯者保留了其中英國人的英語名字，〔三〕由此可知「白萊謨」其實就是在鴉片戰爭中攻打中國的英國海軍司令、海軍準將Commodore Sir James John Gordon Bremer。當時他發給中方照會的署名是佰麥。〔四〕又由此可知那位「伊理」，正是在鴉片戰爭中決定攻打中國的英國全權公使Captain Charles Elliot。當時他發給中方照會的署名是義律。準此，中國的歷史學家一直沿用「佰麥」「義律」等名字。曹墅居看來對太平天國的人物很熟悉，因此準確地把羅大綱、吴汝孝等名字倒譯過來。但他似乎對鴉片戰爭的人物就不甚了了，因而不能準確地譯出佰麥、義律等名字。〔五〕

據筆者所知，佰麥是在中英交惡以後，才奉命從印度帶領兵艦開往中國的。在此以前他從未踏足中國，〔六〕一到中國就只管向中國開炮。羅大綱、吴汝孝說什麽與佰麥「在廣州共同建立教堂，崇拜天兄耶穌」，當然是子虛烏有。至於「春樹暮雲，不勝翹企」云云，更是無稽之談。看來羅大綱、吴汝孝沒有估計到收受他們照會的人正是英國公使文翰爵士（Sir George Bonham）；而身爲公使的文翰爵士識破他們所編的故事，因而在回答時隻字不提其事——不拆穿他們的西洋鏡已經是很客氣了。〔七〕

〔二〕該批文件的漢語提要被收進拙著《兩次鴉片戰爭與香港的割讓：史實和史料》一書當中。

〔三〕《太平天國》（六），第911—912頁。

〔三〕但是，當楊松、鄧力群（原編）、榮孟源（重編）的《中國近代史資料選輯》（北京：三聯書店，1979）出版時，卻把這些英語名字刪掉（見該書，第210頁），讓使用者失掉這些線索。其實原編就已刪掉，內容也有刪略。

〔四〕見佰麥照會琦善，1841年1月5日，FO 682/1974/3.

〔五〕後來齊鐘久找到英語原文後再重新倒譯時，就準確多了。見其《羅大綱、吴汝孝致英使文翰的照會》，《文物》，1979年，第8期，第72頁。

〔六〕See *The Dictionary of National Biographies: From the Earliest Times to 1900*, v. 2 (Oxford University Press, 1921—1922), p. 1164 col. 2 to p. 1165 col. 1. See also Gerald S. Graham, *The China Station: War and Diplomacy, 1830—1860* (Oxford University Press, 1978), pp. 116-117.

〔七〕茅家琦教授看了齊鐘久倒譯的文件後，即認爲「慨自偽清……外拒與國……中原滿目」一段，是混淆是非。見其《太平天國對外關係史》（北京：人民出版社，1984），第44頁。但由於茅先生無從知道佰麥來華之前的行蹤，所以無法指出「共建教堂」云云之無稽。

這椿事件給了我兩個啓發。第一，搞近代史光靠一種語言的史料不保險。第二，光搞一個專題（像曹墅居般只懂太平天國不懂鴉片戰爭）不保險。

拙著《兩廣總督葉名琛》（英語原著）在1976年出版了。[一]第三個啓發接踵而來。上述倫敦大學亞非學院的柯文南講師發表了一篇異常刻薄的書評[二]，促使我總結平常對該學院的教學宗旨、學風等等的觀察。在總結過程當中，令我印象最深的是龐百騰博士的一席話。那是1969年夏季的一天：龐博士、美國來的華裔學者郝延平教授和我共進午膳，談到鴉片戰爭的研究時，龐博士對郝延平和我採用兩次鴉片戰爭這名詞感到驚訝。他説他在亞非學院當歷史系本科生和研究生多年，耳聞目染的通通是「第一次中國對外戰爭」（First China Foreign War）和「第二次中國對外戰爭」（Second China Foreign War）。據我事後瞭解，亞非學院是在第二次世界大戰結束後成立的，目標是替剛爭取到獨立的前英國各殖民地的大學訓練師資，而辦學宗旨當然是要爲英國辯護，甚至歌功頌德。把鴉片戰爭説成是中國對外戰爭，正是曲意護短的表現。我在拙著中直言鴉片戰爭，自然就被視爲跟亞非學院對着幹，柯文南作爲該院的老師，怎能不生氣？[三]

説到歌功頌德，則猶記我在香港大學歷史系當本科生時，該系剛退休不久的教授兼系主任安德葛（G. B. Endacott）對英國發動鴉片戰爭的宏論。他認爲英國發動鴉片戰爭是因爲英國商人被中方欺負得太慘了，在忍無可忍的情況下才敦請英國政府出面保護他們。安德葛更認爲，英國商人高度自我克制的精神，出人意表，因爲當時中方實在欺人太甚，按理英商早該對中方來個下馬威！[四]

可以説，在拙著出版以前，英語刊物中有關鴉片戰爭的著作中，對英國所扮演的角色，多是歌功頌德或曲意護短。就連美國的華裔學者張馨保教授，在其名著《林欽差與鴉片戰爭》中，也對英國發動鴉片戰爭的動機作如下闡述：「自由貿易者背後的經濟能力是這般強大，是任何勢力都不能遏制或阻擋的……如果當時戰爭的導火線不是鴉片而是糖蜜（molasses）或大米的話，那場戰爭很可能就被命名爲糖蜜戰爭或大米戰爭。」他更認爲鴉片是雞毛蒜皮的小事，清廷拒絕開放廣大中國市場讓外商來做生意才是主要矛盾。[五]

真是奇文共欣賞！竊以爲張馨保這種解釋是站不住腳的。因爲糖蜜與大米不能跟鴉片相提並論。鴉片是違禁品，是通過走私就能獲取暴利的毒品。沒有暴利的引誘，你讓英帝國主義攻打中國，它也嫌浪費時間。糖蜜與大米不是違禁品，也不會讓人上癮，其買賣更難

〔一〕 J. Y. Wong, *Yeh Ming-ch'en: Viceroy of Liang-Kuang, 1852—1858*（Cambridge, New York: Cambridge University Press, 1976）.

〔二〕 Charles Curwen's review, *Bulletin of the School of Oriental and African Studies*, v. 40, pt. 3（1977）, pp. 649－651.

〔三〕 有鑒於此，竊以爲龐百騰博士雖然本科生和研究生都在這亞非學院念，並曾當該學院助教多年，但畢業後到了美國任教，跳出了亞非學院那個框框，視野擴大了，後來在1975年出版其目錄時就用上「鴉片戰爭」這名詞（見本文第三節），而不再稱之爲「第一次中國對外戰爭」，是一種飛躍。他在目錄中又把第二次鴉片戰爭稱爲「第二次中英戰爭」，也可説是一種折衷辦法。

〔四〕 "……the surprising thing is not that there was dissatisfaction, but that there was not much more." G. B. Endacott, *A History of Hong Kong*, revised eiditon（Oxford University Press, 1973）, p. 13. 該書1958年出版，1964年由牛津大學出版社出版普及版（軟皮），1973年修訂再版，到1993年已經歷了12次印刷（見該書扉頁），真可謂普及之至。

〔五〕 Chang Hsin-pao, *Commissioner Lin and the Opium War*, p. 15.

獲暴利，故絕對不能與鴉片比擬，其理至明。爲何飽學之如張馨保教授，竟然能說出那話來？竊以爲他是受了他的哈佛大學博士導師費正清的影響，因爲費正清畢生堅持的正是這個論點。〔二〕

英美兩國，同文同種，有位美國歷史學家就曾經很尖銳地指出：美國從來不會因爲同情弱小民族而破壞英美兩國的團結。〔三〕美國的第六任總統阿當斯（John Quincy Adams），就曾以鴉片戰爭的問題到處演說，爲英國人解脫。他說：「戰爭爲甚麼爆發？因爲要叩頭，因爲那狂妄自大的中國強迫世界各民族必須先向其叩頭才容許通商。」〔三〕如此這般，就把戰爭的責任全推到中國人的頭上。這種做法，就連當時在澳門的一些美國傳教士也受不了，並公開提出抗議：「我們不同意該演講者撇開鴉片不談的做法；因爲，毫無疑問，鴉片是導致這場戰爭最直接的原因。」〔四〕至於英國人似乎也覺得阿當斯之言過分，所以從來沒有拾其牙慧。因此到了1950年代費正清到英國牛津大學念博士時，他也摒棄此言，而接受了當時英國盛行的自由貿易之說。〔五〕張馨保秉承師訓，結果人云亦云，這都不足爲奇。

但奇怪的是：當我把這篇拙文於2000年9月8日在北京召開的「第二屆近代中國與世界國際學術討論會」上扼要報導（論文全文早已發了給出席會議的人，讓其預先閱讀）過後，另一位留美的華裔學者李恩涵博士卻率先發難。他說張馨保教授爲鴉片戰爭所下的定論，早已爲所有西方學者所接受，再沒討論的餘地。他責備我撰寫這篇文章屬多此一舉。美國學者沙培德博士（Dr Peter Zarrow）聽後當場失笑。笑驚四座。有人馬上滿臉通紅。我不爲已甚，故微笑不語，結果全場鴉雀無聲，所有目光都投向我，似乎是期待我乘勝追擊。結果我說時間已差不多，講不完的話留待茶餘飯後再說。我發覺有人如釋重負；但有更多的人欲言又止，惟見我態度堅決，也就不再說什麼。轉眼五六年過去了，現在追寫，權補闕如：李恩涵是徐中約（Immanual Hsu）的學生，徐中約又是費正清的學生。事情還不明白嗎？〔六〕忠於師承，原屬無可厚非。但在大是大非面前，有骨氣的讀書人是否應該勇於取捨？

讓人更感遺憾的事情還在後頭：歷史發展到2004年，有些學者甚至認爲連費正清那樣的立場也太軟弱了。爲什麼？因爲費正清雖然在一方面受到其時代的限制而強調鴉片戰爭的性質屬於自由貿易戰爭，但另一方面又鑒於學術界多年的研究成果而說出一句公道話，即：鴉片貿易是「近代史上歷時最久的、最有系統的犯罪行爲。」〔七〕誰認爲這樣的立場太軟弱？前倫敦大學亞非學院的一位「新紮師

〔二〕見其成名之作 *Trade and Diplomacy on the China Coast, 1842—1853*（Camb., Mass.: Harvard University Press, 1953）.

〔三〕G. Smith, *American Diplomacy during the Second World War, 1941—1945*（New York, 1965）, p. 82.

〔三〕John Quincy Adams, "Lecture on the War with China", *Chinese Repository*, v. 11（1842）, p. 288.

〔四〕Editor's note, *Chinese Repository*, v. 11（1842）, p. 289. The editor was E. C. Bridgman.

〔五〕我的恩師 G. F. Hudson 先生是費正清博士論文的兩位主考官之一，故知道這些底蘊。

〔六〕對於李恩涵這次的表演，有些觀衆事後引孔子的話：「學而不思則罔」（見《論語·爲政》，第二章）來抒發己見。其他則說他只不過是凜遵祖師爺費正清的師訓而已，孺子可教。兩種意見，均可爲治史者鑒。

〔七〕Fairbank's verdict in Denis Twitchett and John K. Fairbank（eds.）, *The Cambridge History of China*（Cambridge, New York: Cambridge University Press, 1978）, v. 10, part 1, p. 213.

兄」馮客（Frank Dikötter）教授。

馮客在2004年出版了一本書，題爲《毒品的文化：中國毒品史》〔一〕。馮客教授在該書第一章開宗明義地說，他要推翻整整半個世紀以來西方學術界研究中國近代史的學者們所達成的共識。該共識，用已故費正清（John King Fairbank）教授在《劍橋中國史》中的話說，就是19世紀的鴉片貿易是「近代史上歷時最久的、最有系統的犯罪行爲」〔二〕。如何推翻這共識？馮客準備用該書來證明長期服用鴉片：（1）「對健康與長壽沒有重大的不良影響，適量的吸用甚至是有益的」；（2）在19世紀的歐洲和美洲都甚爲普遍；（3）很少產生「非吸用鴉片不可」的、失去控制的「癮君子」，而造成嚴重的經濟損失；（4）在舊中國，吸用鴉片是「招待客人的上品、娛樂的上方、生活在優越的上層社會的標誌、精神貴族的象徵」；（5）後來被外國傳教士和中國政府官員掃蕩了，掃蕩的方法是用海洛因、嗎啡、可卡因等毒品作爲代替品，以便患者戒毒，結果造成了一場公衆健康的災難，真個存好心卻做了壞事。

我被其論點深深地吸引住了！尤其是其中的第三點：吸用鴉片不會上癮！？若果真如此，則其第五點之所謂戒毒又從何談起？拜讀其大作之後，發現馮客把（1）吸用鴉片會上癮和（2）吸用鴉片會導致嚴重經濟損失這兩個問題混爲一談，並據此推論嚴重經濟損失等同上癮：他硬說煙鬼沒有受到嚴重經濟損失，所以自然就未曾上癮。最後，在這個基礎上，他下結論說，吸用鴉片不會上癮。這種詭辯，全書比比皆是，我已另文一一指出其非，在此不贅。〔三〕遺憾的是，該書風靡了歐美，這種現象說明了什麼？從英倫三島、歐盟、亞非拉美等地到倫敦亞非學院念歷史的本科生、研究生，又會受到什麼形式的「洗腦」？他們徒子徒孫的精神面貌又會怎樣？且看上述李恩涵博士的表演，就不言而喻。

上述的一切，讓我深刻地認識到，任何一個國家或民族，或外國人在該國謀生〔四〕而感到有必要迎合該國主流口味者，都屬意於用有利於己的觀點來解釋歷史。而極端者已經到了強詞奪理甚至顛倒黑白的地步。可惜有些人不求甚解，到外國深造後反而重蹈「漢人盡作胡兒語，卻向城頭罵漢人」〔五〕的歷史覆轍，貽害匪淺。我以後治史，是從狹隘的華裔觀點出發，還是走「天下爲公」〔六〕的「大道」？我決定不能囿於民族感情這個範疇，就像不能囿於某一種語言的史料和囿於某一個專題，同樣一個邏輯。否則歷史真相就無法澄清，遑論擺事實講道理，更徒增各民族之間的惡感與摩擦，讓世界永遠得不到安寧。

〔一〕Frank Dikötter, Lars Laamann and Zhou Xun, *Narcotic Culture: A History of Drugs in China* (London: Hurst & Company, 2004).

〔二〕Frank Dikötter, *et al.*, *Narcotic Culture* p. 1, quoting John K. Fairbank, "The Creation of the Treaty System", in Denis Twitchett and John K. Fairbank (eds.), *The Cambridge History of China* (Cambridge, New York: Cambridge University Press, 1978), v. 10, part 1, p. 213.

〔三〕見拙文《讀史札記——論馮客的鴉片讚歌及其他》，《「中央研究院」近代史研究所集刊》，第47期（2005年3月），第225—232頁。

〔四〕上述馮客教授乃荷蘭人，在撰寫該書時任職倫敦大學亞非學院，現在轉職香港大學。

〔五〕唐朝司空圖詩《河湟有感》，詩曰：「一自蕭關起戰塵，河湟隔斷異鄉親。漢人盡作胡兒語，卻向城頭罵漢人。」

〔六〕《禮運·大同篇》，《禮記·禮運第九》。

繼《兩廣總督葉名琛》後，我的研究計劃順理成章地擴展到第二次鴉片戰爭，並預計在1980年可以動筆撰寫。所以早已向悉尼大學當局申請了學術休假一整年，同時又蒙劍橋大學國際關係研究所遴選爲該所客座研究員，就準備了一年的時間撰寫。但是，由於上述「三面」的體會，我覺得已經做好了的研究不夠全面。於是放棄了寫作計劃，改爲更深入更廣泛地研究第二次鴉片戰爭。沒想到這麽一搞，前後就是30年（從1968年我開始研究葉名琛到1998年拙著 *Deadly Dreams*［姑譯作《鴆夢》吧］[二] 出版爲止）。

（七）努力避免囿於任何一方

下面談談我努力避免囿於任何一方的體會：

（一）不囿於某一個專題

研究第二次鴉片戰爭，首先不能囿於外交史，更不能囿於第二次鴉片戰爭，必須把兩次戰爭連在一起研究。至於如何超越外交史的範圍，則我第一個想到的是把研究範圍擴大到包括從鴉片貿易開始起的經濟史領域。在經濟史這個廣大領域裏，外貿史當中的中英、英印、印中這三角貿易的數據有哪些？英國與世界各地的貿易數據又有哪些？在財政史上，大英帝國和英殖民地印度的財政預算、收支平衡又有哪些數據？鴉片煙的收入在英印度殖民地的收支平衡中比重是多少？英國在稅收方面，從中國茶葉所抽的入口稅與其他稅收的比重又是多少？……我把1980年差不多整整一年的時間，天天就蹲在劍橋大學圖書館裏用鉛筆鈔數字。當年鈔不完，日後放暑假、寒假時再回英國鈔。後來發覺在悉尼市內的新州議會圖書館也藏有這些數據，於是爭取到該館科奧館長（Dr Russell Cope）特別恩准（因爲該館是專職爲州議員服務的，閑人免進），讓我課餘到該館鈔數字。1985年，電腦開始在悉尼普遍發售，科奧館長又破例讓我帶了電腦進館，並在書庫特別放置一張書桌給我專用，更讓我帶了朋友進去跟我合作核對數字。如果沒有這種特殊方便，再花30年的時間不斷地飛英國也沒法把所需數據親自動手用鉛筆鈔完。

把這些數據整理出一個頭緒後，再結合我在軍事史、商業史、工業史、政治史、外交史、國際法等領域裏收集到的有關資料，就獲得一個突破。詳情如下：

在軍事史上，我得悉清朝的地方大吏爲了鎮壓太平軍，1853年起課釐金稅。在商業史上的研究[三]，我發現英商對於釐金增加了茶葉的成本而大爲不滿，訴諸英廷。在工業史上的發掘，我考證出英國工業革命中勞動力廉宜是因爲工人大量地喝了附加牛奶和蔗糖的中國茶，如果茶葉的價錢起飛，工資跟著就要猛漲，大大地增加製成品的成本，銳減其在國際市場上的競爭力。於是資本家大爲恐慌，同樣訴諸英廷。在研究英國政治史的過程中，我發覺當時的英國的執政者還是比較有遠見的，在英國工商界還未開始鼓噪之前，已預計到風

[二] 見拙著 *Deadly Dreams*, chapter 3.

[三] 包括怡和洋行（Jardine Matheson & Co.）與卑翎公司（Baring Brothers & Co.）的內部檔案。

暴的來臨，所以早在1854年已命令駐華公使向中方交涉修訂《南京條約》，以便讓英商直接跑到茶葉的原產地買茶。茶葉一到手就變成是英國擁有的貨物，中方就再不能向其課釐金之稅。交涉兩年，葉名琛終於在1856年6月30日照覆嚴拒。該覆照在1856年8月30日抵倫敦。英政府內閣開會商討怎麼辦。接著我從外交史的領域中所做的研究知道，英國在1856年9月24日對法國展開外交攻勢，並終於在1856年10月22日說服了法國共同出兵攻打中國。接著英國接觸美國與俄國，希望他們幫凶。用什麼藉口開仗？這又牽涉國際法的問題。我考證出，當時英國法律界對這個問題展開討論時，得出的結論是：用中國拒絕修約爲藉口而開仗，於法不合。理由是修約的要求建築在《中美望廈條約》的「一體均沾」（most-favoured nation clause）的基礎上。英國只能「均沾」美國通過修約而得到的新增利益，但不能「均沾」修約這權利本身。英國正苦於出兵無名之際，「亞羅」事件的消息就像及時雨般在1856年12月1日到達倫敦。戰爭藉口找到了——該藉口誣告中方污辱了英國國旗。我說「誣告」，是因爲我已經找到大量可靠的史料證明，中方並沒有污辱英國國旗。〔一〕但當時英國的普通民衆不知底蘊，結果勃然大怒。該藉口點燃了英國極其盲動的、狹隘的民族主義情緒。〔二〕第二次鴉片戰爭就如此這般地在英國民衆狂呼當中打起來。〔三〕

通過長時間地在不同領域裏搜集有關資料，然後把各種錯綜複雜、互相之間表面上似乎毫無關聯的事件重新組合，終於重建起比較接近當時實際情況的來龍去脈，找出了英國發動戰爭的重要原因之一。這個經驗讓我深深地體會到，在中國發生一件表面上似乎全屬內政、與外事無涉的事情，諸如中國官員課中國貨物的釐金，也會影響到整個世界各個領域的運作。而當這些領域受到影響時，又會倒過頭來促使帝國主義發動侵華戰爭，諸如第二次鴉片戰爭。

另一個事例是，《南京條約》的簽訂，馬上促使英國在南亞地區出兵併吞星特（Sind）王國。而併吞了星特王國，又讓英帝國主義更有效地控制中國的鴉片市場，以及更順利地發展其全球貿易網。〔四〕一件一件的事例，在在說明一個道理：牽一髮而動全身。同時讓我得出一個結論：「全球一體化」（globalization）早在西力東漸時已展開，不待21世紀初的今天、它變成熱門話題時才揭幕。同時我感到，治史走「天下爲公」的「大道」，是走對了。治史若不從大方向著手，就看不到世界發展的大趨勢。看不到大方向，倒過來於人於己都毫無好處。〔五〕

〔一〕見拙著 *Deadly Dreams*, chapters 2–3。

〔二〕見拙著 *Deadly Dreams*, chapters 7–10。

〔三〕見拙著 *Deadly Dreams*, chapters 11–17。

〔四〕見拙文 "The Annexation of Sind in India: An Economic Perspective", *Modern Asian Studies* (Cambridge University Press), v. 31, part 2 (1997), pp. 225–244.

〔五〕「第二屆近代中國與世界國際學術討論會」結束後，我小留北京讀書，得閱俞旦初先生的論文集《愛國主義與中國近代史學》（北京：中國社會科學出版社，1996）。論及19世紀末20世紀初的中國史學家，臨國家民族生死存亡之秋，把愛國主義灌輸到他們的史學裏，是救亡所需。這種屬於一時應變的措施，原非長久之計。若史學永遠服從當前所需，則遺害深遠，林甘泉先生早已撰文指出，見其《新的起點：世紀之交的中國歷史學》（中國社會科學院建院二十年專稿），《歷史研究》1997年第4期（總248期），第5—17頁。

（二）不囿於國家民族的框框

不囿於國家民族的框框，同樣是爲了避免自我局限而流於偏見。準此，我在過去近40年之內就曾多次較長時間地旅居各有關國家，既親嘗其風土人情，也仔細鑽研其原始文獻，同時慢慢咀嚼其已刊高論，並與當地學者建立起深厚的友誼。我這樣做是鑒於：第一，數當時世界級的強國當中，除了奥匈帝國以外，中、英、法、美、俄都通通被牽進第二次鴉片戰爭這漩渦。第二，從調兵遣將的角度來說，則英國從歐洲、非洲、南亞、東南亞，美國從北美洲，俄國從歐洲和北亞，都調了兵。第三，從現代武器殺傷力的慘酷而言，[一]則第二次鴉片戰爭更是20世紀兩場世界大戰的先聲。從這兩三種意義看，則第二次鴉片戰爭可以説是一場準世界大戰。與平常我們理解的所謂世界大戰不同的是，列強不是分爲兩大陣營對打，而是聯手對付中國，所以只能稱之爲準世界大戰。既然是準世界大戰，怎能不從世界的角度看問題？怎能不前往各有關國家親自品嘗該國民衆看問題的觀點？

又既然必須從世界的角度看問題，則除了頻頻飛往各有關國家體驗生活與鑽研檔案以外，我還想到一個比較長遠的學習計劃。那就是與敝校歷史系的同仁聯手開課，主題是歐洲向外擴張。結果從1982年起，邀得非洲、中東、南亞、東南亞的專家與我這個東亞學者共同開課。若某週專攻非洲史，則各同事就聯袂去聽同儕中非洲專家的課（lecture），按照他所列的書目去用心閱讀各刊物，輔導同學們討論（tutorials）該週有關非洲史的題目。如此輪番學習非洲、中東、南亞、東南亞、東亞各地區在歐洲擴張下的遭遇而終於奮起反抗的經驗，又是一番體會。

同時，又以具體問題請教敝系的英、法、美、俄等國史的專家，並按照他們建議的書目去閱讀。日積月累，慢慢地對各國的歷史也有了一定的認識。更鑒於帝國主義這種現象，並非19世紀歐洲所首創，羅馬帝國已是非常著名，於是又經常請教古代史的同仁，按照他們所建議的書目去自修。數十年如一日，慢慢對古代、中古與近代的各國歷史也有了一定的瞭解。

經過24年來不斷學習、研究、思考，我對非洲、中東、南亞、東南亞、東亞、美洲、歐洲之間在漫長的全球一體化過程中，尤其是在鴉片戰爭時代的連鎖關係，認識點滴如下：第一，在非洲內陸發掘出來的中國明朝陶瓷碎片，不是鄭和下西洋時留下來的，而是阿拉伯商人從陸路自阿拉伯轉運到非洲內陸這王國的。鄭和下西洋只是暫時的，這條非洲內陸的商道卻是持久的。第二，在印度的英國東印度公司賣了鴉片給中國後，換來白銀，就熔了這些銀錠改鑄銀幣，成了印度洋沿岸亞非各國的通貨，活躍了整個印度洋地區的商業。第三，在東南亞的荷蘭人，把西印度群島的煙草帶到東南亞的爪哇後，再把鴉片混在煙草中給爪哇人吸，讓他們上癮後就逼他們付出廉價勞動力。荷蘭人發覺此計甚妙，於是佔據臺灣時就把吸鴉片的方法帶到臺灣，從臺灣傳到福建，也爲中國傳來了噩耗。第四，英國人在中國發現了吸鴉片的陋習以後，馬上在印度大量種植鴉片。賣了鴉片給中國後買茶葉，部分茶葉就轉運到北美洲英屬殖民地高價出售，同時不許北美洲的殖民直接向中國購買茶葉。中國茶在北美洲成了剝削殖民的象徵。殖民起來反抗，把一箱一箱的中國的茶葉倒進波士

[一] 這裏指西方的船堅炮利，非指中國的刀槍劍戟。

頓海港，美國的獨立戰爭自此始。第五，19世紀英國人搞工業革命，開出匯票向已經取得獨立的美國買棉花。美國人拿了匯票到中國買茶葉。中國人拿了匯票買鴉片，不夠再用白銀補足。英國人拿了白銀買絲茶，用不完的白銀送印度鑄銀幣，匯票送回老家再用來向美國買棉花，絲茶運回歐洲又發大財。鴉片既有如斯妙用，如果鴉片貿易受到威脅（哪怕是突然而來的，諸如林則徐的禁煙，或者是隱約的，諸如中方長期拒絕把鴉片合法化），英國都是要訴諸武力的，兩次鴉片戰爭在所不惜。

這些遠行的陶瓷、白銀、煙草、鴉片、茶葉、匯票等等，通通都是當時全球一體化的工具。而掌握這些工具的商人，正是全球一體化的急先鋒。研究兩次鴉片戰爭，怎麼還能囿於某一個國境之內或囿於某一個民族的圈子裏的活動或見解？

（三）不囿於某一種語言的史料

上面提到葉名琛檔案中第三部分中三任欽差大臣等處理外事時內部調度的有關文件。看過這批「對內」的文件後，很自然就想到，建築在這些內部文件的基礎上而寫成的、對外的照會。那就要進而查閱葉名琛檔案以外的、黃宇和整理出來的「鴉片戰爭時代中英外交文件」。照會送到英方，英方是如何理解的？就要查閱英國外交部所藏英語檔案中該照會的英語譯文以及英國公使寫報告時對該照會所作的評論。從這個階段起，就已進入另一個語言領域的史料了。公使的報告送達倫敦白廳時，外交大臣的反應是怎樣的？這就必須看該大臣的批語。如果批語牽涉咨會英國政府其他部門的，如海軍部、陸軍部、外貿部、殖民地部等等，就要追閱各該部檔案裏的有關檔案。

幸虧所有這些政府檔案都存放在英國國家檔案館，可以足不出戶就申請查閱不同政府部門的檔案。但有一個限制，每個讀者每次不能申請超過某一個數目的文件，同時每次不能領取超過三份文件回自己的閱讀桌查閱。如果追查某一條線索而需要把很多文件放在一起的話，問題就不好解決。我在爲英國國家檔案館鑒定和編輯「鴉片戰爭時代中英外交文件」時，就碰到這樣的問題。於是我徵得館長批准，把藏在該館的全部漢語檔案（包括葉名琛檔案）和同時期的英國政府各部門的英語檔案通通集中到一個密室中。從我的辦公室可以通往該密室，一週7天、一天24小時，我都可以隨時取閱。我的辦公室也特別大，一次可以平放幾十份文件。鑒定文件需要工具書，也徵得當時倫敦大學亞非學院歷史系系主任比斯利（William G. Beasley）教授幫助，把該院圖書館的有關工具書調到該密室中。如此種種，都省了我大量的時間，促成了我整理該批文件以及我自己對第二次鴉片戰爭的研究。

在重建某一歷史事件的過程中，如果能採用不同語言的有關史料，可獲得意外的突破。例如，「亞羅」事件發生當天，英國駐廣州署理領事巴夏禮發給葉名琛的照會，漢語本中有這麼一句話：「該船上人等肆意喧嚇，稱言若欲帶人回署，必動械抵拒等語，本領事官祇得返署。」〔一〕短短一段話，襯托出一個非常強烈的對照：中方被描寫得這麼粗言惡語，盛氣凌人；英方又被描寫得那麼冷靜理性，心平氣和。這種反常現象馬上引起我的懷疑。因爲，根據我看過有關巴夏禮的其他史料，則好勇鬥狠、惡人先告狀是其慣技，〔二〕怎麼這次

〔一〕 巴夏禮照會葉名琛，1856年10月8日，FO 228/904。

〔二〕 Gordon Daniels, "Sir Harry Parkes: British Representative in Japan, 1856—1883", D. Phil. thesis, Oxford, 1967.

卻好像是文質彬彬、任人欺負？查核該照會的英語原稿，則“he made a display of force, and threatened me with violence if I attempted to take them with me”〔一〕可以翻譯成「他［指武弁李榮陞］虛晃幾刀威嚇我，並說如果我嘗試把水手們帶走的話，他會用武力對付我」。比較之下，則英語原稿中多了「他虛晃幾刀威嚇我」一句，少了「本領事官祇得返署」一句。多出的一句更表現得中方恃強凌弱（一個武夫用武器威嚇一個文質彬彬的外交官）。少了的一句話暗示事情到此暫告一段落。爲什麽巴夏禮在英語原稿這官方文獻中不作這種暗示？因爲事情的確並沒有就此暫告一段落：巴夏禮在一封家書中作了補充。他說李榮陞「用武力威嚇我，其實我被打了一拳，雖然在官方文書中我從來不提此事，目的是把所有個人因素排除出去」〔二〕。爲什麽巴夏禮要把自己曾被打一拳的情節，從官方文件中排除掉？因爲他自小在中國長大，而在鴉片戰爭中又目睹中國慘敗以及屈辱求和，因而得出一個很霸道的結論。他認爲：對付東方人，姑勿論自己有理或無理，必須先下手爲強。〔三〕這種做法，是不能見容於祖家的紳士階級的。先一年他回英國，就已經有政要看出了這個不是科班出身之外交官的弱點。〔四〕看來，巴夏禮是對李榮陞「先下手」了。可惜對方是個武夫，「可殺不可辱」，怒極而揮刀示威。巴夏禮可不吃眼前虧，更不能把這丟臉的情節透露半點風聲。

巴夏禮把個人因素從官方文件中排除掉了，我反而又在多種語言的公、私文獻的基礎上重建了比較接近歷史事實的當時情況。如果在寫歷史書時單單依靠中方收到的那封巴夏禮所發出的漢語照會，或者單單依靠該照會的英語原稿，都只能得到一個錯誤的結論，就是巴夏禮在處理這件事情上克制、得體，大有外交家的風範。而不少英國歷史名家，也的確是作出過這麽一個錯誤的結論。例如，馬士對巴夏禮的評價是這樣的：「頭腦清楚，辦事果斷，是英國官員的佼佼者」〔五〕。如果馬士先生有機會讀到巴夏禮的家書，他會直言還是爲長者諱？

（八）小結：矛盾的統一

如果我們把第二次鴉片戰爭的研究比諸大象，則從史料罕有的角度來說，葉名琛檔案可以比諸象牙。現在劉志偉教授把該檔案刊行，讓廣大學者能予以利用，如此造福學林，可謂功德無量。

〔一〕 Parkes to Yeh, 8 October 1856, Enclosure 2 in Bowring to Clarendon Desp. 326, 15 October 1856, FO 17/251.

〔二〕 原文是“threatened me with violence, and I was actually struck one blow, though to this circumstance I have never made official allusion, as I wished to keep every personal feature out of view”. Lane-Poole, *Parkes*, v. 1, p. 229, quoting one of Parkes's private letters dated 14 November 1856.

〔三〕 見拙著 *Deadly Dreams*, chapter 3.

〔四〕 見拙著 Deadly Dreams, chapter 9.

〔五〕 原文是“the true embodiment of the clarity of thought and energy in decision and action which characterises the best type of the English official”. H. B. Morse, *International Relations of the Chinese Empire*, 3 vs.（Shanghai: Kelly and Walsh, 1910—1918）, v. 1, p. 426.

若從擺事實以便講道理這個角度來看，則葉名琛檔案只是衆多檔案之中的一種。而且，由於經過戰亂與1858年初英方有選擇地淘汰，已甚不齊全。就如本文上一節提到的，1856年10月8日那份巴夏禮致葉名琛照會的漢語本——那份有關戰爭導火線的第一份文件——在葉名琛檔案裏已經再也找不到了。要看這份文件，現在必須求諸英國國家檔案館以便看其漢語副本。總之，由於全球一體化的旋風早已把史料撒往世界各地，深入的歷史研究已經不可能囿於某一國境之內。

在研究方法上，同樣不能囿於某一個國家、民族或專題的文獻與思想感情，而應該爭取作鳥瞰，飛得高才能看得遠。今天我們需要面對的現實，是全球正在高速度地一體化。因此，搞歷史研究也應該考慮到要從全球的角度來看問題，以便大家能看到世界發展的大方向。同時，竊以爲學問功夫的深與廣，表面上似乎是矛盾的對立，其實是矛盾的統一：不深就不能真正地廣，不廣也就不能真正地深。

（九）附帶說明：一樁技術性的問題

2001年4月我再度訪穗。承志偉教授相告，他正被一樁技術性的問題困擾。他的計劃是把葉名琛檔案的縮微膠卷原封不動地複印出版，以便保持原貌。但他發覺，縮微膠卷中的文件，如果原文的長度是超過膠卷的一框的話，接下來的一框的內容就有重複上一框文字的地方。爲了方便讀者，他覺得有必要把重複的地方去掉。這樣做工程就很大了。準此，我覺得有必要說明一下英國國家檔案館的有關規定。

上文說過，1971—1983年我當了該館的名譽編輯（honorary editor），館長授權我可以在該館的禁區自由行走，讓我有機會認識各部門的運作情況，包括縮微膠卷拍攝部。1974年我應聘到澳洲悉尼大學任教後，假期時間仍頻頻飛返英國國家檔案館繼續努力，並把文件製成縮微膠卷，以便我在悉尼大學的課餘期間，也可以繼續做鑒定和做提要的工作。鑒於縮微膠卷拍攝部的工作人員不懂漢語，館長怕他們在拍攝過程中有失漏，讓我坐在拍攝人員旁邊監督。當時我就發覺，凡是文件的長度超過縮微膠卷一框的話，拍攝人員就把上一框內容的最後兩行字，在下一框重複拍攝。在我追問下，她解釋說，這是國家檔案館的規定，目的是讓讀者知道，內容並沒有脫漏。

她的話，讓我想起，我所看過的英國國家檔案館內所藏的英語文件，若果長度超過一頁的話，第一頁正文的最後一行，肯定只有一個字，而這個字肯定放在該頁右下角。同時，這個字也肯定在下一頁第一行的第一個位置中重複。這樣做的目的，除了讓看公文的人知道內容沒有脫漏以外，還有減少外人在公文上作弊的機會。這是英國政府書吏在繕寫公文時的慣例。

其實，清朝的公文同樣有防弊的措施。當時的公文用宣紙繕寫，如果公文的長度超過一張宣紙的話，就把兩張甚至多張宣紙用漿糊聯在一起，並在接駁的地方鈐印，以防不法之徒弄虛作假。這是中國政府書吏在繕寫公文時的慣例。

中外做法雖然不一，但目標一致。既然英國國家檔案館在拍攝縮微膠卷時有重複兩行的規定，志偉教授大可不必爲重複兩行的問題而苦惱。放心付梓可也。

2005年9月28日，得悉志偉教授還是決定在2005年10月1日起的七天長假期閉門剔除重複的兩行。我除了對其高度的專業感表示敬意以外，必須決定是否把本文這最後一節刪掉。考慮到其中關於中英政府處理公文慣例的信息對讀者不無用處，姑且保留下來。

1999年11月29日初稿於悉尼

2005年12月29日最後定稿於廣州市中山大學紫荊園

（作者爲澳大利亞悉尼大學教授、澳大利亞社會科學院院士）

總目錄

FO.682/327/5(11)

督理粵海關常　諭外洋商人盧觀恒伍敦元等知悉
照得鴉片一項伐性傷生流害匪淺節經前關部
奏明出示嚴禁並本年五月间本關部行諭洋商轉
飭各國夷人凜遵在案現又欽奉
上諭慶桂等奏據廣寧門巡役人等盤獲楊姓身
藏鴉片烟六盒請交刑部審辦一摺鴉片烟性最
酷烈食此者能驟長精神恣其所欲久之遂致戕
賊軀命久為風俗人心之害本干例禁該犯楊姓胆
敢携帶進城實屬藐法著即交刑部嚴審办
理惟此項烟斤近聞購食者頗多奸商牟利販
賣接踵而來崇文門專理稅務僅于所屬口岸
地方稽察尚恐未能周到仍著步軍統領五城御
史于各門嚴禁密訪查一有緝獲即當按律懲治
並將其烟物燬棄至閩粵出產之地並著該督撫關
差查禁斷其来源毋得視為具文任其偷漏欽
此查鴉片一種久為
天朝例禁之物夷人諒所稔知自不致有私帶販
賣等弊自罹法網但現商夷船陸續進口誠恐
商夷良莠不齊復有忘身牟利之徒于夷船未
經進口之先分散裝匀串内地匪徒繞道偷運等
事除出示通飭查禁外合行諭知諭到該商等
遵照即便傳諭各國大班嚴飭各船曉以鴉片
係違禁之物嗣後不得私行夾帶進口倘敢抗
玩不遵致被關口盤獲除烟斤燒燬外係商通
事及該夷均嚴究不貸凜之特諭

十五年　七月　廿八日

兵部尚書兩廣總督部堂鄧　批查粵東准予各國通商以來凡遇交涉事件無論夷商夷目皆飭洋商傳諭遵辦從無遣官徑行及許別項人役干預之事此煌煌定例亦

天朝體制宜然也此条㖡夷吡嚟船並非貿易貨船擅入黃埔停泊無難立時驅逐本部堂仰體

大皇帝懷柔威德故善遣之並因該領事義律前稟尚屬曉事是以諭該商等傳諭令其依限辦理該商等自應遵諭妥辦何得假手該領事隨帶之馬禮遜

其人致貽此等狂吠即在該領事妄欲以一船之故為挾制本部堂章本蜋支雙斧分量奚知無足深責特該商等甘心接受馬禮遜之信並不擲還辦事錯謬至此大忝官商猶復有覥面目聯請示洵堪痛恨本應一併革究姑暫曲予恩原着即仍遵前諭向該領事剴切傳諭該領事來即作速逼處否則本部堂事權在握不為外夷一船所難或從或違該商等務於十日內拔椗明白稟覆以憑核辦至該領事義律既自詡為夷官

天朝官倫法嚴化外人有犯亦有治罪專條大用夷官不着去留可聽其自便倘敢留不安分本部堂能使去之誠以

天朝重地初非藏垢納汚之所也并諭知照毋違

道光十八年四月　二十三　日

咨呈

欽命[illegible]督理粵海關稅務隨帶加二級豫　為

呈明事案准

兩廣總督部堂咨福潮行保辦商船如天津錦
州山東福建寧波乍浦上海等船俱照新章辦
理其本省惠潮高廉雷瓊各船仍照舊章辦理
亦飭令造冊取結呈送查核等因到關當經諭
飭福潮行商遵照旋據該商等稟請商船冊結
由本關咨送

督部堂查核即經咨明在案茲據該商潘敦華
[illegible]大豐船下黃糖等貨往浙並繳送該船
[illegible]一分請由本關衙門咨送

督部堂查核等情前來除分別存咨並飭委庫
大使夏文滙等監視下貨外相應呈明為此咨呈

欽差大人貴部堂仰請察照施行須至咨呈者

右　咨　呈

欽差大臣兵部尚書兩江總督部堂林

道光十九年五月　二十八　日

咨

[illegible]部堂鄧 為

咨會事道光十九年十一月初三日准

署江蘇巡撫裕 咨開據江南海關道王玥詳

稱本年八月二十八日據吳淞口千総王根範

等稟稱本月二十日瞭見外口抛椗廣船一隻

隨即赴船查看係廣東省海豐縣七號船戶黃

瑞利船上有廣東大鵬營押船官羅瑞陞帶兵

張德陞一名據稱奉兩廣總督部堂鄧 於

六月二十六日在省查驗商船六隻給貼封条

派弁押送至虎門奉

提督關 查驗交替將各船仍行封艙派中

營守備李起升押送七月初十日到大鵬營洋

面奉參府賴恩爵交替查驗封艙派右營守備

林東榮坐駕師船帶領記委羅瑞陞黎逢太劉

盛恩歐仕乾梁邦才李炳清等帶兵六名管押

六船往平海營交替至十二日夜駛近平海營

洋面因風猛烈不能交替是夜黎明乘風駛至

大洋未知守備師船并商船五隻去向何處於

八月二十日乘風駛至吳淞口外椗泊復詢該

船出海盧岐供與押船官羅瑞陞所稱相同當

即移送寶山縣訊報等情同日又准署吳淞營

陸參府會同委員太倉州李牧將該船加貼印

封派委弁兵押送大關前來職道當將該船黃

瑞利因風進口查辦緣由先行馳稟并檄寶山

縣迅即錄供通報在案職道復吊取牌照稅阜

查係廣東海豐縣第七號商船一面會督营縣
諸船查明各艙均釘貼大鵬营封条並無撬損
痕跡飭令啓封逐艙細加查驗均係裝載藥料
洋布紙張等貨委無藏匿鴉片烟土情事飭令
該船照例投牙報稅當即傳詢粤省营弁羅瑞
陞面稟實係在洋過風人力難施不能交替乘
風駛至吳淞進口委無別故惟乞給文自行回
营等情查訊該船出海盧岐等供亦相符除取
具該弁供結附卷一面給文咨會廣東大鵬营
条將知照飭令該弁赴營銷差外理合具文詳
請咨明兩廣總督部堂暨
廣東提督查照實為公便等情到本署院據此
除咨。
廣東提督外相應咨明查照等因到本部堂准
此除札大鵬营知照及札東藩司移行查照外

相應咨會為此合咨
欽差大人請煩查照施行須至咨者
右　咨
欽差大臣兩江總督部堂

道光　初十　日

FO 931/0005

FO.682/327/4(3)

咨呈

十一月初十日

欽命上駟院卿督理粵海關稅務隨帶加三級豫　為

呈明事案准

兩廣總督部堂咨會札司議覆振往潮州商船

開行時由本關先移南澳鎮飭營巡查業將司

議章程移明查照在案茲于十一月初十日據

福潮行商振有金永利船裝載糖水等貨報驗

往潮除給紅單照運并于請關出口時飭查並

移南澳鎮查照外相應呈明為此咨呈

欽差大人貴部堂仰請察照施行須至咨呈者

右　咨　呈

欽差大臣兵部尚書兩江總督部堂林

道光十九年十二月初十日

FO.682/327/4(4)

咨

欽命上駟院卿督理粤海關稅務隨帶加三級豫　為

呈明事案准

兩廣總督部堂咨會札司議覆报往潮州商船

開行時由本関先移南澳鎮飭營巡查業将司

議章程移明查照在案玆于本月十二日據福

潮行商报有陳振成船装載棉花等貨报驗往

潮、除給紅单照運并于請関出口時飭查並移

南澳鎮查照外相應呈明為此咨呈

欽差大人貴部堂仰請察照施行須至咨呈者

右　咨　呈

欽差大臣兵部尚書兩江總督部堂林

道光十九年十一月　十三　日

咨呈

欽命上駟院卿督理粵海關稅務隨帶加三級豫　　　為

呈明事案准

兩廣總督部堂咨福潮行保辦商船如天津錦

州山東福建寧波乍浦上海等船俱照新章辦

理其本省惠潮高廉雷瓊各船仍照舊章辦理

亦飭令造册取結呈送查核等因到關當經諭

飭福潮行商遵照施行拠該商等稟請商船册結

由本關咨送

督部堂查核即經咨明在案茲據虎門口稟報

本月十一日有永寧照船一隻船戶鄧順利由

天津裝載棗子等貨進口並據福潮行商繳送

鄧順利船册結各一分請由本關衙門咨送

督部堂查核等情前來除由本關委大關委員

興瑞詳查並將繳到册結咨送

兩廣總督部堂存案委員查驗及咨會

廣東巡撫部院查照外相應呈明為此咨呈

欽差大人貴部堂仰請察照施行須至咨呈者

右　咨　呈

欽差大臣兵部尚書兩江總督部堂林

道光十九年十一月　十五　日

咨呈

欽命上駟院卿督理粵海關稅務隨帶加三級豫　為

呈明事案准

兩廣總督部堂咨福潮行保辦商船如天津錦州山東福建寧波乍浦上海等船俱照新章辦理其本省惠潮高廉雷瓊各船仍照舊章辦理亦飭令造冊取結呈送查核等因到關當經諭飭福潮行商遵照旋據該商等稟請商船冊結由本關咨送

督部堂查核即經咨明在案茲據虎門口稟報本月初六日有潮州照船一隻船户蔡大興由廈門裝載豆子等貨進口並據福潮行商繳送蔡大興船冊結各一分請由本關衙門咨送

督部堂查核等情前來除由本關委大關委員興瑞詳查並將繳到冊結咨送

兩廣總督部堂存案委員查驗及咨會

廣東巡撫部院查照外相應呈明為此咨呈

欽差大人貴部堂仰請察照施行須至咨呈者

右　咨　呈

欽差大臣兵部尚書兩江總督部堂林

道光十九年十一月　十六　日

咨呈

欽命上駟院卿督理粵海關稅務隨帶加三級豫　為
呈明事昨據虎門口稟報鄧順利船由天津裝
載棗子等貨進口並據福潮行商稟送該船冊
結到關當由本關委大關委員興瑞詳細查驗
并呈明察照在案茲據該委員稟稱卑職遵即
前往該船逐艙查驗並無夾帶烟私謹將該船
裝載貨色數目開列總摺計開鄧順利船長五
丈一尺樑頭一丈九尺艙口十二個深八尺水
手二十名棗子款艙藥材寶砂等大小三百七
件葡萄干七件楧柳十件衣子九十件羊毛二
十件酒大小五十埕等由稟覆前來相應呈明
為此咨呈
欽差大人貴部堂仰請察照施行須至咨呈者

右　咨　呈

欽差大臣兵部尚書兩江總督部堂林

道光十九年十一月　十六　日

咨呈

欽命上駟院卿督理粤海關税務隨帶加三級豫 為

呈明事案准

兩廣總督部堂咨福潮行保辦商船如天津錦州山東福建寧波乍浦上海等船俱照新章辦理其本省惠潮高廉雷瓊各船仍照舊章辦理亦飭令造冊取結呈送查核等因到關當經諭飭福潮行商遵照旋據該商等禀請商船冊結由本關咨送

督部堂查核即經咨明在案茲據虎門口禀報本月十三日有福建照船二隻船戶金振順蔡振勝十四日有福建照船一隻船戶蔡振國俱由厦門裝載豆子進口並據福潮行商繳送金振順船蔡振勝船蔡振國船冊結各一分請由本關衙門咨送

督部堂查核等情前來除由本關委大關委員興瑞詳查並將繳到冊結咨送

兩廣總督部堂存案委員查驗及咨會

廣東巡撫部院查照外相應呈明為此咨呈

欽差大人貴部堂仰請察照施行須至咨呈者

右　咨　呈

欽差大臣兵部尚書兩江總督部堂林

道光十九年十一月　十七　日

咨呈

欽命上駟院卿督理粵海關稅務隨帶加三級豫　為

呈明事昨據虎門口稟報蔡大興船由廈門裝

載豆子等貨進口並據福潮行商繳送該船冊

結到關當由本關委大關委員興瑞詳細查驗

并呈明察照在案茲據該委員稟稱卑職遵即

前往該船逐艙查驗並無夾帶烟私謹將該船

裝載貨色數目開列總摺計開蔡大興船長四

丈八尺樑頭一丈五尺艙口十四個深七尺水

手十四名豆子十艙甘草細辛等八十八件瓜

子七十三件鹿筋一件竹桐牛筋二十三件等

由稟覆前來相應呈明為此咨呈

欽差大人貴部堂仰請察照施行須至咨呈者

右　咨　呈

欽差大臣兵部尚書兩江總督部堂林

道光十九年十一月　十七　日

咨呈

十一月先

欽命上駟院卿督理粵海關稅務隨帶加三級豫　為
呈明事昨據虎門口稟振金振順蔡振國蔡振
勝三船由厦門裝載豆子進口並批福潮行商
繳送該船册結到關當由本關委大關委員興
瑞詳細查驗并呈明察照在案茲據該委員稟
称卑職遵即前往該三船逐艙查驗並無夾帶
烟私謹將該三船裝載貨色開列總摺計開一
金振順船樑頭一丈五尺艙口十二個豆子八
艙一蔡振國船樑頭一丈六尺艙口十四個豆
子八艙一蔡振勝船樑頭一丈六尺艙口十二
個豆子八艙等由稟覆前來相應呈明為此咨呈
欽差大人貴部堂仰請察照施行須至咨呈者

右　咨　呈

欽差大臣兵部尚書兩江總督部堂林

道光十九年十一月　十九　日

一嘆夷貿易業已封港誠恐各國夷船代為分銷或將貨物寄託別
船或將船隻改易船號借名影射勾串營私應如何稽查以別真
偽
查嘆夷向稱貧弱從前全以截掠海上為生自入粤市易以來日形[illegible]
裕其最獲利者莫如出口之茶葉每年大小數十舶航運回國就近
聽各國轉販所收稅銀直比於中國貨價公私均占厚利由來已久今
因不遵法令奉斷貿易勢必多生詭計改易[illegible]國旗號[illegible]
封港有名無實誠恐日久更滋弊端自應嚴密稽查以杜影射查定例
各國遞年例准市易之船到即令其進埔開艙其前未准市之新船到
即駁回如道光四年之啞啉國已有成例此次嘆夷自不能假借向不入
口之國希圖影混至若咪唎堅單鷹雙鷹等國則同時在粤有無假
冒名號該國船主人等諒必週知且嘆夷貿易年分已深其船式貨物
原與各國迥別尤可一望而見而現在洋行總商均屬世代充當與嘆國
夷商久經習熟更易識認嘆夷雖譎詐亦斷無以數十萬金之貨轉雇
素不來粤之新商令其涉越重洋自行管帶之理應請嗣後各國貨船
到粤飭令取具不敢與嘆夷扶同影混查出照夾帶鴉片新例究辦
切結方准開艙貿易如有指出何船影混審訊得實者將被首之船貨
其來貨之半給首者充賞餘仍入官如[illegible]聽[illegible]責成總散各商公
保船時再加切結如有濫保嘆夷影射入口之船[illegible]濫保[illegible]
罪如果三年內並無一船影混准其咨部註冊分別給以議敘仍令該商
等互相覺察出具互派各結倘有別經發覺派保罪減濫保者一等如
此嚴密稽查真偽立見自無巧借旂號矇混進口之弊矣
一嘆夷反覆靡常無非欲留賣烟後路現在貿易雖斷而貨船尚泊外
洋誠恐夷埠載送新烟各船又成舊躉應如何杜絕以淨根株
查嘆夷屢被官兵剿擊不敢在尖沙嘴聚泊勢蹙技窮且當港口新封
倖利路絕自宜迅速回帆乃依然散在外洋逗留觀望揣其鬼蜮情形
止因沿海售私慣熟各船陸續新到之鴉片謬冀源源售賣如果
一私不漏則現烟尚難銷流自無續行運到之事現在查緝緊嚴奸
徒私販不過百中漏一但根株未盡恐將來漸形疏懈則夷埠之接
濟勢必源源而來日事驅除何所底止自不得不籌萬全之計雖驅[illegible]
泊躉與嚴防內奸二者均非易事但兩事相較則[illegible]
濟洋盜不過載貨易銀利重命輕當時已難禁遏今聞近海村落奸
運米畜換烟回棹內地又沽得善價是較之濟盜者尤為一舉兩利獲
利倍重則視命倍輕且現正設權通商與
國初之立定界墻一帆不出者情勢迥異咫尺之地奸謀迭出梭織匝漏

豈能一一盡就盤查、則與其遍禁沿海之亡命、難免十窩一疏、反不
如力逐外海之餘船、尤為一勞永逸、外蔓既淨、更毋庸議及私通、應
請厚集兵力、速造例外堅大船隻、配帶出洋、鋭意痛剿、去則勿追、來則[illegible]
向擊、在該夷妄意市易、事關稅羨、雖經暫斷、謂必善留地步、外洋寄
泊、又向來置之不問、斷不慮出海窮追、乘其零星散椗、毫不設備之時
突攻、自必得手、夷埠雖有夷兵來往、而形分主客、風訊不常、糧食軍需
斷難接續、況事因義律之違抗、起既無礙
柔遠之仁、一經驅翦、彼國益懾
天威、故愈痛懲則根株愈淨、求顧愈誠、必然之勢也
一茶葉湖絲為外夷必需之物、暎夷既停貿易、斷不准偷漏絲毫、恐有
他夷暗代購求、洋商潛通私售、應如何防範、以塞漏卮
查內地茶葉、大黃、湖絲等物、皆外夷衣食之所必需、暎夷既無貨可易、難
保其不暗囑他國夷商代為購買、惟查夷商來粵貿遷、均係以貨易
貨、應請嗣後除向不銷茶葉湖絲之國、不准易買外、所有各國現來
船貨、及將來出口應配易出內地貨物數目、每船於開艙時、先由洋商備
細具稟　關憲咨明　制憲後、方准起貨交易、配易下船、臨時仍委妥
員點驗、如於配易外有絲毫贏逾、即將洋商照私濟海洋律、從重
治罪、其額外多買之夷人、顯有受囑代買情弊、將其所易回之貨、

一半入官、仍預令該夷商各出具並無代買切結、尚有一時照查未
清、該夷船出口後、始行發覺者、將該夷次年來[illegible]市易[illegible]
此則串買私濟之弊、可期永絕矣
一暎夷久稱桀驁、今年屢經受創、固咸知其實無能為、惟海嶠邊防、不
可一日無備、口岸應如何固守、師船應如何進攻、設險為防、營制應[illegible]
更改、攻堅致遠、礮臺應否添增
查暎夷自市易以來、屢次違犯禁令、其大者莫如嘉慶十三年之
擅入澳門、道光十六年之轟裂礮臺兩案、然往往兵威甫振、旋即悔
罪輸誠、故從未大受懲創、不獨彼自恃其船堅礮利、即內地人心、亦有竊
慮其縱橫難制者、今經此次痛加剿辦、始知該夷實無能為、況虎門
險隘天成、前次止因潮水陡漲、乘流闖入、不過數十年來偶然一見
之事、蓋船大水淺、沙線易膠、舍引水斷難飛渡、近日沙角以內三
重門戶、層層密置、棋布星羅、東轉西灣、當即粉碎、故以目下情形
而論、已足備防守有餘、惟沙淤之生漲不常、即礮[illegible]之遠近[illegible]
更築、在他日不在今時、現　提憲操演礮準之法、似較之木排鐵鍊尤
刻不可緩、聞夷人有藥煉成汁、名為強水、一着鐵上立即腐爛、以水筒施放、可以及遠、故鐵鍊必須防此、至本省向鑄礮位、鐵多銅
少、視夷舶更遜一籌、礮臺最得力之銅礮、大率得自投誠之洋匪、而洋
匪又掠自夷舶、此正鐵不如銅之證也、應請多鑄銅礮、分貯首次要地、最

為防邊第一急務、聞前明鑄造鐵礮、於鐵汁鎔化時、稍加紋銀[illegible]
鐵、況故礮皮光滑、內箭不虞澀濇、又可免鐵泡空陷乘薄炸裂之
弊、今粵秀山城上所貯、多前明舊鑄、視近鑄較為光亮、顯有明徵
似應做照製造、大器已精良適用、而船隻尤當堅固、方可藉資制勝、往年修
船、竟有暗用竹釘者、其侵蝕公銀、草菅官兵性命、固堪髮指、即使一依
程式、而船廠司事領銀、每甘扣折、又營員監造、有費造成驗船有費、縱使[illegible]
價全用、不耗而修費例有定款、已無當於濤浪衝擊、沙礁四起之粵洋、況
加以刻剥之餘、料薄工粗、駛駕何能經久、出海何能抵禦、倘訂通行船政、[illegible]
費難議加增、則當籌度權宜、或借帑生息、或以贓罰閒項、酌量添補、[illegible]
屆大小修造之年、亦可趲早限期、定為廣東外海戰船例、則奏銷與實用可
以並行不悖、乾隆年丑臺灣變作、粵督楊琳使提督姚堂備舟往援、姚謂當從早路至廈門、別雇舟師、林[illegible]東自有師船、何須別雇、姚笑曰、粵船板薄釘短、不過虛應故事、又底尖不穩、見風即斜、不可用也、乃下[illegible]今更造是粵船之扣尅由來已久、至若邊防營制、他處尚可毋庸更改、惟順德一協兵九百餘名、左
右二營、各設都守、止左營都司出駐蘆苞、其副將與右營都守以下
則深居縣城、地間員冗、查該縣有板沙尾大海、為香順番三縣要衝、夷人三
板下澳、必經之路、盜賊出沒、搶刦頻聞、似應相度該處附近可設寨城之地
移副將帶守備一員駐劄、留守備一員駐縣城、俾管錢糧軍庫、其餘
並令分防邊海要地、或分兵之半、改為外海水師、派撥米艇、由板沙尾[illegible]
排頭直出焦門等處、按季洋巡、與香山協會哨、似邊腹更加聯絡、益收[illegible]

此議雖未足以制外夷、實可以防內匪、似屬可行

指之效矣、

一內河外海武弁、如林賢否不齊、習氣亦重、黠者得規包庇、懦者置若罔聞
應如何嚴立課程、俾知効命
查水師營弁、巡哨海洋、出沒風濤、當差最難、而舞弊亦最易、其得規賣
放、固為罪大惡極、所不待言、至庸弁怠惰偷安、精神難期振刷、以巡防
緊之地、付之形同木偶之人、縱不慮其包庇徇私、亦難保其不被人朦蔽、
是漫無覺察、與得規故縱、厥咎維均、當此零販未絕之時、如果巡洋員弁
人人奮勉、處處留心、口岸何難清肅、現在新例首嚴故縱之罪、而失察貽
誤、處分亦在不輕、惟於實力奉行之中、再籌互相稽查之法、應請嗣後兵
丁有犯、將千把責革枷示、千把有犯、將都守責革枷示、令口岸員弁每[illegible]
將查過何船、係何貨物、登註簿內、旬報該管查核、該管又月報鎮將、使其
遞加稽察、其中有能設法購獲、如扮商透緝之類、及一月內連獲數起
者、均予以不次獎擢、斯賞罰明而激勸生、立法稍似紛煩、然奉行之間、人知
儆畏、始行當有速效、一俟鴉片禁絕、然後弛復舊章、則弊隨法起之虞庶幾
可免矣、

一西洋夷人僦居濠鏡、不耕不織、專恃懋遷罔利、營私勢所不免、雖素稱恭
順、而時露刁蠻、竊船應如何稽察、俾遵舊制、夷情應如何束縛、俾就[illegible]
圍、如何嚴杜賣烟奸夷、如何密訪屯烟夷館、總期不朘其生計、亦不遂其

奸謀控馭防閑奠臻妥善

查西洋夷人專以貿易為生、從前財貨充牣、慮其壟斷海洋、故雍正初年、額定澳船二十五隻、以示限制、近年生齒日繁、生計日匱、營運缺本、每將船號暗租別國影射、更聞竟有內地奸商與其私租出口者、情尤可惡、或謂宜……船久經題定、毋論其是否貲本出自澳夷、總以原額為憑、餘可以置之不問以廣

皇仁而昭體恤、且該夷均之懋遷力乏、與其額缺課少、不如聽其從宜租賃、猶可稽……支耆兵糧食、俾防澳有資、長為邊陲屏障、是亦籌海之一策、不知澳夷……食毛踐土、已數百年、咫尺

天威、猶知震疊、一經嚴絕鴉片、澳船自不敢公然連檣買載而來、若任船額轉租

外夷、勢難禁其不私行夾帶、該船回掉、遥趨澳門、與層折盤查之……入埔者有別、稽察既已難周、又澳船例免丈量、稅則亦從輕減、澳門增一轉租之貨、即外洋少一進埔之船、於關稅不無窒礙、應請嚴加核實、計其本年、果係澳夷出貲販運船數若干、除現船外、再為量增一二船、俾藉通融、著為新額、具向來轉租影射者、即行裁汰、俟其他時貲本充裕、仍准復還原額、并核算哃吋稅館所入、如果不敷養兵之用、即於新定額船販入之貨稅、及賣出之茶葉等稅、量為酌減、使其公私足資敷衍、自可杜影射夾帶之弊、至澳夷雖云恭順、然桀驁乃其性生、又與暎夷本屬同……類相投、近因暎夷強大、自誇稍存疑忌、故慮暎夷之占據、則明事隄防、利暎夷之房租、則暗相黨結、外形懷畏、心實無常、當此暎夷驅逐出澳、淨盡之時、似須緊趁機關、將從前備租夷樓、核明各國夷商住冬應租間數、約……派定、其餘樓屋、則澳夷本不居住、即屬曠閒、或加查封、或令毀拆、庶可一勞永逸、然此止為禁絕暎夷在澳起見、其實夷人下澳住冬、原不過杜其在省滋……設例本無深意、與其遠難防範、不如就近稽查、似應永裁住冬之例、如須候收賬目、每船准留一二人、遲令接住省城夷館、交洋商約束、則責成尤有專屬、又若澳門夷樓、屯積違禁、固應嚴訪查拿、但正本清源、尤在澳船回帆時稽查得法、來源既絕、可無慮其私屯、入室搜求、原非易事也

一漢奸名目、人所共聞、其在官者為洋商為通事為買辦為引水、其在私者為嗎咕為沙文、此外慕羶逐臭之徒、更不可枚舉、人如聚蟻、技等教猱立意不過得財、流極至於壞法、應如何鈐制釐剔、以杜內奸

查漢奸種種名目、如洋商通事引水、皆官為募設、引水上自內洋、帶至黃埔、為日無幾、勾引尚難、買辦又稽自洋商、亦有專責、惟嗎咕一項則省城洋行附近一帶、凡有與夷人交易者、不論何項店戶、均先準備、大率由沙文而充者、十居七八、蓋藉其通曉番語、可以售賣貨物、每貨分以餘利、從無過年工值、自道光八年定例、不入進出口大宗貨物五十三種外之粗貨用零星食物、准夷商與各店交易、自是以後、嗎咕竟遍佈廛市、除洋貨

店係專為買賣夷貨、無店不設、外其最違禁者、莫如金店之枝開打
銀店戶、製賣夷人首飾器皿、藉嗎咭通串售賣、而銀號之私設、又專為找
換紋銀起見、此輩人多行雜柔險、行奸其意、不但得財、直且每事唆擺、夷
人喜其殷勤獻媚、往往給以貲本、初但開設洋店、繼且充作洋行、其中閒
有夷情習熟、預領置貨夷貲、藉為輾轉營運、徐歸本店者、又有貨
到收銀、反謂夷人賒欠未清、隨即全吞入己者、工主亦明知其誑詐、無如事
非經手、質對無從、於是折閱動至巨萬、鬼蜮百出、機械環生、查紋銀出洋、首嚴例禁
即如金製首飾器皿、不過增一爐火之費、一轉移已歸外域、是金銀兩行斷不
容有此名色、其他一切零星貨物、既經官設買辦、可令現錢代買、如須[illegible]
期放定、即屬大宗物件、仍當照例市自洋商、應請通查大小各店戶所有
雇用嗎咭、概行禁絕、此後如再有私設嗎咭者、一經發覺、不惟雇用之[illegible]
戶查封嚴究、其縱令私當之原籍父兄及牌頭甲保、均議以應得之罪、
則奸夷羽翼、可以翦除矣、

一沿海奸民久與夷人相習、鴉片之利倍於別樣營生、等性命於鴻毛、涉風
濤如平地、蝦笱米艇、拖風望洋諸船、運槳如飛、行蹤莫測、或易以食物、或
購以紋銀、買者既多、賣者豈能絕跡、應如何嚴拿以斷銷路
查東粵通洋之地、東自潮州、西至肇高等處、在在歧河汊港、與蕃烟夷船
呼吸可通、沿海奸民、倚為利藪、習慣自然、幾視為正項生理、從前例
禁不嚴、四處均有窰口雇設之快蟹私艇、載運故沿邊村民、零販尚少
近因嚴加禁絕、快蟹無從出入、於是拖風漁船、或乘風雨、或俟黑夜、私
泊夷船交易、壓以別貨、查驗稍懈、即被偷漏、又緣斷絕該夷食物、[illegible]
人因載豬雞米貨、換易零星烟土、利重犯多、防之不易、勢不能如
國初之週設界墻、又不便挨村逐加防範、若專責保甲、則一村中絕少公
正紳老、扶同結保、仍屬具文、若大開訐告之門、則報復成風、畏[illegible]
恐、故欲永除錮習、大費躊躇、惟有從私濟之條、再議加重、無論接濟糧
食雜物、不計贓數多寡、一經捕獲、梟示河干、保澳父兄、分別治罪、或恃嚴
刑峻罰、可以稍戢頹風、蓋藐法營私、通洋黨惡、已為
聖朝肆赦之所不宥、少存姑息、未免滋蔓難圖、或謂此輩人數至多、經時已久、今忽
奪其衣食所出、縛束馳驟、不無意外之虞、溯查乾隆年間、香山澳一帶
村民率犯私梟、李撫軍以誅不勝誅、推求變通之法、撥出無主官田數萬
畝分給耕佃、自是餬口有資、此風驟革、如可比照辦理、各隨其地之附近
指撥、承耕予以自新之階、因其自然之利、尤為仁至義盡、所在革心矣

一內地城市村莊賣烟久成錮習、富商大賈則托土居奇、小戶貧民則設
烟零售、雖查拿較緊、而夾帶更巧、藏匿更深、小販即使翦除、大莊未能
盡拔、各該州縣或蔽於胥役之欺矇、或怵於巨室之包庇、或慮抗拒[illegible]
事、或恐訐告之糾纏、種種畏難、因之斂手、一奉嚴檄、飭緝不過託諸

空言了無實際應如何核計功過俾可奮迅有為
查地方之責全歸州縣粤省三年以來查辦不可謂不嚴各縣繳到烟土
鎗具不可謂不多外海既嚴斷來源設各屬並乘此時實力奉行何患根
株之不拔乃近日村莊市集興販者愈小而愈紛夾帶者愈出而愈巧推
原其故恐有外縣具文相視不能認真搜查或慮簽役捕圍釀成不測或慮
難分玉石轉累陰功於是口是心非因咽廢食大抵一任之内能使糧無缺額案
免考成得與百姓相安無事已出厚幸再加一番查辦難保無逃亡虧課
滋擾生端奈上官叠檄嚴催不得不虛應故事其中又有欲以查繳數目
見長者官則派之差役差役責之地保地保取之所管烟經小押彙總呈
出為數已屬可觀而獲解烟犯半屬無業窮民日事拘拿人盈囹圄
實則富家巨室屯積吸食者依然如故無可如何迨上官別發員弁入境蒐
收又慮其彙繳較多立形優絀即非掣肘亦已違心種種情形非盡闒該
員之庸劣蓋心存瞻顧本屬有為而然故欲別州縣功過之差不在呈繳烟
具之多少而在收獲烟土之有無不在小販零星之拘獲而在大起積屯之破
解現今烟存漸短烟價日翔縱塞責有心斷難捐買因其繳有膏土即可
信其出自民間民間膏土既已繳官則所存烟具已置之無用即聽其自呈
自毁兩事原可並行應請責成各州縣查繳烟土與破獲烟案以數之多寡大
小定其優劣　奏請於通行新例外別設廣東州縣查辦烟案賞罰專條
如辦理打單亦止為廣東而設為他省所無
使咸知責無旁貸奮迅有為亦澄流之急務也

一外夷賣烟由於內地之買受奸徒之買受由於下流之嗜食現因新例森嚴
戒者雖已六七而富家大室恃其廈廣房深官幕長隨恃其符堅事秘
因循觀望吸食依然勸誡頻施仍無儆懼死期將屆誰能生之應如何
設法查拿以警愚頑以救生命
查禁絕吸食莫良於五家互結蓋嗜食之人面目改常煎煮之時腥聞莫
掩當未經查辦之先誰有舊癮在隣里早已週知查辦之後衆皆同生
雖父兄難為分過非如盜賊之出没無踪覺察不易也故保甲之設用以弭
盜則不見急效用以禁烟則在所必行然此事實與責成州縣一條相為
表裏保甲之效不效惟視奉行之力不力現在奉頒成式已屬嚴密妥
善更毋庸另立科條況誥誡既不憚於再三閭閻已大徵其震動新上癮
者無此愚頑未斷癮者止存什二乘機利導正在斯時一簣功虧後將難
振應請將奉行保甲一事併入州縣賞罰之中凡有下鄉親自編查因
而破案起獲者以案之大小別其加紀升遷其假手巡典吏胥再有別經發
覺者亦以案之大小予以罰降褫革似較之委員四出尤屬握要不煩至如省
會之客居旅店遷徙無常衙署之書役長隨恃符不恤此又保甲之所
不能及然五方雖雜耳目尤彰一官所司莠莨易辨從未有民間舊俗
全已肅清而此輩下流尚存渣滓者蓋治其至末如去腐鼠無煩董
勸矣

七月初六日交委員南海縣縣丞明達賫往燒燬

烟土三千一百八十六両五錢五分

烟膏一百三十八両九錢二分

烟渣皮七百二十九両

假土三十七両一錢

烟槍一千六百六十四枝

初五日

陽江鎮解到烟土二十個重九百八十二両

諭洋商稿

諭洋商知悉：照得廣東華夷互市已歷三百餘年，豈不能自相交易，所以必設洋商者，原為杜私通而防禁物起見也。恭查嘉慶廿一年欽奉

上諭：嗣後洋商查明如各夷船帶有鴉片，即將貨物全行駁回，不許貿易，原船逐回本國等因。欽此。欽遵在案。查節次夷船進口，皆經該商等結稱並無携帶鴉片，是以准令開艙進口，並未駁回一船。今鴉片如此充斥，毒流天下，而該商等猶混行出結，謂夷船並無夾帶，豈非夢囈。若謂所帶鴉片早卸在伶仃洋之躉船，而該商所保其無夾帶者，係指進口之船而言，是則掩耳盜鈴，預存推卸地步，其居心更不可問。譬如人家防賊，設立更夫，乃財物已被席捲而逃，而看更者

抑且無賊，此非通盜而何？況夷館係該商所蓋，租與夷人居住，
館內外及各項工役皆該商所雇，馬占等皆該商所用，附近之
舖皆該商所與交易者，乃十餘年來並不寫會單之之舖，無不通
窯口之窩，且無不串合快艇之行，丁工役並有窩家，書之字館接單之
攬頭，朝夕上下夷樓，無人過問，洋貨大捆小屑盡則公然入館，推
則護送下船，該商豈能推卸不聞不見，乃相納逞為奉承，謂
非唯三販合其誰任之。且聞從前夷人來館，先穿大服，佩刀劍，接應
該商為有辭，以不見係其再來而後發之，近年乃有托言此為
過關下壆遠迎，尤甚至東裕行竟送肩輿與大班，咽喱家
坐而該大班竟不許該商家輿入館，種種情譯醜態，何所不至，雖
皆由試辦之商醜類作俑，專有身家之原商尚不至此，而董藉
同奧實為爾等董之，在爾等只知致富由於通商，遂以巴結夷
人為利藪，豈知夷人之利皆
天朝所與，俾且上干
聖怒，絕市閉關，彼國皆無錙銖之利，而何有於爾等乎，乃不知

朝廷豢養深恩而引漢奸為心腹內地衙門一動一靜夷人無不先
知甚至向該商等詢及夷情輒為多方掩飾不肯吐實即以紋銀
出洋最干例禁夷人累以貿易貿去有且兩帶回況經該商等
查明每年互易之外夷人搭名找內地洋錢四五萬元不等如果
屬實何以近來夷船並無携帶新洋錢到澳而內地洋錢日少
一日該商中之敗類亦又何至拖欠夷債至百餘萬之多可見以貨
易貨四字竟是全謊更有奇者該商藉有前任粵海關阿所
夷館剩洋銀帶回三成若時試行之案遂援為定例年年影射
定請下船多製木箱以回解餉甚至代稱某年夷人寄存某處
銀若干今託某夷人帶回除與海關吏書串通作弊累商則一面
出結呈明一面出洋言與行毫無怙不為怪若經奉
旨飭查僅以一紙虛飾了事況夷人嗜好等皆慣賣鴉片家為奸
指之人若干年等
旨查過而該商猶為力保有窮出串賣鴉片販且結單情甘坐罪
之諱結猶在卷試問應坐罪者坐罪者又因義以船上之鴉片
係在何內搜出是並進口之船出結亦不足據矣舊年三板船

七集因該商等屢經准行乃漏貨物並有之帶出紋銀有之如曰不知應有何罪如曰知之罪名安逃合計歷年中國之銀耗於外洋者不下數萬萬矣查等

諭旨以務行入口致銀出洋責備大小官員十分嚴切而該商等罔知干係依然藏垢納污實堪令人切齒本大臣奉

命來粵首辦漢奸該商等亦思非其人也合亟諭查諭到該商等立即遵一據實供明以憑按律核辦並現在先行斷絕務行為首務已蒞省兩夷人將躉船所貯數萬箱務行悉數繳官並之令各出具漢字夷字合同甘結聲明嗣後永不敢帶務行如再夷帶查出人即正法貨盡入官此諭即交該商等齎赴夷館明白諭知必須靜氣正性曉以利害不許仍作夷腦之態再說出怨之詞務之據脫法罪之同傳諭限三日內取結字覆如此等先不能辦到其串通奸夷私心外向不問可知本大臣立即恭請

王命將該商擇其尤者正法一二抄產入官以為炯戒毋謂言之不早也特諭

大學士署兩廣總督奴才琦善跪
奏為英夷現已遣人赴浙江繳還定海，並將粵省之沙角、大角、炮臺及原奪
師船、鹽船，逐一獻出，均經驗收。該夷兵船已全數退出外洋。奴才謹將親
往勘過地勢、軍械、兵力、民情，奏祈
聖鑒事。竊奴才前以保守土地人民起見，于未奉
廷寄之先，冒昧量准英夷代為籲懇
恩施，當經節次奏請，奴才從重治罪，在案。于上年十二月二十八日承准
軍機大臣字寄，奉
上諭：據琦善奏籌辦英夷情形一摺，逆夷既非情理可諭，即當大申撻伐。現
現已飛調湖南、四川、貴州兵四千名馳赴廣東，聽候調度。著琦善督同林
則徐、鄧廷楨妥為辦理。倘夷逆駛近江岸，即行相機剿辦。又于本月初四日伏准
廷寄，奉
上諭：據琦善奏籌辦英夷情形一摺，覽奏均悉。著仍遵前旨，厚集兵力，用張
天討。所須軍費，無論地丁關稅，准酌量動用，作正開銷。倘有不敷，即奏聞請

2

P.2

旨各等語欽此奴才跪聆之下雖前次量允各款僅止許為代奏即通商一節雖據聲請以本年正月初旬為期迄今尚未啟開市而該夷已投遞夷書先將沙角大角砲臺師船鹽船逐一繳還並據一面派委夷官由海道馳赴浙江先撤夷兵一面另備夷文呈交奴才由六百里轉送伊里布查照收回定海似較前次馴順惟奴才識見昏庸所辦未能仰合

聖意惶悚戰慄何以名言伏念奴才身受

聖恩深重未酬何敢以控制外夷要務輒至畏難苟安況自抵粵以來屢被該夷呈其狡黠種種刁難又豈有不痛心疾首以圖滅此朝食致如與該夷接仗但得稍有把握方將奏請

天討而無如勢與心違其情形已業經奏邀

聖鑒今自該夷遣人赴浙繳還定海並將粵省各件獻出兵船全行退出外洋后又據義律求與奴才晤面奴才以虎門海口尚未親往查明且現在奉調各省官兵均尚未到不宜稍露形迹致令起疑先行滋扰奴才即藉查勘虎門由為于初三日出省舟次獅子洋河面據義律乘坐火船前來求見僅止隨

3

P3

從數十人，並未帶有兵船，是日情詞極為恭順，擬呈出所議章程草底數條，
約貿易瑣務居多，並擬議及嗣後來帶鴉片以及漏稅走私，均將船貨入
官，而其中間有行之窒礙，奴才當加指駁，該夷即求為酌改，蓋已允其另行
更定，俟擬就錄呈
御覽。奴才隨于義律辭退後，查得獅子洋相距虎門尚有六十里，然業已汪
洋浩漫，浪湧風騰，儼然外海，迥非內河可比。奴才當即換坐外洋坐船，駛抵
虎門，周歷各炮台，詳加查勘，非係四面虛懸，孤立海中，即係后山之外依然
可通水道，該夷循繞圍困，雖兵食亦無由達，且經奴才就往該處起，以至省
城，處處測量水勢，其長朝時，均在一丈以上至三四丈不等，故而共知為虎
門藩籬者，一以貨船吃水較深，再則其在循守規制之時，自不敢繞越而
行，若其稱兵犯順，隨處皆可潛竄，不必由炮台前行駛，即堪直達會垣，且自越
連虎門后路可通，防不勝防，此地勢之無要可握也。至各炮臺所設炮位，共計
者有二百餘位，僅數安置前面，兩旁均屬空虛，且其間適用之炮無多，
其余原製均未講求，炮形極大，炮口極小，而洋面極寬，未能轟及中段，故以

數計，既不及該夷船炮之多，如以力言，又不敵該夷船炮之利，而台上炮眼其大如門，
幾足以容人出入，若彼轟擊，竟致無可遮蔽，故亦全不得力，現甫訪得鑄炮匠
人造具炮模，方欲試鑄，即果能鑄造合法，亦祇可備將來，而目下萬不及赶辦，此
單械之無利可恃也。又如兵力，查禦夷全在水面，如水戰利在舟師，現蒙
賞調陸路官兵，
宸慮至周且密，然該官兵等總須乘坐外洋師船，方克與夷交仗，總使不畏
而未習風濤，致有顛覆之患，而掌駕非其所嫻，仍不能不用水師，但粵省水
師兵丁，本有沿海召募，其中間有品類不齊，奴才先經風聞上年十二月十五日接仗
後，衆兵曾向提臣訛索銀錢，否則即欲紛紛四散，非經面諭提臣，據稱實有
其事，經提臣勢出無何，當經典質衣物，每名散給洋銀二元，甫得留防，至
今則兵心已大可概見，設正在交鋒吃緊之際，甚駕船之人不能得力，所
關甚鉅，縱有精兵，亦無從施其技巧，且師船亦甚不堅，難以安設大炮，
未足禦夷者，兵力之不固也。抑查勘粵省民風澆薄而貪，隆業為漢奸
者，更無庸議，外其餘亦華夷雜處，習見為常，且年多與夷款洽，非如定

5

P5

海之素無英夷前往其民人咸知為異類若易地相觀經該夷非行小惠妄
施机巧正恐咸被誘惑必不能如定海之民人之固持不屈其勢尤為可慮
此民情之不堅也且溯查從前粵省辦理洋盜尚不過賊匪于其船係內
地之船炮亦內地之炮猶且蔓延多載卒至招撫而後已而今此情尤恐
所為蜂蠆有毒奴才再四思維一身之所由小而國計民生之同關休戚
者正慮且遠蓋奴才獲咎于打仗之未能命勝與獲咎于辦理之未合
宸謨同一待罪余生何所顧惜然奴才獲咎于辦理之未合
宸謨而廣東之疆土民生猶得仰蒙
聖主鴻福藉保乂安奴才獲咎于打仗之未能命勝則損
天威而害民生而辦理更無從措手是以會商同城之將軍都統巡撫學政及司道州
縣暨前督臣林則徐鄧廷楨等僉稱藩籬難恃交鋒實無把握且所看奉
各兵遠道而來尚須時日並不能同時到齊而大兵經過勢不能無風聲漢奸
即早為走漏消息該夷必先肆猖獗奴才實以寢食俱廢萬分焦灼
緣此不避重咎將現在查勘情形瀆陳

天聽並將該夷認繳各物夷書一併冒呈
御覽伏望
聖上軫念羣黎
恩施逾格俯准所請俾免蒼生咸遭塗炭始為急則治標之計則暫示羈縻
于目前即當備剿于將來也所有現在會商及勘過情形祇祈
聖主分加垂諭並求
欽派賢員前來覆勘奴才始終為土地人民起見斷不敢稍存畏葸尤不
敢稍有欺飾為此恭摺由六百里馳奏伏乞
皇上聖鑒謹奏
道光二十一年正月二十五日奉
硃批朕斷不能似汝之甘受逆夷欺侮戲弄迷而不返胆敢背朕諭指仍然
接遞逆夷書代逆夷懇求實出情理之外是何肺腑無能不堪至汝被
人恐嚇甘為此遺臭萬年之舉今又摘舉數端恐嚇于朕朕不懼焉另有諭旨欽此

7

P.7

琦善革職来京諭

二月初四日内閣奉

上諭前因英逆日肆猖獗降旨令琦善等嚴密防範如有必須攻剿之處
不可遷延悮事嗣因英逆攻佔砲台特將琦善交部嚴議仍諭令奮
力剿除以圖補救乃琦善到粵以後甘受逆夷播弄節經諄切告戒
迷而不悟返自稱專辦夷務不令阿精阿怡良等與聞迭次奏報情
形非係開脫逆情即屬代求恩和于一切防守堵剿事宜置之不問
並因該逆有繳還定海之言即將義律呈送伊文件及該夷目給
與留浙頭目夷信代為驛遞交伊里布聽信順從遲延觀望本日
據怡良馳奏英夷投遞逆詞並在香港地方出有偽示一紙香港地
方緊要前經琦善奏如蒙給與必致屯兵聚粮建台設砲久之覬覦
廣東流弊不可勝言旋又奏請准其廣東通商並給香港泊舟寄
居前後自相矛盾已出情理之外況此事並非奉旨先行何以該督即
令逆夷公然佔據現據怡良奏報英逆盤踞香港稱係琦善說定

讓給已有文據並發告示稱該處百姓為英國子民覽奏殊深痛恨
朕君臨天下尺土一民莫非國家所有琦善擅與香港擅准通商胆敢
乞朕施恩格外顯直代夷乞恩且伊被人恐嚇奏報粵省情形妄稱
無地理之險要可扼無兵甲之堅利可恃軍心不一民情不堅摘舉數
端危言要挾不知是何肺腑如此辜恩悞國實屬喪盡天良琦善
着即革職鎖拏派副都統英並着怡良派同知知州一員一同押解
來京嚴行審問所有琦善家產即行查抄入官欽此

(ii) 9

P9

廣東報

大將軍于初一日三更時後發令各營官兵用杉牌火船、在大黄滘地方攻打逆夷、戰至天明、燒去夷船杉板數隻、生擒鬼子七名、斃命數十人、又拆去公司行一間、此刻四城緊閉、居民不得出入、至初二日、已刻鬼子用火輪船駛至泥城、用火箭大砲攻破泥城、燒燬拖船數十隻、初三日早辰在花地海口、搶去渡船數隻、連攻西砲台、馬蒂、又用火箭燒城外東南西三處近海旁地方居民鋪戶、共燒有數百間、連燒兩日、初五日由陸路至泥城、起岸直至大北、攻破四方砲台、員砲台、又到小北燒營盤、初六日又攻破東砲台、用火箭燒河邊各處稅館、水陸一帶、俱是鬼子佔守、至晚洋商同通事、請廣府余大老爺講和、會義律、要賠還烟價銀六百萬、于初七日先繳一萬、地方候出奏聽候

皇上

諭旨再行定斷、初八日方得開城門出入

P10　(iii)　10

六月下旬新安縣有稟到省內云暎咭唎國兵船業已
遠颺未知何去等由
七月軍機公文到省云派欽差大臣大學士琦善陝西
提台胡超馳往浙江勦辦逆夷等由
欽差大人自到省時夷人暫覺恭順近日多端反復札
調各營官兵數千堵禦甚嚴乃於十二月十五日辰刻忽被
逆夷攻擊沙角砲台致傷三江協陳連升之下弁兵約
數十餘名於十七日又札調督標各營二千餘兵往虎門
鎮守各炮台等由
潮州鎮李大人三十日帶督憲令箭起程往虎門查辦
總理夷務
欽差琦大人於十二日接督憲印務

11

P.11

香山縣民人鄭思橋協同該縣挑選慣水勇壯三百五十
六名罟船一百隻二十六日往虎門防夷
福建來信云下門地方被夷擊去砲台一座獘名數名
後福建官兵圍得夷船數隻用火燒燬夷船一隻傷斃
該夷百餘名之多等情
督憲初二日委撫標大廳祺肇慶協多佛岡廳張大老
爺帶罟船往獅子洋面練習攻擊夷船 十二月
欽差琦大人來信云初四日可到省隨即往虎門查辦
事畢然後回省接印等語 十二月
督憲琦將軍阿 前閩浙總督鄧均于初四日午刻往
烏涌地方堵禦逆夷
撫憲怡 前督憲林均于初四日午刻往虎門太平墟地方剿辦逆夷

12

P.12

欽差大人自到省時夷人輒覺恭順近日多端反復札調
各營官兵數千堵禦甚嚴乃於十二月十五日辰刻忽被
逆夷攻擊沙角炮台致傷三江協陳連升之下弁兵約
幾千餘名於十七日又札調督標各營二千餘兵往虎
門鎮守各炮台等情　此条紅單係十二月十八日來

軍機公文到省云兩廣総督林著速來京聽候部議閩
浙総督鄧　着交部議處　此条九月二十三日来

欽差大學士琦自到粵著署兩廣総督等由又於二十五
日戌刻撫憲怡接護兩廣総督印　九月

督憲林大人九月二十八日起程回京

兵部公文到省云廣東南澳鎮恵昌耀改以浙江黄岩
鎮張成龍互相對調等由

新安縣謹將唊夷説帖抄白呈

電詳開

大英國特命水師將帥　為通行曉諭事照得粵東大憲林鄧著

因玩視

聖諭相待英人必須秉公謹度輙將住省英國領事商

人等詭譎強迫捏詞誑騙表奏無忌故此

大英國主欽命官憲着伊前往中國海境俾得據實奏明

御覽致使太平永安承安務正經貿易且大英國主恭敬

皇帝懷柔内地安分良民嚴命本國軍士設使民人不為杭

拒即當凛行保全各人身家產業是則該民無庸驚惧

乃可帶同貨物接濟赴到本帥之營汛定要施恵保護

給爾公道價錢也且大憲林鄧捏詞假奏請奉

皇帝停止英國貿易之諭以致中外千萬良人吃虧甚重緣此
大英國將帥現奉
國主諭旨欽遵為此告示所有内地船隻不准出入粵東省
城門口並嗣後所指示各口岸亦將不准出入也迨後英國通商
再行無阻本將帥發給符官印發檄曉示所應經商之港口也
至漁艇悉准日間出入粵省港口不為攔截又沿海各邑鄉
里商船亦准來往可赴英國船隻停泊之處貿易
無防特示

R15 (V) 15

廣東巡撫怡良安商民告示

為剴切曉諭以安商民事照得日前𠸄兵犯順邑城廂內外舖戶居民人等遷徙紛紛扶老携幼奔走于道者不可勝計本部院不能捍患禦侮以致吾民瑣尾流離至于此極目擊心傷不能自已念爾等皆

聖世之良民即皆本部院之赤子現在委曲圖全仍終始為保護百姓起見爾等宜共諒之爾等或猶未深知之查𠸄國夷船已漸退出軍務業經少定合亟出示曉諭為此示諭商民人等知悉均即復反故居各安生理勿為浮言所動致生疑慮倘𠸄兵闖入鄉閭再行滋擾生事爾等仍當奮勇爭先同心捍禦如𠸄兵退出虎門不相干犯爾等毋庸再與尋衅致相爭殺本部院情深保障力籌善後不啻已飢已渴斷不令我百姓再罹禍患爾等當知此苦心也特示

道光二十年四月十九日示

16

(VI)

P.16

八月二十七日奉

上諭琦善奏請千總白含章帶赴粵省等准直隸督標千總白含章着加恩以守備儘先升用先換頂戴賞戴花翎准其帶赴廣東差遣委用欽此

(vii) 17

P.17

九月初八日奉

上諭琦奏請酌帶武弁一摺琦現在前往廣東查辦事件直隸督標前營守備張殿元千総莒鳴彪保定營把総李天鳳並額外兵丁三名着准其一併帶往廣東俾資差遣欽此

三月初七日奉
上諭琦善、奏虎門砲臺失守、提督陣亡一摺、逆夷攻擊虎門砲臺及烏
涌卡座、廣東水師提督關天培、香山協副將劉大忠、遊擊麥廷章、署
湖南提督祥福、遊擊沈占鰲、守備洪達科、先後被害、殊堪憫惻、俱
著加恩照例議卹、以慰忠魂、欽此
又奉
上諭周天爵著改發廣東效力贖罪、并著陝西江南巡撫迅即查明該
革員行抵何處、飭令解赴廣東軍營、交奕山酌量差委、欽此

(ix) 19

R19

二月二十三日奉

上諭本日據琦善等奏橫檔砲台失守并另片奏失守靖遠等砲臺

據稱關不知下落等語覽奏深堪痛恨已有奏旨特派齊慎為參

贊大臣赴粵會剿并調廣西兵二千名迅速赴廣東其前調赴浙

江之湖北兵二千名亦即改道赴粵并諭知奕山等兼程前進惟所奏

失守情形皆由該弁兵探信稟報并關天培有無下落殊深懸念

計楊芳此時早抵粵東着即會同阿 怡等確切查明迅速具奏至

所称河內由獅子洋而入烏涌立德又二沙尾大王滘等處均係扼要又

烏涌迤西由長洲崗至深井之黃浦崗又深心崗一處又折西白泥桶要

隘防堵需人着楊 阿 怡 郭等會議熟商分兵駐守各省調到官

兵亦酌量分撥盡心堵禦至省垣地方尤關緊要必須嚴兵防守以

備不虞該大臣等務當協力同心嚴密防範毋任再有疎失致干罪

戾將此由六百里加緊諭令知之欽此

P.20 END

(X) 20 END

關天培等照例賜卹諭

奉

上諭琦善奏虎門砲臺失守提督陣亡一摺逆夷攻打虎門炮台及烏涌卡座廣東水師提督關天培香山協副將劉大忠遊擊麥廷章署湖南提督祥福遊擊沈占鰲洪達科先後被害殊堪憫惻俱着加恩照例賜卹以慰忠魂其傷亡兵丁亦着查明照例辦理欽此

呈上

林大老爺陞啟

1

韋邦俊叩稟

大老爺台前 敬稟者 俊奉 面責之後不勝惶懼當即回將各勇悉心盤詰並遍搜衣箱並無有洋參搶奪且源利棧本係家叔承管身故之後其子代理因逆匪滋事遵公局約禁即行回家是以囑俊照料一切棧主係許應鏢先生收租皆知該棧貨物來歷不料初七日該棧街坊來報有張順楊達衡二人駕扒船弍隻龍艇壹隻駁艇數隻將棧內貨物搬奪故來請往勸止俊因本家曾經囑託只得前往適有河南鄉約紳

士吳文起並街衆已將搬奪之人捉拿弍名貨物業經搬去後
因與張楊二人有一面之交不便措阻即行退回迨後聞街坊
已經通稟將捉拿之人交地方官羅亮解縣後以爲張楊二人
是否奉　憲抑或圖利擅取自有地方官決究詎初八夜街坊
又來說有人復到棧内搬貨後不得已再行前去亦見張順楊
達衡並黎都司帯健勇多人又鍾瑞元詹滋福等俱在棧内欲
再搬餘剩之貨一見後面即約入夥後稱此係家叔經管之棧如
果係奉憲貨物早已稟官請封何致今日各位搬運如各位堅要
搬運後亦不能措阻但恐
大憲查究爲累匪輕耳衆聞言未即下手只約後同往羅亮衙
門詹滋福仍屢屢相約入夥後因不允又復約往稟知番禺縣尊
後以夜深不能進城詹滋福云自有進城之路只得偕同前往鷄
翼城因水淺不能登岸如是在海蕩遊一夜其意因約後入夥不
遂實欲調離後以便壯勇下手搬奪及後覓路回棧時天將曉
只見駁艇數隻並鍾瑞元紫洞艇一隻日前家叔承管該棧置有
銅水紋一架枱椅一副睡床零碎各件後恐壯勇概行搬奪即

於初九早着人搬回經羅亮鍾瑞元點明下船至棧內尚存之
貨計壹百弍十餘桶是日午刻番禺委員查封以上皆係實在
情形俊不敢分毫隱瞞彼此可以對質今反揑俊搶奪誣枉之
極況誰搬誰奪自有街坊羅亮知見又有捉拿之人可以盤詰
張順等何得誣揑圖卸俊所帶之勇每有公幹非奉
尊命不敢妄爲且蒙
大憲格外鴻恩自當竭力以表白揑又之謠言豈肯因利忘義
致負　栽培伏乞再加　詳察以免移禍是所感禱肅此敬請
勛安

正月十四日　俊謹稟

[redacted]

查得走私漏稅為
國家之重禁猾客奸商為法令所難容而其勾串包攬通同舞弊又在于各處之巡船以假混真之所致也現在夷務未定大關停征各商胆敢與夷人私相貿易因貪一時之利使㖓夷毫無匱乏之虞以致軍務掣肘近查得茶葉大黄絲斤紛紛走私出口售與夷人以資接濟以獲厚利此雖由各處渡船裝載而近日實有各項巡船從中包庇或得利分肥或得錢賣放縱惡養奸以致肆無忌憚相習效尤積日累月偷漏不少本關向有設立之巡船派委親丁乘坐緝查無奈船小人寡照常緝私尚可若與現在庇私之巡船相拒則寡不敵衆所以恃強逃脫者多而拿獲到案者少更有甚者往往有不法棍徒假冒本關旗號作為查私實係包私並有刁生劣監糾合上任流落之下人等串同作弊以肆其志即本關部所用之人亦難保無一不肖之輩從中漁利皆因海面遼濶汊港紛岐一時難以遍查之故耳至於本關所設巡船現有印照以昭信守如無印照僅有旗幟即係假冒務祈嚴飭地方各海口如遇有巡船經過若僅有燈籠旗幟查無印照者即行稟究以杜假冒包私如有印照實係本關巡船幫同緝拿以重公務轉盼新茶陸續可以到省聞得三水縣所轄之胥南地方若值春水泛漲茶船不必經過佛山掛號即可繞運汊河徑至香山澳門等處售與夷人甚為便捷必須設法堵截或札飭地方官互相防範或另設巡船專為駐守使新茶不致繞越偷漏是否之處伏候
裁奪施行

大英欽奉全權公使大臣義律　爲曉示事照得
大英上憲。維思泰西各國與粵東商民。
歷久平安相交。是以再三饒城。並未加害通商衆民。人所共知也。至本公使大臣前經將炮臺繳還
欽差大臣等。及議定一條。大清大英兩國一概善妥除難。然後臺內再設炮可也。現查該　欽差大臣等。爽約再
敢排炮。又督帶各省新集兵弁。陸續進省。且設密計。攻擊　大英軍士。即是實護城之兵也。既是
如此。爾等民人試思。前日交戰之際。孰保護身家資業。或蒙　欽差大臣等。與所率各省官兵。奮勇
立功。抑因沾　大英上憲寬容之恩。故得保乎。且此次各省軍營逼迫勤良居民。若容之留城。無不惹
出殃亡臨城。累及全省資業。爲此合行出示。告粵省各人等知悉。除本省護守官兵外。毋庸
欽差大臣等。暨各省軍營劄住。若限一晝不出城外。並不全數離粵北往。則
大英上憲不能仍保省會。乃必率兵占據城池。而抄城內貨業。盡入國家也。倘若　欽差大臣等。果
能一晝限內。撤兵安退。尚可辦明。本公使大臣相約籌辦之人。係本省敏捷　大憲。慣熟外國性情者。
並任　皇帝責成伊等盡心使得居民身家旺相。安保無虞矣。至　欽差大臣等。在城內毫無
家業。並不理粵東之興旺。獨務捏奏自利。所有督領官兵。惟願生事擾亂。一看城民與外國通商
成富。遂乘機刦剠之。故此汝等務必同心協力。催迫
欽差大臣等。暨所屬軍士。即日安退北返。則俾得全城及統省。一概免受交戰之災。各宜思之。慎之。速速
特示。
道光二十一年　日示

8

大英欽奉全權公使大臣駐中華領事兼總管香港等處地方義律　為

曉示事。照得現開粵海內香港之口。悉准內地各省船隻赴市貿易。無不保護。因該港在內地海邊。是以所有運進運出貨物。一概免其稅餉。但

大清官憲稍行禁止通商。並不准船隻駛到香港。則

大英官憲定將粵東及沿海各處大港。即行堅固封口。若遇有人報知指明海賊之藪。

大英官憲當即一面厚賞。一面拿獲匪類解送

大清官署。按例治罪。以杜弊竇。合就出示。爲此告粵東及沿海各省商民知悉。汝等若來香港貿易。本官定必保護身家貲貨。俾得安心辦事無虞。各宜思之。特示

一千八百四十一年六月初七日即

道光二十一年四月十八日

示

7

[redacted]

獵德海面丈尺

橫寬壹百四十七丈

深三丈二三尺至一丈六七尺不等

打樁下石

石面寬廣約二十丈至十二三丈不等

獵德捐石填塞紳士職名銀數

加道銜舉人伍崇耀捐買石銀一萬二千零一十兩零七錢五分

刑部郎中潘仕成捐銀五千兩
六部員外郎許祥光捐銀一萬一千兩
郎中銜盧福溥捐銀一萬兩
州同銜宛平縣南岸縣丞何紹曽捐銀四千兩
翰林院孔繼勲捐銀三千兩
知府銜議叙同知周懷棠捐銀二千兩
都察院都事銜張日貞捐銀二千兩
候選縣丞沈光國捐銀二千兩
主事銜張日萱捐銀一千五百兩
直隸州州同銜張瀚海捐銀一千三百兩
從九品張顯宗捐銀一千兩
總共捐銀五萬四千八百兩零 道光二十一年夏季填

封皆全

劉

將 軍

參 贊

安

廣西候補守王 稟赴團練局辦事

道……十一月初二日劉

總理軍營營務翼長關防

呈送西留官弁冊內未據造報四川千把總劉瀛等四員懇請添造入冊一案

翼長處

呈報的留官弁千總劉瀛等四員添造入冊

初三

發訖

總理廣東軍營營務翼長（總兵銜廣西潯州協副將盛　廣東南韶連鎮總兵馬殿甲　廣西左江鎮總兵文哲暉　四川候補副將唐永清）為據實呈明事。據營務處案書識等呈述：前經造辦揀留各省各營官兵冊內漏造四川軍標左營千總劉瀛、四川綏寧右營千總劉天才、四川雅州協左營千總馮成川、四川越嶲營把總陳朝陽等四員，嗣於造辦凱撤回營各官兵冊內比核查出，實係於揀留冊內將該千總等四員漏未造入。惟查遺漏之處，緣千總劉瀛係續調四川三起之內，該起官兵已全行撤回，維時該千總奉差在外，該起帶兵官未將該千總揀留之處冊報有案，亦未將該千總移交何起何員統領，以致遺漏。又千總劉天才原係越嶲營把總，隨同陞任湖南鎮筸鎮琦　由浙江改調來粵，不在四川原調續調各起兵內，嗣由軍營拔補綏寧右營千總，即隨候補道西　處當差。又千總馮成川由四川頭起提標外委來粵，在軍營拔補劉天才遺缺把總，旋又拔

F.O.682/68/2(1)

應辦　已辦

呈送西留官弁冊內未據造報四川千把總劉瀛等四員懇請添造入冊一案

翼長處

呈報的留官弁千總劉瀛等四員添造入冊

初三

發訖

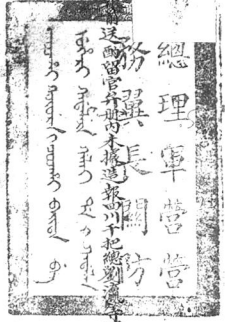

總理廣東軍營營務翼長（總兵銜廣西潯州協副將盛　廣東南韶連鎮總兵馬殿甲　廣西左江鎮總兵文哲暉　四川候補副將唐永清）為據實呈明事。據營務處案書識等呈述：前經造辦揀留各省各營官兵冊內漏造四川軍標左營千總劉瀛、四川綏寧右營千總劉天才、四川雅州協左營千總馮成川、四川越嶲營把總陳朝陽等四員，嗣於造辦凱撤回營各官兵冊內比核查出，實係於揀留冊內將該千總等四員漏未造入。惟查遺漏之處，緣千總劉瀛係續調四川三起之內，該起官兵已全行撤回，維時該千總奉差在外，該起帶兵官未將該千總揀留之處冊報有案，亦未將該千總移交何起何員統領，以致遺漏。又千總劉天才原係越嶲營把總，隨同陞任湖南鎮筸鎮琦　由浙江改調來粵，不在四川原調續調各起兵內，嗣由軍營拔補綏寧右營千總，即隨候補道西　處當差。又千總馮成川由四川頭起提標外委來粵，在軍營拔補劉天才遺缺把總，旋又拔

補維州協左營千總因拔把總時頭起川兵內即將該弁入於把總項下開除繼
拔千總又係三起之內三起旋亦凱撤既未收入起內亦未報明揀留又把總陳
朝陽係由頭起川兵內重慶中營馬兵出師來粵拔補二起川兵內重慶中營
額外嗣蒙拔補越嶲營把總馮成川陞缺頭起川兵項下開除馬兵二起川
兵數內先經收入額外旋又開除陳朝陽已拔把總祗收額外鍾應翔是劉
天才馮成川陳朝陽三弁均因拔補陞缺隨開隨收並未入於川兵各起數內
以致揀留時均無冊報案據且該三員均在候補道西　處當差又隨赴各
處團練鄉勇未在大營是以揀留冊內遺漏未造今既比核查出未便緘默
不言理合據實陳明伏祈轉呈
大憲於前送揀留冊內聲叙添入以免遺漏實沾恩便等情到翼長處據此
伏查該書識等係專司文案之人自應將文冊檔案逐件留心稽核妥辦方
昭慎重何致將官弁銜名遺漏未造殊屬疏忽錯悞本應將該書等責革
嚴辦第念遺漏各弁均因陞缺時各分各起復開此收漏未冊報該書等又
以現無案據可憑尚非有意疎玩公事且係各省各營之書湊聚軍營辦
事然亦未免失之檢點今既據自行檢舉實陳情尚可原除分別量加懲
處外理合據情據實陳明伏候
將軍
參贊大憲俯賜察核添造入冊俾無遺漏實沾恩便施行須至呈者
右　　　　　　　　　　　　　　　　　　　呈
欽命靖逆將軍　御前大臣領侍衛內大臣都察院左都御史正紅旗漢軍都統宗室奕
參贊大臣提督四川全省軍門　楊　謙　巴　圖　魯　齊
道光二十一年　　日
總理軍務翼長關防
道光二十一年二月一十九日到

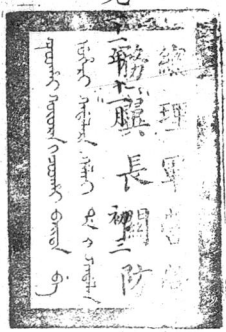

F.O.682/68/1

一件申報事驗文

署廣東肇慶府高要縣為申報事。道光貳拾壹年拾月叁拾日奉

高要令 申報

憲臺會同

欽命太子少保兵部尚書兩廣總督部堂祁
欽命賛理大臣齊
署理廣東巡撫部院梁 札開：照得現在欽奉

諭旨：英匪沿海滋擾，民間各海疆省分紳士商民，果有捐資助餉，修建城堡，及雇募義勇，造船鑄砲，有益軍需者，其急公好義，即與出力將士無異，若仍照捐輸常例議敘，不足以示鼓勵，着嚴實保奏，候朕破格施恩。此外各省士民，如有赴各海疆捐資助餉者，亦着一體請

十三

F.O.682/68/2(2)

一件申報事驗文

存

署廣東肇慶府高要縣為申報事。道光貳拾壹年拾月叁拾日奉

高要令 申報

憲臺會同

欽命太子少保兵部尚書兩廣總督部堂祁
欽命賛理大臣齊
署理廣東巡撫部院梁 札開：照得現在欽奉

諭旨：英匪沿海滋擾，民間各海疆省分紳士商民，果有捐資助餉，修建城堡，及雇募義勇，造船鑄砲，有益軍需者，其急公好義，即與出力將士無異，若仍照捐輸常例議敘，不足以示鼓勵，着嚴實保奏，候朕破格施恩。此外各省士民，如有赴各海疆捐資助餉者，亦着一體請

十三

獎無阻其踴善之志等因欽此查本年𡡉逆滋擾各省迭奉
諭旨調遣精兵動撥軍餉凡以殲除醜類保護黎元粤東地尚富饒人知禮義急公奉上素
不乏人本部堂 將軍 參贊 署部院現在辦理夷務未嘗下勸捐之文而官紳商民即有以捐資助餉築壘買
鑄炮位製造船隻器械等事紛紛來轅呈請推其本心祗緣慕義急公遂不惜毀家
紓難並不為利祿功名起見本部堂 將軍 參贊 署部院諒其出於至誠固不深嘉而樂予之茲復欽奉
恩旨諭以破格施恩不僅照常議敘我紳民更應如何踴躍捐輸爭先恐後以仰副
聖天子有勞必錄之至意除出示曉諭外合就札飭札縣即便遵照立將發來告示在於各城
門墟場市鎮衆人屬目處所張掛曉諭仍照示多抄遍貼使士庶咸知該縣如遇紳士商民
呈報捐輸無論所捐多寡立即通詳辦理毋得稍涉抑勒遺漏致阻其踴善之心仍將
貼過告示處所日期報查毋違等因計發告示拾張到縣奉此遵即飭承將奉發告示
專差賫赴縣屬各村庄市鎮遍貼曉諭外理合具文申報
憲臺察核除申

督 撫 參贊大臣齊憲外為此備由具申伏乞
照驗施行須至申者

右 申

欽命靖逆將軍 御前大臣領侍衛內大臣正紅旗漢軍都統宗室奕

道光貳拾壹年 月 初捌 日署知縣陸孫鼎

惠州府歸善縣捐布政司經歷職銜古連甦謹

稟

將軍
叅贊大人爵前敬稟者竊職於本年九月二十九日以情願捐鑄二千觔
鐵礮十位三千觔鐵礮十位五千觔鐵礮十位以助軍需并粘具圖
式具呈仰蒙
批奉准如式鼓鑄在案遵於十月初七日起職親住礮廠照依所呈圖
式不分晝夜赶緊督匠如法鼓鑄茲於十一月初八日一律工竣所
有捐鑄二千觔鐵礮十位三千觔鐵礮十位五千觔鐵礮十位另楠
枝硬木礮架三十座洗礮應用各具三十副理合稟請
察核俯賜委員演放驗收實為

已批發

公便再職另捐造子母礮一百桿先於十月二十七日呈繳五十桿蒙
委員驗收在案其餘五十桿一俟赶緊造竣即行呈繳合并聲明除稟
督撫憲外肅此具稟恭請
崇安伏乞
鈞鑒職員連陞謹稟
道光二十一年十一月初九日稟

[illegible]字廿
道光二十一年十一月十一日到
布經歷左連陞 呈 捐鑄礮位
初十批

公便再職另捐造子母礮一百桿先於十月二十七日呈繳五十桿蒙
委員驗收在案其餘五十桿一俟赶緊造竣即行呈繳合并聲明除稟
督撫憲外肅此具稟恭請

據呈捐鑄五項鐵礮共三十位另備硬木礮架三十座洗礮各具三十副業經如式製造齊全呈請委員演放驗收等情閱悉殊堪嘉尚即飭委伊游擊劉同知會同查驗演試該職員亦即前往眼同照數呈繳可也原呈存

[illegible]字廿
道光二十一年十一月十一日到
布經歷左連陞 呈 捐鑄礮位
初十批

FO.682/68/2

戊五十九

咨呈

署廣東撫

潘世榮呈繳捐輸銀兩交納日期

署理廣東巡撫印務布政使司梁 為
咨會事道光二十一年十一月初四日據加五
品頂戴賞戴藍翎儘先選用通判潘世榮稟稱
竊職前蒙憲恩拔擢感戴莫名宜如何仰體抒
誠圖報萬一迭聞夷情反復合亟嚴防重洋憲

戊五十九

咨呈

署廣東撫

潘世榮呈繳捐輸銀兩交納日期

署理廣東巡撫印務布政使司梁 為
咨會事道光二十一年十一月初四日據加五
品頂戴賞戴藍翎儘先選用通判潘世榮稟稱
竊職前蒙憲恩拔擢感戴莫名宜如何仰體抒
誠圖報萬一迭聞夷情反復合亟嚴防重洋憲

憲周詳廣加籌備職謹購辦洋刀鳥鎗二百桿
砲門洋撒藥一百罐西洋火藥四千餘觔節經
稟繳大營驗收清楚在案所有以上鎗藥三起
計需工價運費銀七千餘兩職俱自備給發再
將願捐軍需銀一萬兩陸續呈繳緣由稟奉
前憲暨
靖逆將軍 督憲 批示准予捐輸即照稟陸續在
督憲衙門呈繳等因奉此茲職已備足紋銀一
萬兩敬請示期繳納伏乞批示飭遵等由到本
署院據此當批據稟呈繳捐輸軍需銀一萬兩
以備撥用甚屬可嘉候札行署布政司於初九
日知期兌納暨行軍需局知照等因懸示除札

署布政司兌納及札總理省城軍需局知照外
相應咨呈為此咨呈
靖逆將軍謹請查照施行須至咨呈者
右 咨 呈
靖 逆 將 軍 奕

初十日到

道光二十一年十一月 初九 日

監印官候陞知縣王治溥

七十八

咨

廣督部

夷船東駛飛咨各省防範

初十

太子少保兵部尚書兼都察院右都御史總督廣東廣西等處地方軍務兼理糧餉部　為

飛咨防範事道光二十一年十一月初六日據
署碣石鎮右營都司蕭起犀稟稱十月二十八
日巡至龜齡洋面瞭見西南外洋有三桅夷船
一隻向東南駕駛午刻時候該夷船駛至牛脚
川洋面遊弈申刻向東南外洋駛去遠望無踪
等情到本部堂據此除批飭督率巡洋舟師及
臺汛弁兵寔力巡防嚴杜接濟毋稍鬆懈及咨

浙江
揚威將軍
叅贊大臣暨
直隸兩江閩浙江蘇山東督撫部院
盛京將軍
山海關都統飛飭所屬沿海營縣
督率舟師一体寔力防範及札南澳鎮嚴飭所
屬將備督率舟師寔力防範毋稍鬆懈外相應
咨會為此合咨
貴將軍請煩查照施行須至咨者

右　咨

靖逆將軍奕

一

道光　初九　日

初十日到

F.O.682/391/2(…)

[illegible]十八

申報新製并支過火藥數目日期由驗文

理事同知

申報火藥數目

初九

劃記

廣州府理事同知為申報事案照卑職報明截至拾壹月初貳日止局內實存防夷火藥柒萬叁千肆百叁拾壹斤零貳兩茲於十一月初叁日起至初柒日止計伍日每日製造火藥肆百肆拾斤共製成火藥貳千貳百斤舊收共存防夷火藥柒萬伍千陸百叁拾壹斤零貳兩拾壹月初柒日奉支應局札飭支給舉人何炳南等請領火藥伍拾斤除支外尚實存防夷火藥柒萬伍千伍百捌拾壹斤零貳兩

F.O.682/391/2(III)

[illegible]十八

[illegible]存

申報新製并支過火藥數目日期由驗文

理事同知

申報火藥數目

初九

劃記

廣州府理事同知為申報事案照卑職報明截至拾壹月初貳日止局內實存防夷火藥柒萬叁千肆百叁拾壹斤零貳兩茲於十一月初叁日起至初柒日止計伍日每日製造火藥肆百肆拾斤共製成火藥貳千貳百斤舊收共存防夷火藥柒萬伍千陸百叁拾壹斤零貳兩拾壹月初柒日奉支應局札飭支給舉人何炳南等請領火藥伍拾斤除支外尚實存防夷火藥柒萬伍千伍百捌拾壹斤零貳兩

合將新製并支過火藥數目日期申報
憲臺察核除申
督撫憲外為此備由具申伏乞
照驗施行須至申者
右　　　申
欽命靖逆將軍御前大臣領侍衛內大臣都察院左都御史正紅旗漢軍都統宗室奕
參贊大臣四川提督軍門捷勇巴圖魯齊
道光貳拾壹年拾壹月　初玖　日同知覺羅德隆
道光二十一年十一月十九日

咨

廣督祁

葉煌呈領火藥等項

欽差兵部尚書兼都察院右都御史總督兩廣等處地方提督軍務兼理糧餉部堂祁　為

懇恩給領以資守禦事道光二十一年十一月
初四日據生員葉煌等來稟切生奉守下
渡率領水勇六百名業經備辦大船三十五隻
併新築内外土砲台二座共安大小砲三十六
位各既佈置停當惟十月二十五日往佛山後
領之八千斤五千斤二位大砲之鉄碼未領與
前稟稱砲二十位未領及前領各砲鉄碼尚未

F.O.682/391/2(112)

咨

廣督祁

葉煌呈領火藥等項

欽差兵部尚書兼都察院右都御史總督兩廣等處地方提督軍務兼理糧餉部堂祁　為

懇恩給領以資守禦事道光二十一年十一月
初四日據生員葉煌等來稟切生奉守下
渡率領水勇六百名業經備辦大船三十五隻
併新築内外土砲台二座共安大小砲三十六
位各既佈置停當惟十月二十五日往佛山後
領之八千斤五千斤二位大砲之鉄碼未領與
前稟稱砲二十位未領及前領各砲鉄碼尚未

配足給領勢得列单再叩崇階飭局如稟給發
併給火葯一百墰火繩二百盤俾生得以平時
操演臨事堵禦寔為德便等情計粘单一紙内
開八千斤砲封口子五粒羣子五十粒五千斤
砲封口子五粒羣子五十粒抬砲二十位鉄彈
一百斤二千斤砲封口子十五粒羣子一百五
十粒七百斤砲封口子十五粒羣子一百粒五
百斤砲十位封口子七十五粒羣子七百五十
粒子母砲鉄彈一百斤鳥鎗鉄彈一百斤火葯
一百墰大火葯桶二個火繩二百盤水桶二個
到本部堂擬此查局存火葯先擬理事同知申
報飭令嗣後各處請領火葯總將江西觧来火
葯給領其肇慶及本局並各處買来夷葯均應存俟臨時應用今生

員葉煌等請領操演火葯自應一律在于江西觧来火葯内如数給發以
備濟用除札軍需總局理事同知將請領葯彈等
項分別給領具報仍飭將所領砲械火葯封羣
等項小心收貯毋令遺失短少如果因操演用
去亦即將演放次数需用葯数擬寔稟報以憑
查核及札東布政司查照外相應咨會為此合咨
貴將軍請煩查照施行須至咨者

右　　　咨

靖逆將軍奕

道光[illegible]月　日到

道光[illegible]月初九日

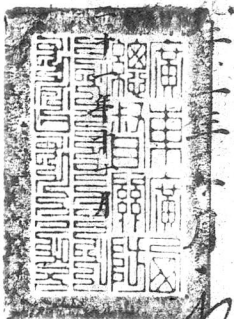

咨

廣督部　咨會

奉調差遣武職員弁領薪水

太子少保兵部尚書兼都察院右都御史總督兩廣等處地方軍務兼理糧餉祁　為

咨會事道光二十一年十一月初五日據署標

下中軍副將祺壽紅單稟報謹將續奉調省差

遣各員名開列呈閱計開三江協副將余萬清

清遠營千總賴明貴增城營千總曾廷相佛岡

營千總張得勝水師提標中營把總區廷璋陸

路提標後營把總陳國輝等由到本部堂據此

FO.682/391/2(113)

咨

廣督部　咨會

奉調差遣武職員弁領薪水

太子少保兵部尚書兼都察院右都御史總督兩廣等處地方軍務兼理糧餉祁　為

咨會事道光二十一年十一月初五日據署標

下中軍副將祺壽紅單稟報謹將續奉調省差

遣各員名開列呈閱計開三江協副將余萬清

清遠營千總賴明貴增城營千總曾廷相佛岡

營千總張得勝水師提標中營把總區廷璋陸

路提標後營把總陳國輝等由到本部堂據此

查調省差遣各員自應照例給與薪水俾資應用除札軍需總局即將調省差遣之副將余萬清等應得薪水銀兩即行按例核明詳請給領以資應用毋稍稽延及札東布政司查照外相應咨會為此合咨

貴將軍請煩查照施行須至咨者

右　咨

靖逆將軍奕

道光二十一年十一月初九日

日劉

FO.682/ (114)

咨

廣督部

貴州撫咨安義段鎮馳驛赴浙事　上諭

太子少保兵部尚書兼都察院右都御史巡撫貴州等處地方提督軍務兼理糧餉部　為

恭録

上諭飛咨事道光二十一年十月二十六日准

貴州撫部院賀　咨開道光二十一年九月二

十日承准

軍機處由五百里知會道光二十一年九月初

十日內閣奉

上諭貴州安義鎮總兵段永福著馳驛前往浙江隨

同揚威將軍奕經辦理軍務欽此查安義鎮段尚

未帶兵回黔曾否由粵起程未准　移會除飛咨

F.O.682/391/2(114)

咨

廣督部

貴州撫咨安義段鎮馳驛赴浙事　上諭

太子少保兵部尚書兼都察院右都御史巡撫貴州等處地方提督軍務兼理糧餉部　為

恭録

上諭飛咨事道光二十一年十月二十六日准

貴州撫部院賀　咨開道光二十一年九月二

十日承准

軍機處由五百里知會道光二十一年九月初

十日內閣奉

上諭貴州安義鎮總兵段永福著馳驛前往浙江隨

同揚威將軍奕經辦理軍務欽此查安義鎮段尚

未帶兵回黔曾否由粵起程未准　移會除飛咨

段鎮欽遵馳往浙江外相應飛咨欽遵轉行段
鎮遵照施行等因到本部堂准此查段鎮先經
馳驛赴浙在案准咨前因除行軍需總局粮台
總局東藩司查照外相應咨會為此合咨
貴將軍請煩查照施行須至咨者

右　　　咨

靖逆將軍奕

道光二十一年十一月　　日到

道光二十一年十一月初九日

F.O.682/391/2(115)

咨

兩廣督部

貴州撫咨南贛長鎮等馳驛京見事　二稿

太子少保兵部尚書兼都察院右都御史總督兩廣等處地方提督軍務兼理糧餉部　為

恭錄

上諭飛咨事道光二十一年十月二十六日准

貴州撫部院賀　咨開道光二十一年九月二

十日承准

軍機處由五百里知會道光二十一年九月初

十日內閣奉

上諭江西南贛鎮総兵長春四川川北鎮総兵韓振

先綏寧協副將楊開雲貴州松桃協副將達騰超

甘肅中衛協副將哈拉吉那湖北施南協副將伭

昌均著馳驛來京聽候召見欽此查松桃協達副

對訖

F.O.682/391/2(115)

咨

兩廣督部

應存

貴州撫咨南贛長鎮等馳驛京見事　二稿

太子少保兵部尚書兼都察院右都御史總督兩廣等處地方提督軍務兼理糧餉部　為

恭錄

上諭飛咨事道光二十一年十月二十六日准

貴州撫部院賀　咨開道光二十一年九月二

十日承准

軍機處由五百里知會道光二十一年九月初

十日內閣奉

上諭江西南贛鎮総兵長春四川川北鎮総兵韓振

先綏寧協副將楊開雲貴州松桃協副將達騰超

甘肅中衛協副將哈拉吉那湖北施南協副將伭

昌均著馳驛來京聽候召見欽此查松桃協達副

對訖

將出師廣東尚未帶兵回黔曾否由粤起程未
准移會除飛札達副將欽遵馳赴進京外相應
飛咨欽遵轉飭達騰趂遵照施行等因同日又准
廣西撫部院周 咨覆查明副將達騰趂帶領
凱撤官兵回黔前抵懷遠縣稟報已于九月十
八日送至貴州丙妹縣交替出境回黔等因各
到本部堂准此除行軍需総局移行查照及行
粮台総局東藩司外相應咨會為此合咨
貴將軍請煩查照施行須至咨者

右 咨

靖逆將軍奕

道[illegible]日到

道光　初九　日

F.O.682/(116)

辛十一月廿二

廣督部　咨會　戴勝修整蝦笱船支工料登注銷冊歸款

太子少保兵部尚書兼都察院右都御史總督廣東廣西等處地方軍務兼理糧餉部堂祁　為

咨會事道光二十一年十一月初四日據吳川
營都司黃琮稟稱今將戴勝修整蝦笱船隻工
料等項數目列單呈電計開二丈杉板五塊銀
三兩風檀山枝木一条銀二錢六分大艙櫞木
一条銀五錢九分大橈一隻銀二錢六分丈八
杉板四塊銀一兩一錢七分大舵杉樑一条銀
二錢四分丈六杉板四塊銀五錢八分丈二杉
四塊銀四錢五分博軒櫞木一条銀八分杉木
二条銀一錢八分檀頭樑一条銀五錢八分神
樓板三塊銀二錢三分檐櫞山枝木一条銀二
兩三錢三分釘五十斤銀三兩三錢草六十九

卯十

閱

F.O.682/391/2(116)

辛十一月廿二

廣督部　咨會　戴勝修整蝦笱船支工料登注銷冊歸款

應存

太子少保兵部尚書兼都察院右都御史總督廣東廣西等處地方軍務兼理糧餉部堂祁　為

咨會事道光二十一年十一月初四日據吳川
營都司黃琮稟稱今將戴勝修整蝦笱船隻工
料等項數目列單呈電計開二丈杉板五塊銀
三兩風檀山枝木一条銀二錢六分大艙櫞木
一条銀五錢九分大橈一隻銀二錢六分丈八
杉板四塊銀一兩一錢七分大舵杉樑一条銀
二錢四分丈六杉板四塊銀五錢八分丈二杉
四塊銀四錢五分博軒櫞木一条銀八分杉木
二条銀一錢八分檀頭樑一条銀五錢八分神
樓板三塊銀二錢三分檐櫞山枝木一条銀二
兩三錢三分釘五十斤銀三兩三錢草六十九

卯十

閱

朿銀一錢二分九厘灰一石零八升銀二兩三
錢七分六厘竹青一十七斤銀三錢一分五厘
木油一十三斤銀五錢二分槳二枝銀一兩零
七分另修整舊槳工銀六錢八分合計工五十
四工每工銀一錢五分共工銀八兩一錢以上
合計共用過工料銀二十六兩五錢九分等由
前來當經本部堂在於提存軍需銀內照數發
給歸款除札東布政司軍需總局查照外相應
咨會為此合咨

貴將軍請煩查照施行須至咨者

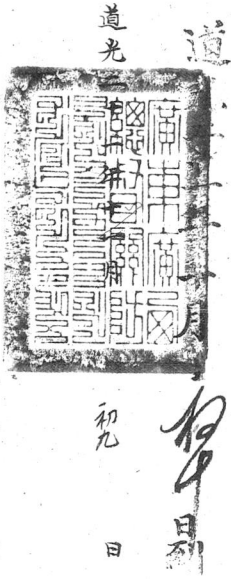

右　　咨

靖逆將軍奕

道光二……初九日

乙十七ろ廿二

F.O.682/ (117)

咨

兩廣督部 咨行

江蘇撫咨覆奏朱給諭所陳禦砲之法事由

兵部尚書兼都察院右都御史總督兩廣等處地方軍務兼理糧餉祁 為

恭錄咨行事。道光二十一年十一月初一日准

江蘇撫部院梁 咨開：切照本部院覆奏朱給

諭所陳禦砲之法緣由，於本年九月十六日上

海行館附片由驛具

奏，扯片咨行在案。茲于十月初一日准

兵部火票附回原片奉到

乙十七ろ廿二

F.O.682/391/2(117)

咨

兩廣督部 咨行

江蘇撫咨覆奏朱給諭所陳禦砲之法事由

兵部尚書兼都察院右都御史總督兩廣等處地方軍務兼理糧餉祁 為

恭錄咨行事。道光二十一年十一月初一日准

江蘇撫部院梁 咨開：切照本部院覆奏朱給

諭所陳禦砲之法緣由，於本年九月十六日上

海行館附片由驛具

奏，扯片咨行在案。茲于十月初一日准

兵部火票附回原片奉到

硃批依議欽此相應恭錄咨會查照欽遵等因到本
部堂准此除札東布政司軍需總局軍器局委
員標下中軍欽遵查照外相應咨會為此合咨
貴將軍請煩欽遵查照施行須至咨者

右　　咨

靖逆將軍奕

道光二十一年十二月初九日

日到

F.O. 682/391/2(118)

戌十二廿

次

初十

劉

廣督部 咨會 函稿存厝慎重馳遞公文

太子少保兵部尚書兼都察院右都御史總督兩廣等處地方軍務兼理糧餉祁 為

咨會事道光二十一年十一月初一日准
江西撫部院吳 咨開二十一年十月十七日准
浙江撫部院劉 咨開據仁錢二縣稟據浙江
驛馹丞稟稱現辦軍務之際凡遇緊要公文自
應加意慎重乃甲驛接収文件查驗封面前站
每多損破推原其故皆由布包繩索長途擦動
所致若不善為處置終難完固惟有仿照
兵部咨文內用油紙外用夾板其板須與文封
再長闊寸餘面書某縣某驛字樣每站照備數

F.O. 682/391/2(118)

戌十二廿

次

存

初十

劉

廣督部 咨會 函稿存厝慎重馳遞公文

太子少保兵部尚書兼都察院右都御史總督兩廣等處地方軍務兼理糧餉祁 為

咨會事道光二十一年十一月初一日准
江西撫部院吳 咨開二十一年十月十七日准
浙江撫部院劉 咨開據仁錢二縣稟據浙江
驛馹丞稟稱現辦軍務之際凡遇緊要公文自
應加意慎重乃甲驛接収文件查驗封面前站
每多損破推原其故皆由布包繩索長途擦動
所致若不善為處置終難完固惟有仿照
兵部咨文內用油紙外用夾板其板須與文封
再長闊寸餘面書某縣某驛字樣每站照備數

副撥站輪換遇有緊要文報則鄰封面得有擱
護沿途庶不致雨濕擦損等情查驛丞所稟係
為慎重驛務起見如蒙允准請賜通飭各屬及
鄰省驛舖一体照辦等情到本部院批此查現
當辦理軍務吃緊之際來往公文各驛站自應
加緊慎密馳遞不容稍有遲延以及私行拆閱
洩漏情事前因接到緊要公文每多破爛難保
非沿途私行拆閱裝點擦損形跡業經本部院
札飭司府轉飭各屬凡遇遞到公文有損動形
跡遞到何站即於封面註明何站擦損字樣以
便指明查究在案茲據該二縣具稟前情甚為
妥協自應照辦除行省城軍需局臬司暨杭處
等十府通飭各驛站遵辦外相應咨會查照希
即一體轉飭照辦並祈移咨前途省分循照施
行等因到本部院准此除行臬司轉飭遵辦外

咨會查照轉飭照辦施行等因到本部堂准此
除札軍需總局東臬司立即通飭各府州縣驛
站一体遵照辦理毋稍玩忽致干查究外相應
咨會為此合咨
貴將軍請煩查照施行須至咨者
右　　　咨
靖逆將軍奕
道光二十一年十月　日到
道光　初九　日

F.O.682/3…

咸七 十二 廿六

咨

廣督部 咨覆 赤柱防兵事由

初九

對訖

太子少保兵部尚書兼都察院右都御史總督兩廣等處地方軍務兼理糧餉部堂葉 為

咨覆事。十一月初八日准

貴將軍大臣咨開：准水師提督呈開，據大鵬協副將賴恩爵稟稱：夷兵強住香港民房，及弁兵八分撥長洲防守，並於赤柱又有夷目往勘地方，擬建兵房，添撥夷兵一百名在岸防守，又派一百名在於水上防守。惟赤柱海口頻有夷兵水陸巡察，其心叵測，似應預防。查赤柱一汛向派把總一員、兵丁十五名，早因汛房壞爛，借宿民居，今此兵夷雜處，恐滋

F.O.682/391/2(119)

咸七 十二 廿六

咨

廣督部 咨覆 赤柱防兵事由

初九

對訖

太子少保兵部尚書兼都察院右都御史總督兩廣等處地方軍務兼理糧餉部堂葉 為

咨覆事。十一月初八日准

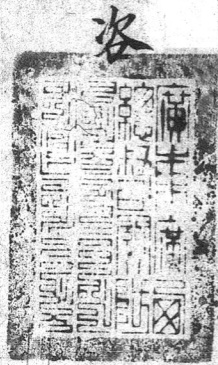

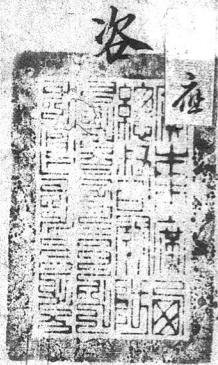

貴將軍大臣咨開：准水師提督呈開，據大鵬協副將賴恩爵稟稱：夷兵強住香港民房，及弁兵八分撥長洲防守，並於赤柱又有夷目往勘地方，擬建兵房，添撥夷兵一百名在岸防守，又派一百名在於水上防守。惟赤柱海口頻有夷兵水陸巡察，其心叵測，似應預防。查赤柱一汛向派把總一員、兵丁十五名，早因汛房壞爛，借宿民居，今此兵夷雜處，恐滋

事端相應酌量變通，始於公事無誤。查有坪洲一汛
毗連大嶼山，逼近急水門，巡防守禦，在在均關扼要。卑
職將原防赤柱之兵留存五名，改裝寓此，察探夷情，其
餘十名着令該巡弁帶赴坪洲，協同防守。一轉移間，赤
柱之公事不致有悮，而坪洲之汛守可期得力。此卑職因時
制宜起見，是否有當，等情請示前來。查赤柱海口汛
地處扼要，向派把總一員、兵丁十五名，借宿民房防守。現
因坪洲汛毗連大嶼山，逼近急水門，巡防尤關緊要，據該副
將議將赤柱之兵留存五名在本汛察探夷情，其餘十名該
巡弁帶赴坪洲汛協同防守各等情。事關地方，因時制
宜，應否如斯變通之處，應由貴督部堂查核定奪，飭
遵辦理可也等因，到本部堂。准此，查前據賴陞協稟
同前由，當以所禀係為因時制宜起見，暫行通融辦理，
嵩屬安協批飭遵照，察行查探，實力防守，嗣准
水師提督以前事咨會，又經錄批咨覆各在案。准咨前因，
相應咨覆。為此合咨
貴將軍大臣，請煩查照施行。須至咨者。
右　　　　咨
靖逆將軍奕
參贊大臣齊

道光二[illegible]年十二月初九日

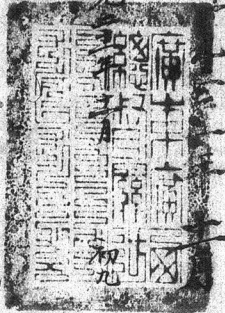

一九日到

戌字七百卅八

咨

十一

收

廣督部 咨會 札覆參將曾逢年等會同紳士趕築土石防堵

欽差兵部尚書兼都察院右都御史總督廣東廣西等處地方軍務兼理糧餉部堂祁 為

咨會事道光二十一年十一月初五日批署督標水師營參將曾逢年廣州協左營都司趙如勝稟稱案奉憲台會同

參贊大臣楊

撫憲 札行仰該署參將即便遵照會同都司趙如勝前往大石瀝滘填塞河道之處將應如何設營防堵以期得力逐一履勘明確具稟察核一面迅速興工毋稍率延速速等因奉此

F.O.682/68/2(6)

戌字七百卅八

咨

查存

十一

收

廣督部 咨會 札覆參將曾逢年等會同紳士趕築土石防堵

欽差兵部尚書兼都察院右都御史總督廣東廣西等處地方軍務兼理糧餉部堂祁 為

咨會事道光二十一年十一月初五日批署督標水師營參將曾逢年廣州協左營都司趙如勝稟稱案奉憲台會同

參贊大臣楊

撫憲 札行仰該署參將即便遵照會同都司趙如勝前往大石瀝滘填塞河道之處將應如何設營防堵以期得力逐一履勘明確具稟察核一面迅速興工毋稍率延速速等因奉此

卑職等遂即會同前往大石瀝滘兩處履勘得
各填塞河道之處南北兩边俱係潮田地勢太
低四面皆水难以設营防堵現有大石村設偹
小快船十隻配水勇二百一十名在該村前小
河埋伏離塞河處所約二三里又大山村築有
土台安配大砲二十二位壯勇三百二十六名
該土台在填河之前約離三四里商之職員何
森等称說若再添配壯勇二百名大砲十數位
能得攻擊前路既不能進塞河之處不設營盤
亦可保萬全其瀝滘填河之處離瀝滘村約有
一里餘該村前面有馬頭空地可以建築土台
安配大砲飭令紳士就該村招募壯勇防堵可
以保守填塞河道再查驗瀝滘填河杉木石塊

太少不能阻擋應請飭令再行填塞方為得力
所有会同履勘過大石瀝滘兩處情形理合繪
図貼說稟覆察核等由連図到本部堂批此查
大石瀝滘填塞河道之處既據勘明南北兩边
俱係潮田地勢太低四面皆水难以設营防堵
擬于大石填河之前大山村所築土台再添配
壯勇二百名大砲十數位攻擊可期得力又瀝
滘村前有馬頭空地擬築土台安配大砲由紳
士就該村招募壯勇可以保守填塞河道等情
均應如稟辦理至瀝滘所塞海口石堆之處昨
據職員陳兆垣等以未經豎立木樁难保無漏
陷之虞稟請在于現填石堆之外于間縫當中
之處填塞形如品字先豎杉木堅樁加以篾纜
圍箍然後堆累碽石于其中以免冲潟等情業

經如稟諭飭遵照辦理在案拟稟前由除札軍需總局遵照諭令耽員何森曾劃并添募壯勇二百名撥配大山村土台協同寔力防守其瀝滘村前馬頭空地需建土台亦即諭令該處紳士會同曾署叅將等赶緊興築俟工竣之日即由該紳士就近招募該村壯勇防堵其大石瀝滘添配各大砲應須若干斤重位數方資防禦并即分别赴轅具稟以凴飭行給領備用事関防夷要務毋任稽延并札署督標水師營叅將曾逢年廣州協左營都司趙如勝遵照會同瀝滘紳士迅將該村前馬頭空地應建土台剋日赶緊雇匠興築俟工竣之日并將所募壯勇及應需砲位宜如何氏劄安配始能防堵得力之處妥為辦理及札粮台總局東藩司團練局查照外相應咨會為此合咨

貴將軍請煩查照施行須至咨者

右　　咨

靖逆將軍奕

道光二十一年十二月初十日

道光二十一年十二月十一日到

咨

應存

廣督祁

夷船東駛飛咨各處嚴防

十一

太子少保兵部尚書兼都察院右都御史總督兩廣等處地方軍務兼理糧餉祁　為

飛咨防範事。道光二十一年十月初八日據署

碣石鎮左營遊擊林大光稟稱：十月十二日在

白礁洋面巡緝，未刻時候瞭見西南外洋有二

桅夷船一隻向東駕駛，並無別船同行，當即揮

令各船聯帮防堵，該夷船直向東南外洋而去，

遠望無踪等情到本部堂。據此，除批飭督率舟

師並移會陸封營縣實力巡防，庶杜接濟，毋稍鬆

懈，及咨浙江

揚威將軍暨

參贊大臣

直隸、兩江、閩浙、江蘇、山東督撫部院

盛京將軍

山海關都統

飛飭所屬沿海營縣督率舟

師一体實力防範，並札南澳鎮，庶飭所屬將備

督率舟師實力防範，毋稍鬆懈外，相應咨會。為

此合咨

貴將軍，請煩查照施行。須至咨者。

右　咨

靖逆將軍奕

道光二十一年十一月十二日到

道光二十一年十一月初十日

靖逆将軍

[illegible]

FO.682/68/2(8)

咨呈

署廣東撫　候補通判徐繼鏞捐銀報効

署理廣東巡撫印務布政使司梁　爲
咨會事道光二十一年十一月初一日據報銷
局委員候補通判徐繼鏞稟稱竊職員前因軍
需總局需員經理情愿自備資斧投効稟蒙司

靖逆将軍

FO.682/68/2(8)

咨呈

前已會稿辦過　應存

署廣東撫　候補通判徐繼鏞捐銀報効

署理廣東巡撫印務布政使司梁　爲
咨會事道光二十一年十一月初一日據報銷
局委員候補通判徐繼鏞稟稱竊職員前因軍
需總局需員經理情愿自備資斧投効稟蒙司

道詳准札飭赴銷算局听候差委在案茲查辦理善後事宜各處砲臺均須修復戰員誼居桑梓情殷報効急備繳番銀三千圓購買石料彙修二沙尾砲臺並在工効力督修如蒙恩准所有前項認捐銀両即在本省藩庫繳納伏乞批示飭遵寔為德便再銷算局中造報各冊尚稽時日砲臺工次緊要戰員可以分身効勞合併陳明等由到本署院拠此當批查修築二沙尾砲臺需用浩繁茲拠稟備繳銀三千員為彙修之費並請在工督修具見志圖報効誼篤鄉閭該員年富力強他日聿著勤劳懋膺上賞功業正未可量洵屬可嘉之至候行署布政司暨軍需總局查照章程辦理仍候彙案

奏請議叙等因懸示及行署布政司總理省城軍需局查照章程辦理彙案

奏請議叙外相應咨呈為此咨呈

靖逆將軍謹請查照施行須至咨呈者

右 咨 呈

靖 逆 將 軍 奕

道光二十一年十一月 初十 日

監印官候陞知縣王治溥

廿一年十一月廿九

咨 十一

廣督祁 咨會 閩鵬飛等請領江西砲廿子案

太子少保兵部尚書兼都察院右都御史總督兩廣等處地方軍務兼理糧餉部堂祁 為

咨會事。道光二十一年十一月初六日據防守

南石頭監武舉閩鵬飛、副貢高佐廷赴轅稟稱：

切武舉等前經赴轅具領職員朱德均、卯佐安

等雙輪三百斤大砲三十位，茲本月二十四日

F.O.682/68/2(9)

廿一年十一月廿九

咨 十一

應存

廣督祁 咨會 閩鵬飛等請領江西砲廿子案

太子少保兵部尚書兼都察院右都御史總督兩廣等處地方軍務兼理糧餉部堂祁 為

咨會事。道光二十一年十一月初六日據防守

南石頭監武舉閩鵬飛、副貢高佐廷赴轅稟稱：

切武舉等前經赴轅具領職員朱德均、卯佐安

等雙輪三百斤大砲三十位，茲本月二十四日

朱德均等解到三百斤大砲二十六位砲架三十個當經武舉等每百觔配葯四兩每位用葯十二兩試放寮其砲身堅固即每百斤加葯五錢施放亦無妨碍顯係認真鑄造再武舉閔鵬飛前築龜沙尾坭台業已具領大西桅四十条以為大砲不所用茲番禺左堂許太爺因各大西桅俱係放在山坑搬運出水艱難恐担擱日期暫解次西桅四十条到来應急但八千大砲桅不受力甚大次西桅木小墊底恐其力薄武舉再四思維合無仰懇憲恩俯准多給次西桅二十五条俾得結紮安排以資得力寔為公便等由到本部堂據此查武舉閔鵬飛等請領次西桅二十五条係為大砲不所用自應照數發給除札金利司巡檢遵照刻即挑選次西桅二十五条刻日點交該武舉等運回應用仍將給領日期具報毋稍刻延及札東藩司軍需總局轉飭遵照外相應咨會為此合咨

貴將軍請煩查照施行須至咨者

右　　咨

靖逆將軍奕

道光二十一年十一月初十日

道光二十一年十二月十一日到

呈

前任湖廣總督周之鈐記

前任湖廣總督周天爵為呈覆事前據前任東河楊莊閘閘官潘汝

濟赴

轅投効當蒙

將軍發交差委前經委赴大黃滘一帶帮同採買樹木填塞河道今已

告竣現在無事委辦相應飭令赴

轅當差理合備文呈覆為此咨呈

呈

前任湖廣總督周之鈐記

前湖廣督周 呈爲回省潘汝爲善後

前任湖廣總督周天爵為呈覆事前據前任東河楊莊閘閘官潘汝

濟赴

轅投効當蒙

將軍發交差委前經委赴大黃滘一帶帮同採買樹木填塞河道今已

告竣現在無事委辦相應飭令赴

轅當差理合備文呈覆為此咨呈

將軍察核施行須至呈者

右

呈

欽命靖逆將軍 御前大臣領侍衛內大臣都察院左都御史正紅旗漢軍都統宗室奕

道光貳拾壹年拾壹月 初拾 日呈

前任湖廣總督周之錡 記

道光二十一年十一月初十日到

FO.682/68/2(11)

戊字六月廿六

咨　十一

廣督部　咨覆　古建魁製鑄子母砲位

太子少保兵部尚書兼都察院右都御史總督廣東廣西等處地方軍務兼理糧餉部堂祁　為

咨覆事。道光二十一年十一月初一日准

貴大將軍臣咨開：前據布政司經歷古建魁稟請捐

鑄五千斤鐵砲十位、三千斤鐵砲十位、二千斤

鐵砲十位、一百斤子母砲一百位，經本將軍參贊會

同貴督部堂撫院飭令赶鑄在案。今據該職員在本

FO.682/68/2(11)

戊字六月廿六

咨　十一　存

廣督部　咨覆　古建魁製鑄子母砲位

太子少保兵部尚書兼都察院右都御史總督廣東廣西等處地方軍務兼理糧餉部堂祁　為

咨覆事。道光二十一年十一月初一日准

貴大將軍臣咨開：前據布政司經歷古建魁稟請捐

鑄五千斤鐵砲十位、三千斤鐵砲十位、二千斤

鐵砲十位、一百斤子母砲一百位，經本將軍參贊會

同貴督部堂撫院飭令赶鑄在案。今據該職員在本

將軍處先繳子母砲五十位當即派員演驗均
堪合用除札署廣協趙承德收貯外咨會查照
如有請領之處以備給發可也等因到本部堂
准此查職員古連魁造繳子母砲五十位昨批
義勇頭目曹文基請領業經札飭廣協發給三
十位領用在案准咨前因除札廣州協遵照將
職員古連魁製繳子母砲位五即妥為收貯以
備撥用併札東布政司軍需總局查照外相應
咨覆為此合咨

貴將軍大臣請煩查照施行須至咨者

右　　咨

靖逆將軍奕
參贊大臣齊

道光二十一年十一月初十日

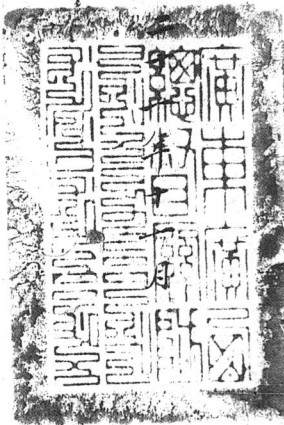

FO.682/68/2(12)

署廣東撫

咨呈

廣協趙等稟勘明大岡背新墾礁台房間

署理廣東巡撫印務布政使司梁　爲
咨會事道光二十一年十月二十八日據署廣
州協趙副將等會稟稱案奉憲臺會同
參贊大臣
靖逆將軍札行飭該將即便遵照會同督標水
督部堂

FO.682/68/2(12)

署廣東撫

咨呈

准存

廣協趙等稟勘明大岡背新墾礁台房間

署理廣東巡撫印務布政使司梁　爲
咨會事道光二十一年十月二十八日據署廣
州協趙副將等會稟稱案奉憲臺會同
參贊大臣
靖逆將軍札行飭該將即便遵照會同督標水
督部堂

師營曾署參將迅速前往大岡背新築砲臺勘
明新築砲眼應否照現在砲架寬濶建造抑或
造為八字形砲眼如何始能得力之處確切勘
商批寔稟覆核辦事関防夷要務該將等務須
悉心勘辦以期演放不致窒碍兵丁亦足以自
衛方臻妥協慎勿草率稽延切速切速等因奉
此卑職等遵即會同前往大岡背協同委辦砲
臺工程教職曾銘勲等將新築砲臺砲眼勘明
查大岡背新築砲臺前面敵臺長二十一丈五
尺現擬可安大砲十三四位至於建造砲眼濶窄
尺寸及砲架尺寸合就繪圖註明稟繳查核飭
造如此施放不致窒碍兵丁亦足以自衛所有
會同勘辦砲臺砲眼砲架緣由除稟

參贊大臣
靖逆將軍
督部堂外理合稟覆參核等由連圖到本署
院批此除行總理省城軍需局遵照希將發去
圖說核明飭遵辦理核畢仍將圖說送還備案
外相應咨呈為此咨呈
靖逆將軍謹請查照施行須至咨呈者

右　咨　呈

靖逆將軍奕

道光二十一年十二月

道光二十一年十二月初十日

十二廿七

咨呈

署廣東撫　咨會　古連魁捐鑄砲信

署理廣東巡撫部務布政使司梁　爲

咨會事道光二十一年十一月初一日据職員

古連魁稟称竊職員前經具呈情愿捐鑄大鐵

砲三十位另一百斤子母擡砲一百桿催南海

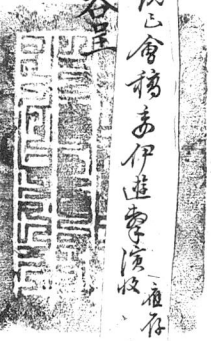

存十

閲

F.O.682/68/2(13)

十二廿七

現已會稿奏伊達李演收　一併存

咨呈

署廣東撫　咨會　古連魁捐鑄砲信

署理廣東巡撫部務布政使司梁　爲

咨會事道光二十一年十一月初一日据職員

古連魁稟称竊職員前經具呈情愿捐鑄大鐵

砲三十位另一百斤子母擡砲一百桿催南海

存十

閲

縣屬鐵匠何日全順德縣屬鐵匠區日才等承
造子母抬砲職員自往佛山監鑄大砲茲于十
月二十八日接拠鐵匠何日全等信称承造子
母抬砲一百桿業于十月二十七日造成五十
桿并雜木砲架二十箇業經解赴
靖逆將軍行轅蒙委員驗收在案其餘五十桿
及應用砲架除催令該鐵匠等赶緊製造一俟
完竣即行呈繳驗收等由到本署院拠此當批
拠稟現在造成抬砲五十桿砲架二十箇業經
解赴
靖逆將軍行轅驗收辦理迅速洵屬急公可嘉
所有未完各砲位着即赶緊鑄造全完繳收備

用仍候行軍需總局知照等因懸示及行總理
省城軍需局知照外相應咨呈為此咨呈
靖逆將軍謹請查照施行須至咨呈者
右　咨　呈
靖逆將軍　奕
道光二十一年十一月　初十　日
監印官候陞知縣王治[illegible]

FO.682/121B/5(3)

已批发

佛山刘丞　禀夷犯解省

十二

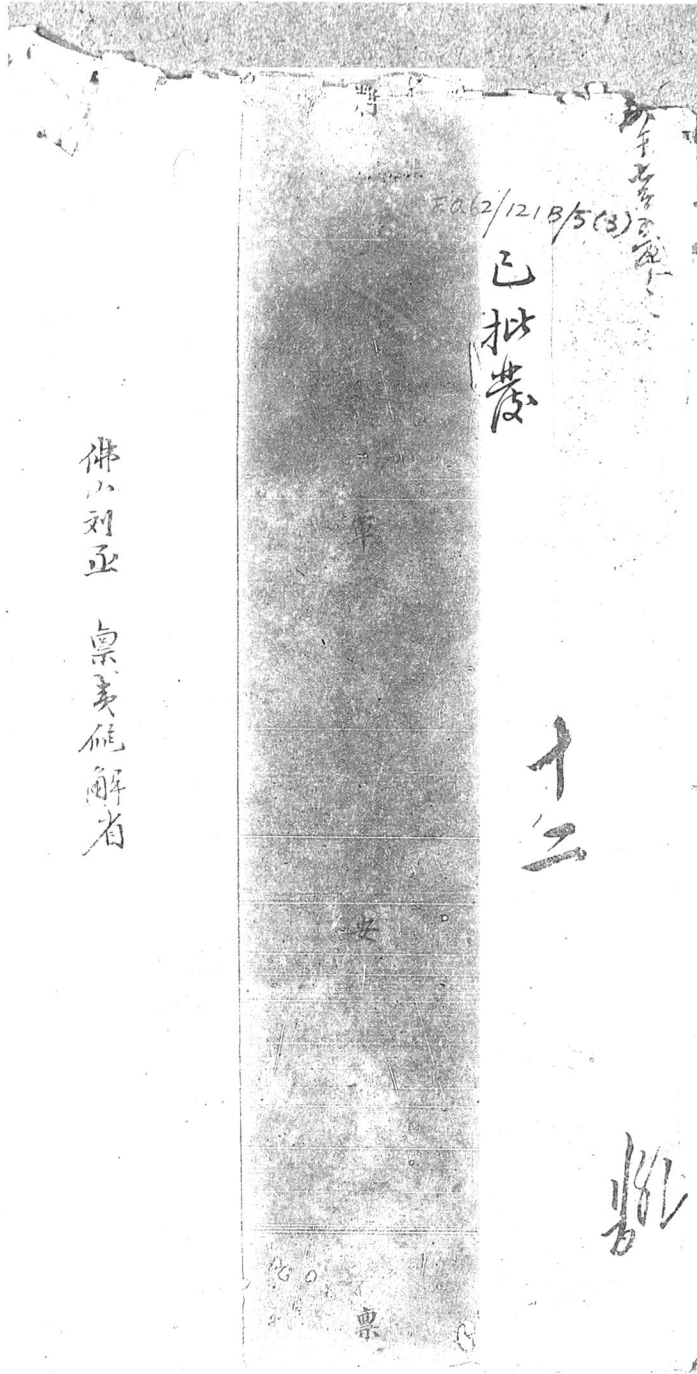

代理廣東廣州府佛山同知事曲江縣知縣劉漢章謹

稟

將軍閣下敬稟者前奉

憲臺批據卑職具稟遵將砲位砲子撥交委員運赴浙江由奉

批據稟已悉至佛鎮尚剩夷砲一位仰俟有鑄就砲位解省之便附

解來省毋庸專解等因奉此伏查卑職前因解子母砲赴省之便

即將佛鎮所剩夷砲一尊連砲架砲具遵照

憲臺批示附解至省交南海縣驗收在案合將夷砲業已附解赴省

緣由具稟

憲臺察核除稟

督憲
參贊外肅此具稟恭請
撫憲
崇安伏祈
垂鑒卑職漢章謹稟

業已據
奉同行
仰候督部堂參贊撫部院批

道光
[illegible]
初十

督憲
參贊外肅此具稟恭請
撫憲
崇安伏祈
垂鑒卑職漢章謹稟

據稟夷匪一等擄去南海物縣收等
情已悉仍候
督部堂
參贊
撫部院批示繳

咸豐年七

F.O.682/324/4(1)

將

軍

軍

安

佛山副丞等

稟爲照新式試鑄礮位

已批發

廿二

十八

月

候補知縣冒芬
代理廣東廣州府佛山同知事曲江縣知縣劉漢章謹
水師提標千總黎志安

稟

將軍閣下敬稟者前奉
憲臺札開據水師提督吳　云稱前在虎門撿閱已炸大砲上截極
其堅固蜂窩少而且小下截連堵頭蜂窩甚大是以脆而易炸詳
玩其情皆由鑄砲時砲模砲口朝下淨汁先傾於下至上截堵頭
火氣上宣而且滓屎盡浮於上以致蜂窩大而不堅查砲之為用
後節吃重至上節不過過堂若使砲模用口朝上傾鑄則精汁全
在下截較為穩妥再不致悞事合亟札仰代理佛山同知劉漢章海
豐縣縣丞冒芬即照新式鑄造惟改易鑄法工匠不無費手即稍
增工價亦無不可等因奉此卑職等當即轉飭新舊兩廠爐户馮
自興梁辯秀等遵照
憲臺札飭新式改易鑄法該爐户等均稱照新式作法工夫較多且
須添置器具并改造砲心及堵頭坭模又恐工人未能諳練俟各
廠依法先行試鑄二尊果能合用再懇添給價值等語茲據新廠
依法鑄就二千觔二位卑職等當即演試均係力大聲洪似較舊
式堅固至舊廠亦已照新式鑄就二千觔二位惟能否得法俟解
架打磨後再行演試卑職等伏查照新式鑄造凡製砲心砲模及
將坭模上架傾汁工夫均倍於舊式俟舊廠砲位打磨後如演試
得用再行帶同該爐户等赴省懇請添給價值理合將遵照新式

[illegible]已悉鑄[illegible]
[illegible]其罔
督部堂
參贊[illegible]
撫部院[illegible]

試鑄緣由具稟
憲臺察核除稟
督憲 參贊 撫憲 外肅此具稟恭請
崇安伏祈
垂鑒 卑職 漢章 芬 志安 謹稟

道光 初十

試鑄緣由具稟
憲臺察核除稟
督憲 參贊 撫憲 外肅此具稟恭請
崇安伏祈

據稟已悉新式鑄造經位候演試得
用再爲斟酌辦理仍候
督部堂
參贊 批示繳 十[illegible]
撫部院

咸豐四年六

咨

廣督部 咨會

虞世珍等請頒壯勇五項執照

十二

辦

太子少保兵部尚書兼都察院右都御史總督廣東廣西等處地方軍務兼理糧餉部　為

彙案咨會事案照碣湖義勇頭目曹文基曹秉

正軍功六品藍翎生員林福祥原任澄邁縣教

諭虞世珍舉人梁麟英生員余樹棠監生區維

新南亭武生范廷安等七品軍功楊汝正陸續

咸豐四年六

咨

廣督部 咨會

應存

虞世珍等請頒壯勇五項執照

十二

辦

太子少保兵部尚書兼都察院右都御史總督廣東廣西等處地方軍務兼理糧餉部　為

彙案咨會事案照碣湖義勇頭目曹文基曹秉

正軍功六品藍翎生員林福祥原任澄邁縣教

諭虞世珍舉人梁麟英生員余樹棠監生區維

新南亭武生范廷安等七品軍功楊汝正陸續

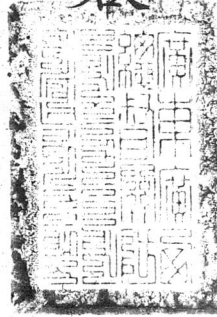

稟繳冊摺內開先後所領銀兩支給各頭目壯
勇口粮並置辦軍需各物建築砲臺等項緣由
各到本部堂據此除十月十五日數諭虞世珍
等請領口粮銀三千兩經本部堂發給銀二千
兩其餘帶領壯勇各紳士請領銀兩分別照數
支給及札軍需總局遵照迅將曹文基等用過
口粮等銀逐一詳細核明有無浮冒作速分別
詳覆察核辦理均毋錯延及札東布政司團練
局查照外相應咨會為此合咨

貴將軍請煩查照施行須至咨者

計粘单一紙

右　　咨

靖逆將軍奕

道光二十一年十一月十二日到

道光二十一年十一月　　日

F.O.682/68/2(14)

鶴湖義勇頭目曾文基曾秉正今將八月具領銀四
千兩支給各頭目壯勇九月分口粮並置办軍需各
物支用總共支銀三千八百三十九兩五錢六分除
支外尚存銀一百六十兩零四錢四分

軍功六品藍翎生員林福祥謹將九月十月兩期口
粮船租及修船工料共应支銀六千八百零九兩六
錢四分正除已領所存外尚应領銀三千二百二十
六兩一錢六分八厘（另照时價每百依水三兩共应補水九十六兩七錢八分五厘）寔共应領銀
三千三百二十二兩九錢五分三厘正

原任澄邁縣教諭虞世珍舉人梁麟英生員余樹棠
監生區維新等為造报事今將防堵東塱滘口支給
壯勇第二個月口粮及置办水鎗火藍等項共用銀
二千三百二十一兩六錢五分

委守南亭武生范廷安等稟本月十六日係給口粮
之期即備办各物亦需支用理合備具領狀稟乞鴻
恩發銀二千四百兩俾得支給寔為公便

委守南亭武生范廷安等稟十一月初二日係接給
口粮之期即置办費用亦需支給理合備具領狀稟
乞憲台發銀二千兩俾藉接支寔為恩便

恩賞七品軍功楊汝正謹稟為稟明每月口粮數目
乞恩核給事竊職奉委守鎮東滘三山共募壯勇七
百五十名自第二月後每名应給口粮銀六元
另派二十長及領隊等分管似宜稍加優給以示責
任又領快蟹船五隻自办蝦笱小快船五隻其每船
舵工扒橈軍砲手等亦宜稍加優恤又幇办数人薪
水亦宜声明謹列清款呈核是否有當伏乞鈞裁其

經費一項因三山砲台及自办軍械等件尚有未盡
完工容續清报合并禀明切赴
計開
一壯勇七百五十名每月每名六元共銀三千一百
五十兩正
一大快船五隻每船正舵工一名加銀二元副舵工
一名扒槳軍一名頭工一名砲手八名每名加銀
一元五船共加銀四十五兩五錢
一小船五隻每船舵工一名頭工一名砲手二名五
船共加銀一十四兩每名加銀一元
一二十長廿三人每名加銀一元共加銀一十六兩
一錢
一東溶三山西炮帮办共六人領隊共十四人每人
每月薪水銀六兩總領薪水舟車銀每月十兩紫

一專請教習燒大砲五名每名每月加銀四元共銀
照閩鵬飛一幫事例共銀一百三十兩正
一十四兩正
一專請教習技勇四名每名每月工銀十兩共銀四
十兩正
一專請由營撥到教習鳥鎗手四名每名遵照行營定例每日七分四名
每月共銀八兩四錢每月通共应領口粮銀三千
四百一十八兩正
八月初五日奉札召募十二日發粮应自八月十二
起計至九月十一為初一月九月十二至十月十
一為第二月十月十二至十一月十一為第三月
第三月已領得上半月粮銀今廿七日係下半月
發粮日期应給半月口粮銀一千七百零九兩正

咨

應存

十二

廣督部咨會

虞世珍舉陳壯勇較弱飭令歸農

太子少保兵部尚書兼都察院右都御史總督廣東廣西等處地方軍務兼理糧餉部　爲

咨會事道光二十一年十一月初六日據原任
澄邁縣教諭虞世珍舉人梁麟英生員余樹棠
監生區維新等禀稱本月初五日奉團練局委
員候補鹽知事丁瑞麟到局戳守當將防堵東
塱隘口共壯勇四百四十名各花名冊會同傳
齊點驗操試內有技藝軟弱者蔡桃陳浩春鄧
啟昭戚東梁珠蔡錦區德七名又因病告假者
李貴泰連松鄒輝能陸會鄒自啟鄒魁癸六名
其技藝軟弱者難期操練得力即現在抱病者
亦不能以資守禦均已飭令歸農業經分別開
除毋庸招募補充所有委員到局查辦緣由理
合禀報察核等由到本部堂據此除禀批回督
率壯勇勤加操練定力防堵並札軍需總局粮
台總局東藩司團練局查照外相應咨會為此
合咨

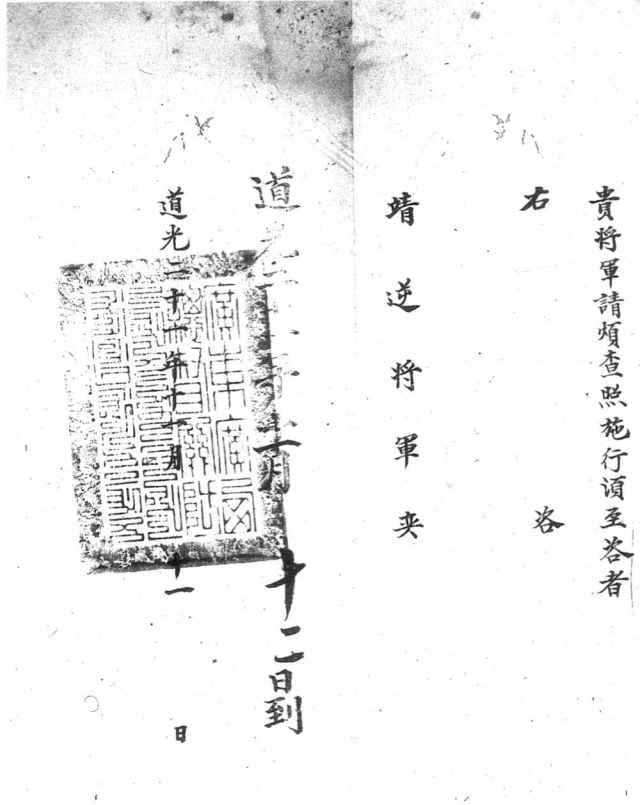

貴將軍請煩查照施行須至咨者

右　　　　咨

靖逆將軍奕

道光二十一年十一月十二日到

道光二十一年十一月　　日

靖逆將軍

咨

十二

廣督部　咨會　所撥吳普華等快蟹船二隻交林福祥領用

欽差大臣兵部尚書兼都察院右都御史總督廣東廣西等處地方軍務兼理糧餉部堂　為

咨會事道光二十一年十一月初七日據軍功

六品藍翎生員林福祥赴轅稟稱切生所領義

勇在二沙獵德一帶防護祇係分配鰍艇草扁

未有快蟹今吳普華所撤快蟹二隻可否給生

分配寔于防禦有濟倘蒙恩准則將鰍艇裁去

靖逆將軍

咨

十二

廣督部　咨會　所撥吳普華等快蟹船二隻交林福祥領用

欽差大臣兵部尚書兼都察院右都御史總督廣東廣西等處地方軍務兼理糧餉部堂　為

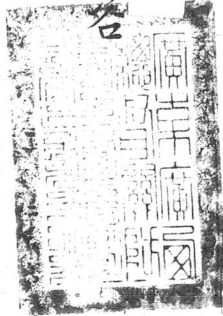

咨會事道光二十一年十一月初七日據軍功

六品藍翎生員林福祥赴轅稟稱切生所領義

勇在二沙獵德一帶防護祇係分配鰍艇草扁

未有快蟹今吳普華所撤快蟹二隻可否給生

分配寔于防禦有濟倘蒙恩准則將鰍艇裁去

一隻草扁裁去二隻以免虛縻船租價銀并由
并領到本部堂據此查吴普華并原領快蟹四
隻已據繳到第二三號快蟹二隻當經札飭南
海縣收管在案今生員林福祥請領所撤吴普
華并快蟹二隻以憑將鰕拖草扁各船裁去係
為防禦節省起見自應給發備用除札事需總
局立即轉飭南海縣將所撤吴普華并第二三
兩號快蟹船連所收篷桅繚索一切器具即行
給交生員林福祥領用以資配防並飭將租駕
之鰕拖草扁各船三隻剋日裁去以免虛縻仍
將給裁各日期報查及札東藩司查照外相應
咨會為此合咨

貴將軍請煩查照施行須至咨者

右　　咨

靖逆將軍奕

道光二十一年三月　十二　日到

道光　　十一　　日

答

十二

廣督祁　咨會　林俊英請領礮位等項

太子少保兵部尚書兼都察院右都御史總督廣東廣西等處地方軍務兼理糧餉部堂祁　為

咨會事道光二十一年十一月初七日據團練義勇職員林俊英來轅具稟竊職員奉憲臺札諭團練義勇在穗石防堵砲臺現已完工開摺另呈外惟應領各砲尚未領運安放是以另具領狀一紙呈候察核伏乞飭將應領大小各砲

答

存

十二

廣督祁　咨會　林俊英請領礮位等項

太子少保兵部尚書兼都察院右都御史總督廣東廣西等處地方軍務兼理糧餉部堂祁　為

咨會事道光二十一年十一月初七日據團練義勇職員林俊英來轅具稟竊職員奉憲臺札諭團練義勇在穗石防堵砲臺現已完工開摺另呈外惟應領各砲尚未領運安放是以另具領狀一紙呈候察核伏乞飭將應領大小各砲

運赴穗石以資防守等情連領狀一紙內開八千斤砲三位五千斤砲二位三千斤砲四位一千斤砲十位五百斤砲十位子母砲四十條鳥鎗四十枝等由到本部堂據此查該職員請領

大小砲位鳥鎗等項係為防堵起見自應如數給領以資防禦除札軍需總局廣州協遵照如數給領並札東布政司查照外相應咨會為此

合咨

貴將軍請煩查照施行須至咨者

右　　咨

靖逆將軍奕

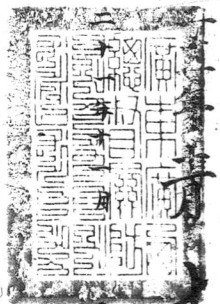

道光二十一年十一月　日

道光廿一年十一月十二日到

十二

咨

廣督部 咨會 新安彭令稟逆夷攻擊砲台各由

欽差大臣太子少保兵部堂耆兼都察院右都御史總督廣東廣西等處地方軍務兼理糧餉部 爲

咨會事現據新安縣知縣彭邦晦具稟以夷船駛近縣城
城廂內外防守戒嚴嘆逆無可覬覦旋即駛過離城八里之南
山砲台攻擊台上還砲對敵因人希砲少被夷船圍攻弁兵間
有傷損不能支擋只得退出該逆即將砲位毀壞砲墻
推卸回船乘風向外洋駛去合將夷船退去人心安定各
緣由飛稟察核等情到本部堂據此除批據稟夷船退
去民心安定緣由已悉查該逆胆敢將南山台上砲位毀
壞砲墻推卸殊堪髮指該台安砲五門配兵五十名固
屬稀少而既經專派外委督帶駐守自應盡力守禦

十二

咨

備存

廣督部 咨會 新安彭令稟逆夷攻擊砲台各由

欽差大臣太子少保兵部堂耆兼都察院右都御史總督廣東廣西等處地方軍務兼理糧餉部 爲

咨會事現據新安縣知縣彭邦晦具稟以夷船駛近縣城
城廂內外防守戒嚴嘆逆無可覬覦旋即駛過離城八里之南
山砲台攻擊台上還砲對敵因人希砲少被夷船圍攻弁兵間
有傷損不能支擋只得退出該逆即將砲位毀壞砲墻
推卸回船乘風向外洋駛去合將夷船退去人心安定各
緣由飛稟察核等情到本部堂據此除批據稟夷船退
去民心安定緣由已悉查該逆胆敢將南山台上砲位毀
壞砲墻推卸殊堪髮指該台安砲五門配兵五十名固
屬稀少而既經專派外委督帶駐守自應盡力守禦

倘一遇夷船駛至攻擊即不戰而去紀律何在據称
曾經還砲對敵因有傷損不能支檔始行退出等
語殊難遽信亟應確切查明以昭核实而肅軍令
至所称城厢内外防守嚴緊該逆無可覬覦如果
属實在事文武勸諭督飭有方各鄉紳民人等奉
公踴躍均堪嘉尚應即酌予鼓勵仰即將防守南
山砲台之外委兵丁究竟曾否開砲對敵其縣城各
鄉在事官紳如何出力詳細查明據實禀覆以憑分
別賞罰毋稍隱諱粉飾仍備移營員查明失壞軍
裝砲位及受傷兵丁具報察核一面會營實力巡防并
傳諭紳耆協同守禦務期有備無患勿以夷船

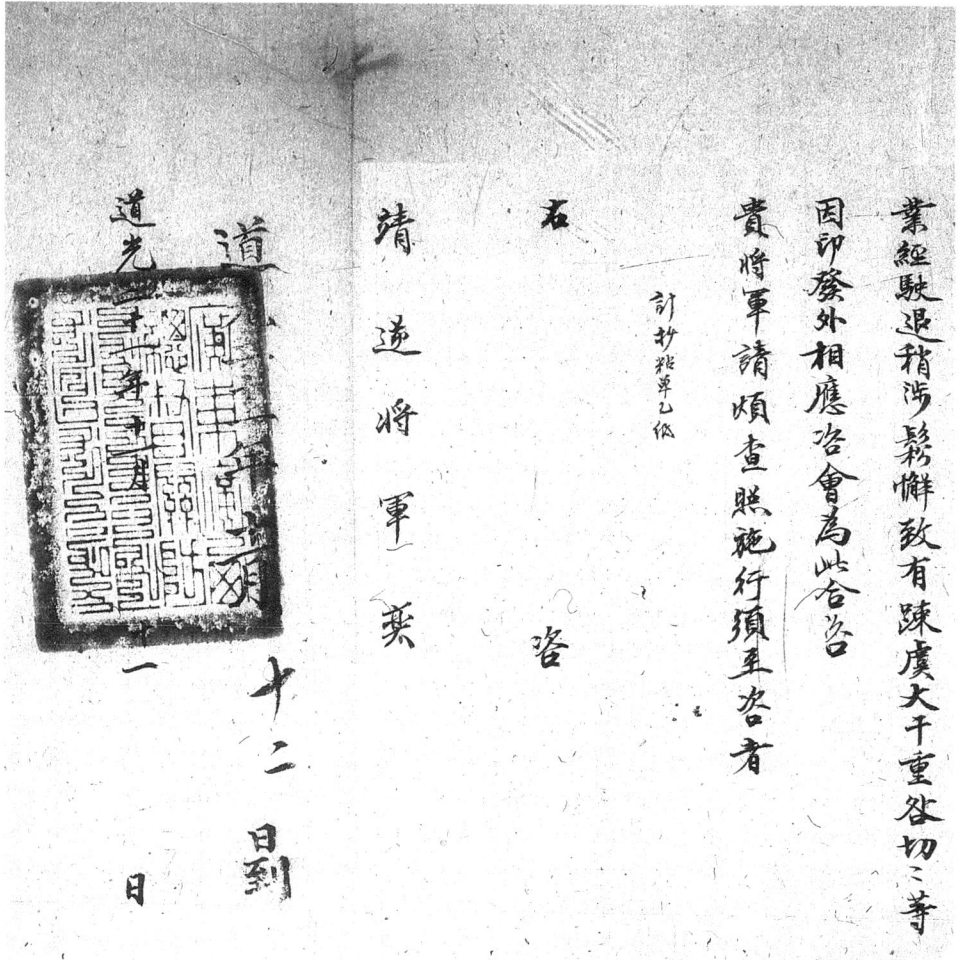

業經駛退稍涉鬆懈致有疎虞大干重咎切切等

因印發外相應咨會為此合咨

貴將軍請煩查照施行須至咨者

計抄粘單乙紙

右 咨

靖逆將軍奕

道……十二日到

道光二十一年十二月十一日

抄稟

敬稟者竊卑職日昨因公晉省叩辭後登即啓程回縣因嘆逆近來在各洋拉截船
隻所有各船均不敢出洋止有新安省渡一隻照常來往該渡已先期回新亦
於十一月初一日被逆英咈同船匪搶劫一空並將渡船拉去是以由省前赴新安
並無船隻可雇不得已遶道東莞於初四日午刻始抵莞城卑職因新安地方緊
要不敢停留即刻換舟登陸趕早前行途中接據卑縣典史涂陽麟飛稟據
稱初三日有火輪船一隻帶同中小船隻三板二隻拖船二隻駛回縣城直闖
至南山下海边拋泊等語卑職一聞此信立刻加夫連夜飛馳於初五日寅刻抵
縣詢悉該逆前來係欲強借銀起見一切情形已由卑縣典史具稟
憲鑒在案現在城廂內外先經該典史會同武營督率兵勇分頭布置妥當並傳諭
紳士各帶丁壯分段齊集準備迎敵卑職復親身上城巡察凡有緊要應行添撥兵
勇之處因駐城署遊擊陳輝龍因公赴虎門即商同守備溫賢妥為調度面
諭各紳士協力同心互相保守設立重賞多方激勸各弁兵紳民均能甚切同仇矣

志城賊附近各村所團壯勇亦經諭調陸續前來城內守禦已覺十分嚴密惟城外近海十八鄉地濶人稠所有水提左營額設弁丁除分防各砲台營汛外存城兵丁無幾難敷分撥雖第一甲地方亦設有砲位派有弁兵防守但人數不多若遇打仗實形單薄當即勸諭十八鄉紳民加意堵禦毋稍鬆懈該紳民等人人思奮敵愾同仇各皆踴躍捐資添雇壯勇議立章程凡有丁男十六歲以上者均皆持戈出外婦幼閉門自守不許稍有驚擾及妄行搬動違者重罰一刻俾知衆皆遵守是以城廂內外人心甚固守衛甚嚴該逆守候兩日見無人瞅睬屢次開撥划艇近岸窺探均被開砲轟回該夷兵火二船亦漸漸乘潮駛入有白鬼用千里洋鏡四處打望見各處防守嚴緊無可覬覦即於初二日申刻轉頭駛出徑過南山砲台該砲台近臨海邊離城八里安有砲位五門向配弁丁五十名派外委蘇揚智帶駐守專司瞭望查該砲台規模窄小牆垣單薄且孤立海隅四無援應該逆見其孤弱易欺即開砲攻打砲台亦還砲對敵奈人稀炮少被逆夷數船圍住攻擊飛砲火箭如雨打入台內兵房已被延燒火藥亦被轟着該弁兵間有傷損不能支擋只得退出一面飛報前來卑職等在城樓瞭見該逆攻打砲台知該台勢孤難以禦侮即点派兵勇飛往救援詎該逆乘救兵未到之先即登台將台砲位毀壞砲牆推卸回船乘風向外洋駕駛而去現在已望無蹤影即將台內餘火撲滅除查明失去軍裝毀壞砲

位受傷兵丁八由武營具稟外合將卑縣守衛嚴密夷船退去悉安定緣由飛稟

憲台察核至該逆雖經暫時退出惟未遂所欲難保其必不復來斷不敢因目前

稍安遂形懈怠現仍會同武營傳齊紳耆從長計議務使時時有備以保無虞所

有籌議情形及在事出力官紳容俟將各詳細情形續行具稟

憲鑒外肅此具稟耑請

福安 卑職和暉謹稟

將軍

FO.682/68/2(19)

咨

十二

廣督祁　咨會

候守王彥和禀潯城義勇已報由省審詳

太子少保兵部尚書兼都察院右都御史總督廣東廣西等處地方提督軍務兼理糧餉部堂祁　為

咨會事。道光二十一年十一月初二日，據廣西

候補知府借補左州知州王彥和稟稱：竊卑府

于十月十三日接奉易西二道札行，案奉憲台

將軍

FO.682/68/2(19)

咨

十二

廣督祁　咨會

候守王彥和禀潯城義勇已報由省審詳

太子少保兵部尚書兼都察院右都御史總督廣東廣西等處地方提督軍務兼理糧餉部堂祁　為

咨會事。道光二十一年十一月初二日，據廣西

候補知府借補左州知州王彥和稟稱：竊卑府

于十月十三日接奉易西二道札行，案奉憲台

叅贊將軍署撫憲札開擬河東試用塩庫大使俞鎔等稟稱請酌留坭城義勇一千五百名自十月初一日起由官給發口粮仰奉憲台諭委卑府前往坭城點驗是否人強械利堪以酌留官發給口粮之處擬寔通稟核辦等因奉此卑府遵即傳知帶頌各員弁等去後即于本月二十四日随同西道前往坭城細加閲驗共計義勇一千五百名人数與原報相符當令其分隊操演除分撥差探及看守营盤各項應差二百五十名外其餘分為五隊每隊二百五十名演試陣勢鎗炮均各有步武堪以酌留若由此勤加訓練試以準頭似可冀成勁旅而備禦侮之用所有卑府查辦緣由理合擬寔稟覆等由到本部堂批此查坭城義勇一千五百名既拠驗明人数與原報相符且演試陣勢鎗砲均各有步武自應如稟酌留其應否由官發給口粮之處除札軍需總局遵照會同團練局核明飭遵具報并札東布政司廣西候補知府王彥和查照外相應咨會為此合咨

貴將軍請煩查照施行須至咨者

右　咨

靖逆將軍奕

道光二十一年十一月十二日到

道光二十一年十一月廿一日

咨

十二

廣督祁 咨會 九龍陣府查明壯勇移防官洲妥議事宜

太子少保兵部尚書兼都察院右都御史總督廣東廣西等處地方軍務兼理糧餉部堂祁 為

咨會事道光二十一年十一月初六日據舉人

陳文煇等稟稱緣舉人等奉諭就近招募水陸

壯勇一千一百名防守小箍圍官洲等處隘口

內二百名陸勇就官洲招得即屯札官洲三百

在存

咨

十二

廣督祁 咨會 九龍陣府查明壯勇移防官洲妥議事宜

太子少保兵部尚書兼都察院右都御史總督廣東廣西等處地方軍務兼理糧餉部堂祁 為

咨會事道光二十一年十一月初六日據舉人

陳文煇等稟稱緣舉人等奉諭就近招募水陸

壯勇一千一百名防守小箍圍官洲等處隘口

內二百名陸勇就官洲招得即屯札官洲三百

名水勇就官洲及傍近之小洲土華招得即分
巡官洲河面六百名陸勇就小箍圍十三鄉招
得即分屯小箍圍各處隘口以本處之兵遂守
本隘地方較為関切可期得力蓋小箍圍八面
受敵隨處皆可登岸與夷人對敵兵力利於合
不利於分若防夷人潛襲兵屯又利於分不利
於合小箍圍對敵之兵有范廷安曹文基兩營
當之其分兵防襲與為策應必須熟識險隘之
土人協守方於曹范有濟此小箍圍六百名陸
勇分五屯防禦之緣由也官洲石河與官山對
左河與崙頭對亦八面受敵隨處可以登岸現
於官洲築土台兩所安置三千斤及一二千觔

大砲十位與曹文基為犄角之勢但此鄉孤處
一隅四面環海尚須添兵方足備戰守之用而
小箍分屯防襲之土勇僅足敷衍若全移置官
洲則小箍圍不得力若半移置官洲于官洲仍
不得力且此土勇半出小小村庄止可就近守
禦倘移之隔海反致人地兩不相宜大人為國
保民事歸有濟如小箍圍不設兵防十三鄉前
已自為團練安用此六百人糜費軍餉為有曹
范兩營堵截則本土策應防襲之兵似不宜裁
減亦不宜合屯又不宜遷置也小箍圍招募一
節原前任吳川訓導陸殿邦首辦緣伊母老侍
病旋又丁艱其訓練屯札等事皆舉人等為之

現在各鄉壯勇訓練兩月有餘咸知恩典漸就
規矩可資禦侮理合一併稟明計粘分屯守禦
策應名單一紙等由到本部堂批此查官洲一
處據稟八面受敵現築土台兩所安置大砲與
曹文基為犄角之勢但此鄉孤處一隅四面環
海尚須添兵方足以備戰守之用而小艇分屯
防襲之土勇僅足敷衍且人地不宜未便移置
官洲所稟自係寔在情形可否酌將白泥埇白
蓮塘兩處壯勇移駐官洲協同防守以資周密
之處除札團練局遵照確切查明妥議稟覆察
奪外相應咨會為此合咨

貴將軍請煩查照施行須至咨者

計粘單一紙

右　　　　咨

靖逆將軍奕

道光二十一年十一月　十二　日

道光二十一年十二月十二日到

小箍圍十三鄉承募壯勇共六百名内分五屯

一穗石該壯勇一百二十名守上娘媽此地在穗石村外之西約四里許可至南亭范廷安札營处故須防守

一白泥涌該壯勇一百名郭家塱二十五名共守白泥涌正步頭此地在白泥涌村外之西約二里許可至南亭范廷安駐營处亦須防守

一南亭該壯勇八十名守羊蹄岡此地在范廷安札營处下游去営只半里許必須防守

以上各村壯勇分屯各口定一氣聯絡為范廷安策應

一北亭該壯勇一百二十五名大塱二十五名共守官山墟此墟場正當要隘且易登岸若敵人至此延燒則各处震動故須防守

一貝岡該壯勇五十名赤漠三十名南步二十名大滘十名新坑五名詩山十名共守新坑南步兩处渡頭新坑去官山曹文基營三里許南步去官山曹文基営只里許必須防守

以上各村壯勇分屯各处定一氣聯絡為曹文基策應

此外尚有官洲壯勇二百名防守官山對岸之官洲安置大砲與曹文基為犄角之勢又有官洲小洲土華共水勇三百名分守官山南亭各处河面以防夷人探水

統計小箍圍併官山門對岸之官洲共該壯勇八百名水勇三百名合一千一百名之数

FO.682/68/…(1)

咨 十二

廣督祁 咨會 札惠州府釋被難夷悌理士等

太子少保兵部尚書兼都察院右都御史總督兩廣等處地方軍務兼理糧餉部堂祁 為

咨會事道光二十一年十一月十一日據藩臬
二司會稟稱現據署廣州府知府易長華稟稱
案奉藩臬二司轉奉憲台札飭傳諭洋商諭令
咪唎堅國領事即行出具切實領狀以憑將遣
風難夷悌理士等省釋領回仍須洋商加結呈
送核實辦理等因當即諭飭洋商遵辦茲據洋
商飭據咪唎堅國領事哆喇啡出具切實領狀

FO.682/68/2(21)

咨 十二

廣督祁 咨會 札惠州府釋被難夷悌理士等

太子少保兵部尚書兼都察院右都御史總督兩廣等處地方軍務兼理糧餉部堂祁 為

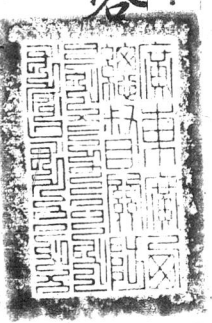

咨會事道光二十一年十一月十一日據藩臬
二司會稟稱現據署廣州府知府易長華稟稱
案奉藩臬二司轉奉憲台札飭傳諭洋商諭令
咪唎堅國領事即行出具切實領狀以憑將遣
風難夷悌理士等省釋領回仍須洋商加結呈
送核實辦理等因當即諭飭洋商遵辦茲據洋
商飭據咪唎堅國領事哆喇啡出具切實領狀

由洋商加具結領并擬該領事繕寄該唯夷悌
理士信一件又寄住澳咪唎㗎國夷商剔治文
收領該唯夷等信一件交洋商一併呈送前來
理合稟繳轉呈核辦等情到司據此本署司等
覆查無異除札飭惠州府將該唯夷悌理士等
省釋外理合稟繳察核等由連夷信二件并夷
領及洋商結領到本部堂據此當批據稟並繳
到領狀信件各項應即將該唯夷悌理士等速
行釋放以免拖累而示懷柔除將夷信二件發
交廣州府分別遞去外仰即轉飭惠州府遵照
辦理此繳夷領及洋商結領並存等因印發及
將夷信二件札發廣州府分別遞去查收具報
外相應咨會為此合咨

貴將軍請煩查照施行須至咨者

右　咨

靖逆將軍奕

道光二十一年十二月十二日

道光二　十二　日

戊午十二月

FO.682/68/2(22)

咨呈

十二

署廣東撫　咨會

札順德香山會營查勘沙汛妥議防堵

署理廣東巡撫印務布政使司梁　爲

咨會事道光二十一年十月三十日擬新會縣

戊午十二月

FO.682/68/2(22)

咨呈

十二

署廣東撫　咨會

札順德香山會營查勘沙汛妥議防堵

署理廣東巡撫印務布政使司梁　爲

咨會事道光二十一年十月三十日擬新會縣

應存

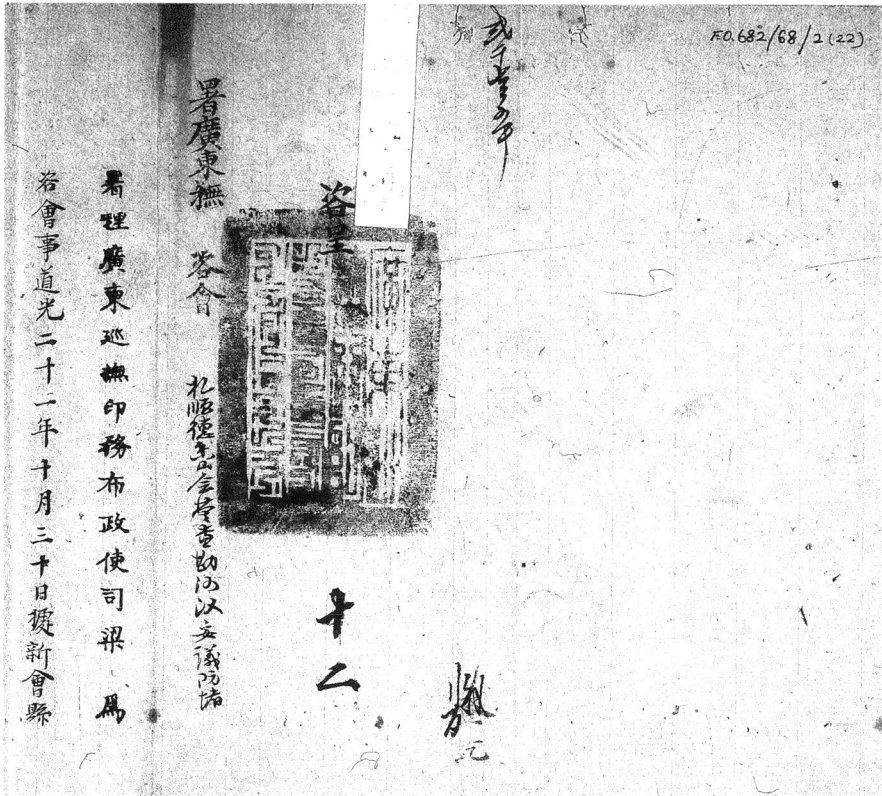

知縣言良鈺稟稱本月二十二日酉刻奉憲臺
會札內開照得省河各路要隘均已防堵填塞
似可無虞惟夷情叵測誠恐不由原路獅子洋
至二沙尾大王滘或由大洋之磨刀至竹洲角
外海甘竹九洲河婆角金利馬口一路向西可
達肇慶向南汊走至思賢滘至佛山東去北江
皆能進入省河至該縣等所管地面或尚有支
河港汊可以闖入省河者必得嚴加察查加意
防堵飭即查明各路要隘如有外洋可以繞道
進至省河之處或應填塞或應撥兵防守速即
加意嚴防並將各路要隘繪圖註說先行稟覆

事關防堵重務毋稍違延等因奉此遵查卑縣
海道可通省河者惟外海一處先奉憲行飭令
分别填塞當經會同營員並附近各紳士親赴
相度因該處係屬通洋海口與尋常涌滘不同
非石塊木樁所能填塞當將外海原設砲臺修
葺堅固安置砲位移行派撥弁兵丁役暨諭令
該處紳耆團練鄉勇協同守禦並將籌辦情
形節次通稟在案其外海以下之磨刀洋面係
屬香山管轄以上之甘竹河面係屬順德管轄
該二處或應填塞或應撥兵防守應由香順
縣勘明稟辦茲奉前因除再會營督率弁兵

丁勇加意防範不敢稍存泄視致干嚴譴外理
合先行禀覆憲臺察核再申縣河道圖形先于
另禀繳送請免重繳合併敘明等由到本署院
據此除禀批回遵照嚴防外所有該縣香山蚌之
甘竹河面暨乃爭面應如何籌備防堵之處除札順德香
山二縣會同營員馳赴該處河洋面相度情形或
應填塞或應撥兵防守務期布置周密共保
無虞此外如有支河港汊可以闖入省河者一併
刻日查勘明確妥議防堵繪圖貼說通禀察核
事關防守要務毋稍率延外相應咨呈為此

咨呈
靖逆將軍謹請查照施行須至咨呈者
右 咨 呈
靖 逆 將 軍
道光二十一年十二月廿一日到
道光二十一年十二月 十二 日
署印官候陞知縣王治溥

咨

十二

號

廣督部 咨會 札調千總劉奕顯等來省差遣

欽差太子少保兵部尚書兼都察院右都御史總督廣東廣西等處地方軍務兼理糧餉部 為

札調事照得平海營左哨千總劉奕顯海門營

左哨千總韓進忠現在均有差遣事件應即札

調來省除分札飭遵及札軍需總局糧台總局東

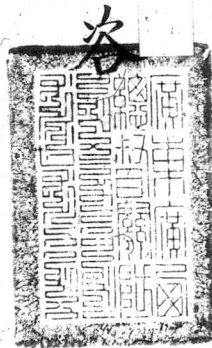

F.O.682/68/2(23)

咨

應存

十二

號

廣督部 咨會 札調千總劉奕顯等來省差遣

欽差太子少保兵部尚書兼都察院右都御史總督廣東廣西等處地方軍務兼理糧餉部 為

札調事照得平海營左哨千總劉奕顯海門營

左哨千總韓進忠現在均有差遣事件應即札

調來省除分札飭遵及札軍需總局糧台總局東

藩司查照外相應各會爲此合咨
貴將軍請煩查照施行須至咨者
右　　咨
靖逆將軍奕
十二月十二日到
道光二十一年十二月　日

咨呈

署廣東撫　欽奉

兵部咨福建達總兵奏擊船摺事摺底

十三

辦訖

署理廣東巡撫印務布政使司梁　為
欽奉事。道光二十一年十一月初九日准
兵部火票遞到
兵部咨職方司議叙所案呈內閣抄出福建總
兵達　等奏擊沉夷船搶斬逆夷等由一摺相

咨呈

應存

署廣東撫　欽奉

兵部咨福建達總兵奏擊船摺事摺底

十三

辦訖

署理廣東巡撫印務布政使司梁　為
欽奉事。道光二十一年十一月初九日准
兵部火票遞到
兵部咨職方司議叙所案呈內閣抄出福建總
兵達　等奏擊沉夷船搶斬逆夷等由一摺相

應恭錄
諭旨由驛行文該撫欽遵可也等因連黏单到本署
院准此除行軍需總局移行欽遵查照及行署
布按二司遵照外相應咨呈為此咨呈
欽差靖逆將軍謹請查照施行須至咨呈者

計連单一紙

右　咨　呈

靖逆將軍奕

道光二十一年五月十三日到

道光二十一年五月十三日

監印官候陞知縣王治溥

2

道光二十一年十月十二日内閣奉

上諭達洪阿等奏擊沉夷船擒斬逆夷奪獲砲位一摺本年八月以來

夷船迭向台灣外洋遊奕停泊經該總兵等飭屬嚴防堵禦是月

十六日卯刻該夷船駛進口門對二沙灣砲台發砲攻打經該參將

邱鎮功等將安防大砲對船轟擊淡水同知曹謹等亦在三沙灣

放砲接應邱鎮功手放一砲立見夷船桅折索斷退出口外冲礁擊

碎夷人紛紛落水死者無數其上岸及乘船駛竄者復經該參將督

同署守備許長明等帶兵駕船趕往生擒格殺黑夷多名經即

用知縣王廷幹等駕船出洋幫同出力生擒黑夷多名並見白夷白

行投水其時復經千總陳大坤等駕船開砲擊沉杉板船一隻格殺白夷

並生擒黑夷人多名又據曾謹等在大武崙港外追獲外竄杉板船一隻
刺死白夷及生擒黑夷多人並撈獲黑白夷屍身砲位搜獲圖冊器
文武義首人等共計斬獲白夷五人紅夷五人黑夷二十二人生擒
黑夷一百三十三人撈獲夷砲十門搜獲夷書等件辦理出力甚屬
可嘉提督銜台灣鎮總兵達洪阿著賞換雙眼花翎台灣道
姚瑩著賞戴花翎達洪阿姚瑩及道銜台灣府知府熊一本均著
交部從優議敘其在事出力各員弁兵勇義首人等着擬定保
奏候朕施恩傷亡兵勇查明照例賜卹已革候補同知前台灣縣
知縣託克通阿丁憂候補同知前署澎湖通判徐柱邦休致通判銜
前福清縣知縣盧繼祖均著准其留於台灣差委此因軍務緊
要是以允准其餘不得援以為例該部知道欽此

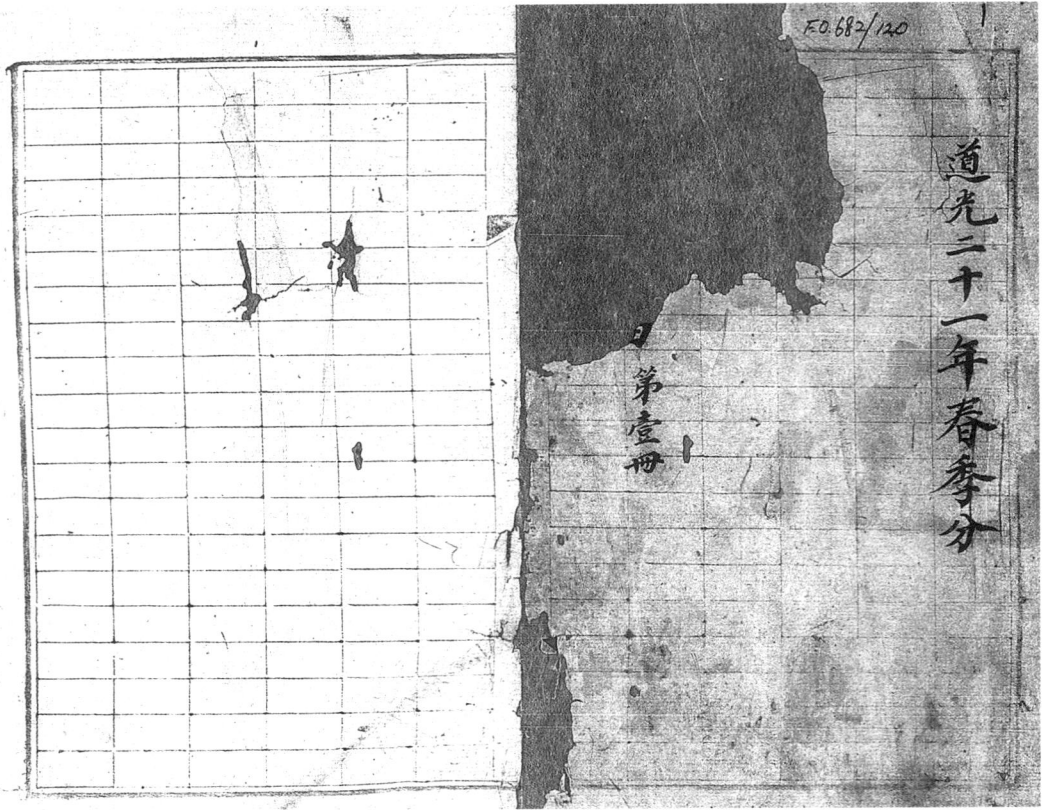

道光二十一年春季分

第壹冊

2

3

4

一件奉上諭奕　隆　楊　授為將軍參贊
赴粵剿擒逆夷
一件奉上諭奕　隆　楊　暨文武隨員賞
給料物銀兩
一件奉上諭祁　馳赴廣東督辦糧臺
一件奕　隆　具奏擬隨帶司員西拉本等赴軍
一件兩廣總督伊　奏飭繳定海截回皖楚兵丁
營差委
一件欽差大臣裕　奏寄　諭相機剿辦
其皖楚征兵仍著催令前進
一件奕　隆　奏寄　諭惠程速進一意進剿
一件琦、　奏逆夷繳還定海退出礮臺察勘地勢
軍機兵力民情悉如所請暫示羈縻
一件內閣奉　上諭著奕　隆迅速馳赴廣
東整師礮類務將各犯檻送京師懲治
一件奕隆　楊祁　奏寄　諭著訪察軋船如果利
於攻擊即多為製造　附鈔給原奏
一件奕　隆　具奏已飛飭各路官兵火速進剿
並知照　楊　先行赴粵相機調度
一件奕隆　楊祁　奏寄　諭務當一鼓作氣進剿
不可稍存通商之意並查明琦　奏陣亡弁兵
有無隱飾與嘆嘩面談香港之事有無官員在
象該夷與琦　有無餽送之事
一件琦阿　怡良　奏逆夷大肆猖獗橫擋礮臺失守

5

分赴各要隘嚴守以保省垣
又附奏靖逺等礮臺亦俱據報失守閔提臺不知下落
一件内閣奉　上諭琦　著革職拏問派英
押解進京
一件奉寄　諭據楊　奏先赴粤東
會劉奕隆文怡楊祁。奏逆夷狂悖在香港出有偽示不
法已極著到粤後一意進剿原摺鈔給閱看
附録各原摺幷偽示

6

道光二十一年正月初十日奉
上諭奕　著授為靖逆將軍隆　楊　著作為參贊
大臣均頒給關防馳驛前赴廣東剿捦逆夷欽此

道光二十一年正月十四日奉
上諭奕　著賞給大緞袍褂料各二件隆　楊　著
賞給大緞袍褂料各一件楊　賞賜物件著奕
帶往御前頭等侍衛珠勒亨三等侍衛德崇額乾
清門二等侍衛岳松額三等侍衛德勒格哩每名
賞給銀八十兩正白旂二等侍衛忠太正黃旂三
等侍衛巴楊阿布特海粘竿處藍翎侍衛福明廂
黃旗委護軍叅領那瑪吾每名賞給銀四十兩健
銳營前鋒校捦住文英德奎穆隆阿烏勒精阿海

7

瑞阿靈阿副前鋒校海通玉興藍翎長訥欽布興
奎前鋒慶瑞伊拉通阿慶太火器營鳥槍護軍校
舒志穆特布海通鳥槍藍翎長英勤棍泰武瑞每
名賞銀三十兩戶部員外郎穆騰額李湘棻理藩
院員外郎西拉本候選員外郎知府銜福奎每人
賞銀四十兩戶部筆帖式全興兵部筆帖式慶福
每人賞銀三十兩俱由廣儲司給發欽此
道光二十一年正月十九日奉
上諭祁　著馳驛前往廣東督同江西布政司趙炳
言廣東布政司梁　辦理糧台事務欽此

8

二十一年正月十一日　　　　奴才奕　隆　跪
在京奏
奏為請
旨事竊奴才等奉
命前往廣東剿辦逆夷所有隨帶軍營辦事司員奴才
等商酌遴選奴才奕　擬隨帶理藩院員外郎西
拉本候選員外郎知府銜福奎兵部筆帖式慶
福奴才隆　擬隨帶戶部員外郎穆騰額李湘棻
筆帖式全興以上六員合無仰懇
天恩俯准隨同奴才等前赴軍營聽候差委如蒙
恩准以便行知各該衙門照例辦理為此恭摺具
奏伏乞
聖鑒謹

奏請
旨於正月十一日具
奏奉
上諭奕 等奏請隨帶司員一摺理藩院員外郎西
拉本候選員外郎知府銜福奎兵部筆帖式慶福
户部員外郎穆騰額李湘棻筆帖式全興均著准
其隨帶軍營聽候差委一併馳驛前赴欽此

奏
奴才伊里布跪
奏為粤省夷務業經查辦完竣奴才現飭繳還定海
恭摺由驛馳
奏仰祈
聖鑒事竊奴才於道光二十一年正月十六日准廣東
欽差大臣署兩廣總督臣琦善六百里來咨以𠸄夷

11

已遵照繳還定海及該省之沙角該督允為代
懇，
天恩
准其仍前來粵通商並飭請仿照西洋夷人寄居澳門
之例將廣東外洋之香港地方給與泊舟寄住
業已據情代奏
奏囑即收回定海一面撥兵前往彈壓等情並據
取到夷目義律呈遞　努來文一件又該夷目給
與留浙頭目胞祖等夷信三件　努披閱義律呈
遞遞之文亦稱願將定海獻還查本年正月初
三日以後疊接琦善來咨知該夷在粵鴟張正
將攻剿事宜逐加籌備茲該夷自知悔悟畏罪

硃

12

輸誠情願撤兵納土自可無事勞師努現將粵
省送到義律所給胞祖等信件專弁齎交催令
速將行裝什物搬運下船擇期起椗一面派委
鎮將帶兵前往縣城彈壓防範以備不虞其前
獲之夷俘晏士吶喇打厘等除已病斃四名外
其餘俱遵前奉
諭旨概予釋放俟夷船起椗之時押至船內交收至
義律文內聲稱該國商人將貨物帶至定海行
銷忌令寧波商民收買俾免虧折等語雖係該
夷貪圖小利第輾轉交易有稽時日且恐啟該
（此說差強人意）
夷妄冀在浙通商之意未便准行　努現已給與
義律覆文並諭知胞祖嚴為拒絕以免衅端除

63

13

俟收回定海再行另摺
奏報暨將前請飭調之皖楚等省官兵截回外所
有接准粵信後辦理緣由理合恭摺由驛馳
奏伏乞
聖鑒謹
奏

14

軍機大臣 字寄
欽差大臣江蘇巡撫裕 道光二十一年正月二十
四日奉
上諭本日據伊里布馳奏飭繳定海一摺前有旨諭
裕 兼程赴浙作為欽差大臣會同余步雲攻剿
逆夷克復定海現據伊里布奏稱接到廣東來信
並嚱㖑呈遞文件願將定海繳還等語逆夷反覆
無常所言殊不足信著裕 於馳抵鎮海後察看
情形如定海業已繳回著即撫卹難民修理城濠
一切善後防守妥為經理儻詭言獻地仍復負嵎
即遵照前旨相度事機痛加剿洗斷不可因有繳
地之說為其所愚仍蹈伊里布覆轍逆夷所請將

15

貨物帶至定海行銷懇令商民收買断不准行所
有前調赴浙江之皖楚等省官兵不可中止仍着
裕　催令前進協力進攻前獲夷俘晏士咐喇打
里等必待繳還定海方可釋放交收伊里布原摺
發給閱看即由該大臣發交該督祇領將此由六
百里諭令知之欽此遵
旨寄信前來

16

軍機大臣　字寄
靖逆將軍奕　參賛大臣隆　道光二十一年
正月二十五日奉
上諭本日據琦善馳奏逆夷兵船全數退出外洋一
摺逆夷反覆桀驁藉繳還定海沙角大角礮臺爲
詞肆其詭譎已明降諭旨痛加剿洗並諭令楊
先赴廣東督辦矣此時定海及沙角大角砲台即
使繳還而前此肆其騷擾傷害官弁兵民罪無可
逭該將軍等膺茲重寄必當整我師旅聲罪致討
以張撻伐而伸國威況此次既不允所請該逆夷
難保不復肆猖獗著奕　隆　兼程前進速赴廣
東聚會各路官兵一意進剿設法擒渠務殲醜類

17

是為至要琦善摺著鈔給閱看將此諭令知之欽
此遵
旨寄信前來

18

琦善跪
奏為嘆夷現已遣人前赴浙江繳還定海並將粵
省之沙角大角砲台及原奪師船鹽船逐一獻
出均經驗收該夷兵船已全數退出外洋奴才謹
將親往勘過地勢軍械兵力民情瀝情奏祈
聖鑒事竊奴才前以保守地土人民起見於未奉
廷寄之先冒昧量准嘆夷代為籲懇
恩施當經節次奏請將奴才從重治罪在案續於上年
十二月二十八日承准軍機大臣字寄奉
上諭據琦善馳奏籌辦嘆夷情形一摺逆夷既非情
理可諭即當大申撻伐現已飛調湖南四川貴州
兵四千名馳赴廣東聽候調度著琦善督同林則

徐鄧廷楨妥為辦理倘逆夷駛進口岸即行相機
剿辦又於本年正月初四日復准
廷寄
上諭據琦善奏籌辦嘆夷情形一摺覽奏均悉著仍
遵前旨厚集兵力用彰天討所需軍費無論地丁
關稅准酌量動用作正開銷倘有不敷即奏聞請
旨各等因欽此　臣等跪聆之下雖前此量允各款僅
止許為代奏即通商一節雖據聲請以本年正
月初旬為期迄今亦尚未敢開市而該夷已投
遞夷書先將沙角大角師船鹽船逐一繳還並
據一面派委夷官由海道馳赴浙江統撤夷兵
一面另備夷文呈交　臣等由六百里轉送伊里布

查照收回定海似較前次馴順惟臣等識見昏庸
所辦未能仰合
聖意惶悚戰慄何可名言伏念臣等身受
重恩天良未昧何敢以控制外夷要務輒至畏難苟
安況自抵粵以來屢被該夷逞其狡黠種種刁
難又豈有不痛心疾首欲圖滅此朝食故如與
該夷接仗但得稍有把握方將奏請
天討而無如勢與心違其情形已疊經奏邀
聖鑒今自該夷遣人赴浙繳還定海並將粵省各件
獻出兵船全行退出外洋後又據嘆咩求與臣
晤面臣以虎門海口尚未親往查勘且現在奉
調各省官兵均尚未到不宜稍露形迹致令起疑先

21

行滋擾故奴才即藉查看虎門為由於初三日出
省舟次獅子洋河面據義律乘坐火輪船前來
求見僅止隨從數十人並未有帶兵船是日情詞
極為恭順惟據呈出所議章程草底數條約貿
易瑣務居多並據議及嗣後夾帶鴉片以及漏
稅走私均將船貨沒官而其中間有行之窒礙
者奴才當加指駁該夷即求代為酌改茲以允其
另行更定容俟擬就録呈
御覽奴才隨於義律辭退後查得獅子洋相距虎門尚
有六十里然業已汪洋浩漫浪湧風騰儼然外
海迴非內河可比奴才當即換坐外洋小船駛抵
虎門周歷各礮臺詳加查勘非係四面虛懸孤

22

立海中即係後山之外依然可通水道設彼循
繞圍困雖兵食亦無由而達且經奴才就該處起
以至省城處處測量水勢其長潮時均在一丈
以上至三四丈不等故向之共知為虎門藩籬
者一以貨船喫水較深再則其在循守規制之
時自不致繞越而行若其稱兵犯順隨處皆可
潛竄不必由礮台前行駛即堪直達會垣且自
越進虎門後所在可通防不勝防此地勢之無
要可扼也至各臺所設礮位共計止有二百餘
位僅數安置前面兩旁均屬空虛且其間適用
之砲無多其餘原製均未講求砲形極大砲口
極小而洋面極寬未能轟及中流故以數計既

23

不及該夷船礮之多如以力言又不敵該夷船
砲之利而台上砲眼其大如門幾足以容人出
入追至轟擊竟致無可遮蔽故爾全不得力現
甫訪得鑄砲匠人造具砲模方欲試鑄即果能
鑄造合法亦祇可備將來而目前萬不及趕辦
此軍械之無利可恃也又如兵力查禦夷全在
水戰而水戰利在舟師現蒙
賞調陸路官兵
宸慮至周且備然該官兵等總須乘坐外洋師船方
克與夷交仗縱使不因未習風濤致有顛暈之
患而掌駕非其所嫻仍不能不用水師但粵省
水師兵丁本由沿海招募其中品類不齊弩先

24

經風聞上年十二月十五日接仗後衆兵曾向
提臣訛索銀錢否則欲紛紛四散昨經面詢提
臣據稱實有其事該提臣勢出無何當經典質
衣物每名散給洋銀二元甫得留防至今則兵
心已大可概見該正在交鋒喫緊之時其駕船
之人不能得力所關甚鉅縱有精兵亦無從施
其技巧且師船亦甚不堅大難以安設大砲未
足禦夷此兵力之不固也再查粵省民風澆薄
而貪除業為漢奸者更無庸議外其餘亦華夷
雜處習見為常且率多與夷洽浹非如定海之
素無喫夷前往其民人咸知為異類若易地相
觀經該夷詐行小惠妄施機巧正恐咸被誘惑

25

必不能如定海民人之固持不屈其勢尤爲可
慮此民情之不堅也且溯查從前粵省辦理洋
盜尚不過賊匪耳其船係內地之船礮亦內地
之礮猶且蔓延多載卒至招撫而後已至今此
情形尤恐所謂蜂蠆有毒 弩再四思維一身之
所係猶小而
國計民生之同關休戚者甚重且遠蓋 弩獲咎於
打仗之未能命勝與獲咎於辦理之未合
宸謨同一待罪餘生何所顧惜然 弩獲咎於辦理之
未合
宸謨而廣東之疆土民生猶得仰賴
聖主鴻福藉保乂安如 弩獲咎於打仗之未能命勝

26

則損
天威而害民生而辦理更無從措手是以會商同城
之將軍都統巡撫學政及司道府縣暨前督臣
林則徐鄧廷楨等僉稱藩籬難恃交鋒寔無把
握且所有奉
調各兵遠道而來尚需時日并不能同時到齊而大
兵經過勢不能無風聲漢奸即早爲走漏消息
該夷必先肆猖狂 弩實已寢食俱廢萬分焦灼
緣此不避重咎再將現在查勘情形瀆陳
天聽並將該夷認繳各物夷書一件冒呈
御覽伏望
皇上矜念羣黎

27

恩施逾格俯准所請免蒼生咸遭塗炭姑為急則治
標之計則暫示羈縻於目前即當備剿於將來
也所有現在會商及勘過情形祗祈
聖主分加垂詢並求
欽派賢員前來覈勘孥始終惟土地人民起見斷不
敢稍存畏葸尤不敢稍有欺飾為此恭摺由六
百里馳
奏伏乞
皇上聖鑒謹
奏道光二十一年正月二十五日奉
硃批朕斷不能似汝之甘受逆夷欺侮戲弄迷而不
返膽敢背朕諭旨仍然接遞逆書代逆懇求實出

28

情理之外是何肺腑無能不堪之至汝被人恐嚇
甘為此遺臭萬年之舉今又摘舉數端恐嚇於朕
朕不懼焉另有旨諭欽此

29

道光二十一年正月二十五日內閣奉

上諭前因暎夷自浙回粤復肆悖逆攻陷砲台特授
奕　為靖逆將軍隆　楊　為參贊大臣調集各
路精兵聲罪致討茲據琦善奏暎夷獻出沙角大
角砲台並遣人赴浙繳還定海懇請俯准所請暫
示羈縻等語覽奏曷勝憤懣不料琦善怯懦無能
一至於此暎夷兩次在浙江廣東肆逆攻佔縣城
砲台傷我鎮將大員荼毒生靈驚擾郡邑大逆不
道覆載難容無論繳還定海獻出砲台之語不可
憑信即使真能退地亦祇復我疆土其被害之官
弁罹難之人民切齒同仇人神共憤若不痛加勦
洗何以伸天討而示國威著奕　隆　兼程前進

30

迅即馳赴廣東整我義師殲其醜類務將首從各
犯及通夷漢奸檻送京師盡法懲治其沿海各省
將軍督撫等尤當加意嚴防來即攻擊務令片帆
不返同奏膚功至琦善身膺重寄不能申明大義
拒絕妄求甘受逆夷欺侮已出情理之外且屢奉
諭旨不准收受夷書此次膽敢附摺呈遞並代為
懇求是誠何心且據奏稱同城之將軍副都統巡
撫學政及司道府縣均經會商何以摺內阿精阿
怡良等並不會銜所奏顯有不寔琦善著革去大
學士拔去花翎仍交部嚴加議處欽此

軍機大臣　字寄
欽命靖逆將軍奕　參贊大臣隆　楊
欽差尚書祁　道光二十一年正月二十九日奉
上諭前據給事中朱成烈奏安南軋船足資海防當
降旨交梁章鉅查奏茲據奏稱軋船實利海防唉
夷見即膽落林則徐在任時仿照製造數隻等語
逆夷所恃船堅砲利惟能仰擊平擊不能近擊俯
擊軋船專擊船底可備火攻之策廣東既曽仿照
製造是軋船之製已得其詳著奕　隆　楊　祁
於到粵後訪察情形如果利於攻擊應即多為
製造以期利用至如何多方籌備盡力剿逐之處
總須商酌周妥是為至要梁章鉅原摺抄給閱看

將此各諭令知之欽此遵
旨寄信前來

33

梁章鉅跪
奏為遵
旨覆奏事道光二十年十二月二十一日承准軍機
大臣字寄奉
上諭有人奏海防事宜稱為安南軋船最利等語廣
西近接安南有無此項船隻是否足資海防內地
可以仿照製造之處著梁章鉅查明具奏將此附
摺便諭令知之欽此臣查安南即越南與廣東廣
西兩省均屬接壤在廣東則欽州一帶海面相
連而不通貢道在廣西則一切文報及貢使往
返俱由陸路而海路不能相通所稱軋船自係
海面之船廣西無由得觀當於接奉

34

諭旨後即飛飭緊接越南之太平府龍州廳確切查
明而中外水陸相距甚遥恐亦未能悉其規制
惟臣近日亦熟聞廣東人言越南軋船於確敵
甚利並記得閱過近人說部二種一載嘉慶十
三年秋冬之間暎咭唎欲奪越南東京馬頭駕
七大船以入越南得信飭令漁船商船先行藏
匿暎船入港數百里無阻直至東京下椗不見
一人入夜忽有小艇無數圍攏上裝火藥乾柴
暎船發砲轟擊小艇火益熾七船之人盡爛又
一載紅毛常屢侵越南越南人創為小舟名曰
軋船長僅三丈船旁出水面一尺兩頭尖銳頗
似閩浙端午競渡之船每船二十四人操槳飛

行水面快若游龍進退惟意每船首尾各架紅夷大砲附水施放攻其船底底破即沈雖有技巧無所施設於是大敗至於紅毛船過廣南海面見軋船出即膽落而去合此兩說觀之軋船之利於海防已可概見近聞林則徐在廣督任內業已仿照其法製船數隻本欲多造以經費無措而止是軋船之製似廣東已得其詳伏乞

勅下廣東督撫及水師提鎮查照辦理竊聞近日㗬咭唎在廣東洋面轟擊兵船非理要索人髮指夫犬羊之性即使貌為恭順已斷不可輕信況現在並不恭順逆迹昭彰自應多方籌防盡力剿逐軋船之利特其一端惟或疑軋船之制

太小不足以敵外夷高大之船然果仿照得法又何難稍擴而大之且戰船不在高大而在輕便夷船所利在砲但能仰擊平擊且利於擊遠近擊即不得勢而俯擊便更不得力若果得有如軋船者百十隻蟻附其旁專擊其底必可以收大攻圍攻之效正不必如今日議海防者必待另造高大之船也臣見聞所及是否有當謹冒昧上陳伏乞

皇上聖鑒訓示謹

奏

道光二十二年正月二十九日奉

硃批另有旨欽此

二月初六日發　　奴才奕　隆　跪

奏為恭奉

諭旨奏祈

聖鑒事竊奴才等於正月二十四日承准軍機大臣字

寄二十四日奉

上諭本日據伊里布馳奏粤省夷務查辦完竣現在

繳還定海一摺逆夷在粤猖獗必得聲罪致討聚

而殲旃方足以伸國法此時雖有繳還定海之說

難保非逆夷詭計奕　等經朕命往督辦惟當一

意進取無論該夷是否繳還定海總須一鼓作氣

設法捦渠斷不可為其所惑致誤機宜且香港地

方豈容給與逆夷泊舟寄住務當極力驅逐毋為

所踞即使該夷將來畏罪繳還香港亦屆時奏明

請旨此時惟有整我師旅悉數殲除是為至要伊

里布原摺及寄裕謙諭旨著鈔給閱看將此諭知

奕　隆　並諭楊　知之欽此又於二十五日途

次接到正月二十五日軍機大臣字寄本日奉

上諭一道又於二月初一日軍機大臣字寄二十九

日奉

上諭一道奴才等跪讀之下仰見我

皇上聖訓周祥光燭萬里之外奴才等曷勝欽佩之至

伏思逆夷居心狡詐反覆無常自去年猖獗以

來忽爾進攻忽爾求和竟敢輕視中國搖惑大

吏繩以

39

國憲罪不容誅奴才等奉
諭旨一面由五百里繕發告示曉諭廣東沿海文武
治偹戰具雇覓水勇嚴加防守一面飛飭奉調
各路官兵火速進剿並將
廷寄知照楊
先行赴粵相機調度奴才等帶同文
武隨員兼程馳往大兵齊集謀定後戰恪遵
聖諭計出萬全上紓
皇上宵旰之勞下拯邊民水火之苦斷不敢茍且急
遽有負
聖主委任自取咎戾至於安南軋船其形式如海船
圖說之蜈蚣船相似不過多一尖頂皮笆及左
右障板以蔽砲矢以小勝大以速勝遲甚爲利

40

便茲據廣西撫臣奏稱前督臣林則徐已仿造
數隻俟奴才等到粵時親往驗看並派員演駕是
否得力再行製造以節虛糜所有奴才等欽奉
諭旨緣由理合恭摺由驛具
奏伏乞
皇上聖鑒謹
奏於道光二十一年二月初六日自山東東平州
拜發具
奏於　月
硃批所奏俱悉即有旨諭欽此

41

軍機大臣　字寄
欽命靖逆將軍奕　叅贊大臣隆　楊　兩廣總督
祁　道光二十一年二月初十日奉
上諭本日據奕　等奏接奉廷寄遵旨籌辦一摺所
奏俱悉該將軍等業已先發告示曉諭廣東文武
官員治備戰具嚴加防守計楊　早已抵粵又應
遵旨妥行堵剿至於安南軋船既據該將軍等查
訪形式俟抵粵後赶緊仿造如該省業已製造即
著派員演駕藉資得力並招募水勇務當一鼓作
氣督兵進剿斷不可稍存一通商之意致滋游移
至於臨時相度機宜應如何進兵得手之處該將
軍等隨機應變又能籌畫萬全出奇制勝並著出

42

示曉諭該弁兵水勇等如果擊獲夷船即將該船
貨物悉數充賞以勵眾心前飭琦善查明陣亡將
弁兵丁數目茲據覆奏已降旨交部照例賜卹並
將陳連陞父子加等議卹惟將弁傷亡甚多該兵
丁等陣亡恐不止此數著奕　等查明琦善所奏有
無隱飾又琦善與曦啡屢次晤面談論香港之事
彼時有無官員在旁該夷目與琦善有無私相餽
送之事著奕　等密加查訪據實具奏琦善本日
所奏摺片清單六件發給奕　等閱看將此諭令
知之欽此遵
旨寄信前來　本日寄信
諭旨一道

43

貴將軍接奉後迅即恭錄二分飛行知照

叅贊大臣揚
兩廣總督祁一体欽遵為此知會

44

琦善阿精阿怡良英隆跪

奏為逆夷大肆猖獗橫擋砲台據報失守其餘虎門各台亦皆危急弩等得信後即分赴內洋各要隘加緊嚴守以保省垣謹會摺馳

奏仰祈

聖鑒事竊弩琦善於二月初二日將嘆逆決意打仗斷難再為羈縻亟籌剿堵情形由六百里加緊

具

奏在案拜摺後即與臣阿精阿怡良英隆備細面商以該逆如此逞蠻不獨虎門各砲台均極喫重即由內河洋以至省河一帶難保不於風潮長發之際乘勢長驅查內河汊路極多臣等雖

45

於上年冬間先已擇要飭防惟歷時兩三月之
久誠恐樁木等件或有損動沙土砲台或有浮
鬆偏僻港汊或有遺漏當於初四日分駕小舟
出赴東西各水路分投測視並與鄧廷楨林則
徐率同熟悉河道之員弁各竭兩三日之力來往
會查或登山梁或臨水口凡應添駐弁兵及可
釘樁攔簰設法堵塞之處均即雇帶工役兵勇
上緊添辦正在督催間接據提督關天培連函
報稱初三初四兩日唊逆之火輪船隨帶三板
多隻疊進三門口內衝撞簰樁施放火箭將附
近官廠民房肆行燒毀先經兵勇抵拒該船急
遽退出火亦撲息至第二次復來滋擾逕貴州

46

總兵段永福帶兵一千名至彼扎營逆船旋即
回棹　臣　等聞信之下飛飭各處將弁兵丁竭
力守禦並馳檄前途仰催各省官兵尚未見到
復據差往虎門探信之武弁先後馳回面稟初
五日夷兵船十八隻帶同該夷各三板將四面環
水之橫檔永安相連兩砲台週遭圍繞火輪船
忽往忽來見各台上防守緊嚴尚未動手初六
日昧爽南風盛發該逆即占住上風疊放大砲攻
擊橫檔永安兩砲台又分出兵船火輪船堵截
別台赴援之水道經派防橫檔永安之肇慶協
副將慶宇題升督標中軍副將達邦阿香山協
水師副將劉大忠督率弁兵盡力開砲抵禦已

47

午之間逆夷兵船稍為退避旋見潮長夷船仍
復蜂擁而至抵死齊攻直至酉刻該台砲聲漸
微想係官兵力竭遠見逆夷兵船攏岸夷兵紛
紛上山恐橫檔永安相連兩砲台已被占奪其
靠西之鞏固砲台靠東之威遠砲台靖遠鎮遠
三台仍被夷船圍攻未能文報不能相通不知
能否保全亟回稟報等情臣等聽聞之下不勝
髮指查探弁所稟情形雖未接有提督以下文
稟第各台被圍均在緊急之際即有文稟亦不
能差遞來省其備細實情尚須確查始能盡悉
惟虎門砲台既已失守則夷船窺伺省會即在
意中且虎門之橫檔等砲台六座向止例設防

48

兵自上年至今疊次加添並於各後山增雇兵
勇協防統計八千餘名之多惟因地勢孤懸夷
砲迅猛以致尚有失守內河港汊叢襍比之防
護虎門更關緊要查內河由獅子洋而入其近
獅子洋者以烏涌為扼要近省城者以獵德及
二沙尾大黃滘等處為扼要烏涌一帶已經臣
琦善
奏明將湖南先到兵一千名咨明署該省提督祥
福帶往駐防其獵德二沙尾大黃滘等處均有
原築砲台近年疊加修整添置砲位並於要隘
處所水面安設木簰水底雜釘木樁無事之時
留口門以通民船亦經臣琦善臣怡良將豫備

49

緣由先後奏
聞在案茲復會同履勘咸思密益加密且虎門藩籬
既失則內河更不可疏虞即先前以為次要之
處今亦應列為首要當又勘得烏涌迤西由長
洲岡至黃埔深井之間有海心岡一處又折而
西復有白泥沖要隘均屬入省汊路該夷大船
雖不能駛越而火輪三板等船竟可向彼潛行
避開重兵駐處故亦不得不倍加防堵茲復於
覆勘各處無兵者增設兵少者添多並寬購木
石等物填塞河道除遴委將領分駐督防外其
最要之烏涌一帶臣琦善即馳往駐劄隨時調
度臣怡良亦即往二沙尾獵德一帶駐劄臣英

50

隆帶領滿兵往大黃滘駐劄並鄧廷楨林則徐
亦隨同臣等所駐之處協力籌防臣阿精阿先
既周歷會勘茲臣英隆帶兵堵禦省垣重地未
便空虛已商明留臣阿精阿在省督同司道嚴
密防範至橫檔永安砲台失守臣琦善咎實難
辭相應請
旨將臣琦善從重治罪除各台將弁兵丁查明實在
下落另行具
奏外謹將探弁面稟情形及分路防堵緣由合詞
繕摺由六百里加緊馳
奏伏乞
皇上聖鑒謹

50A

奏於道光二十一年二月初一日具
奏道光二十一年二月二十三日奉
硃批覽奏深勘痛恨之至即有旨欽此

51

再臣等正在封摺間復據差往虎門之弁馳回
面稟初六日晚間靖遠鎮遠威遠鞏固砲台亦
俱失守提督關天培不知下落臣等聞之不勝
憤恨並聞該逆夷兵船五隻火輪船三隻直進
内河沿途攻仗已至烏涌查烏涌離省僅六十
里該處派有湖南兵一千名督標兵五百名業
已開砲對壘過此則附近省城之二沙尾最為
緊要先經駐劄撫標兵三百名適江西兵於本
日先到一千名亦即派往堵禦臣琦善於拜摺
後即赴該處督率防守除查明關天培下落另
行具
奏外合併附片奏

52

聞謹
奏道光二十一年二月二十三日奉
硃批即有旨欽此

53

道光二十一年二月初六日内閣奉
上諭前因𡁠逆日肆猖獗降旨令琦善等嚴密防範
如有必須攻剿之處不可遲延誤事嗣因該逆攻
占砲台特將琦善交部嚴議仍諭令奮力剿除以
圖補救乃琦善到粵以後甘受逆夷播弄節經諄
切告誡迷而不返自稱專辦夷務不令阿精阿怡
良等與聞疊次奏報情形非係開脫逆情即屬代
求恩宥於一切防守剿堵事宜置之不問並因該
逆有繳還定海之言輒將𡁠嘩呈遞伊里布文件
及該夷目給與留浙頭目夷信代為由驛遞交伊
里布以致伊里布聽信順從遲延觀望本日據怡
良馳奏𡁠逆抗遞逆詞並在香港地方出有僞示

54

一摺香港地方緊要前經琦善奏明如或給予必
至屯兵聚粮建台設砲久之覬覦廣東流弊不可
勝言旋又奏請准其廣東通商並給香港地方泊
舟寄住前後自相矛盾已出情理之外况此事並
未奉旨允行何以該督即令逆夷公然占據現據
怡良奏報暎逆盤踞香港稱係琦善說定讓給已
有文據並偽發告示稱該處百姓為暎國子民覧
奏殊堪痛恨朕君臨天下尺土一民莫非國家所
有琦善擅予香港擅准通商膽敢乞朕恩施格外
是直代逆乞恩且伊被人恐嚇奏報粤省情形妄
稱地利無要可扼軍械無利可恃兵力不固民情
不堅摘舉數端危言要挾更不知是何肺腑如此

55

辜恩誤國寔屬喪盡天良琦善著即革職鎖拏派
副都統英隆並著怡良揀派同知知州一員一同
押解來京嚴行訊問所有琦善家産即行查抄入
官欽此

56

軍機大臣　字寄
靖逆將軍奕　參贊大臣隆　楊　兩廣總督
祁　道光二十一年二月初六日奉
上諭本日據楊　馳奏接奉諭旨先赴廣東會剿又
據怡　馳奏暎逆投文狂悖並在香港出有偽示
各一摺覽奏均悉已明降諭旨令祁　補授兩廣
總督將琦善革職鎖拏解京審訊並諭令楊　怡
等先行防堵矣暎逆膽敢占據香港出有偽示
不法已極該將軍等到粵後惟有會集各路官兵
一意進剿設法擒渠殲除醜類務使片帆不返盡
數殲滅方足以彰天討而快人心若一有通商二
字存於胸中則大負委任之意該將軍等身膺重

57

寄自必志切同仇惟當迅奏膚功懋膺上賞定有
厚望焉楊　怡　摺俱著抄給閱看將此由五百
里各諭令知之欽此遵
旨寄信前來

58

楊芳跪

奏為遵行至江西豐城縣接奉
諭旨先赴廣東會合琦善剿辦逆夷並跪領
頒到叅贊關防叩謝
天恩仰祈
聖鑒事道光二十一年正月二十一日酉刻由六百
里加緊遞到兵部正月初八日准軍機處奉
上諭授奕　為靖逆將軍隆　揚　為叅贊大臣馳
往廣東辦理夷務並於前調官兵之外添派湖北
四川貴州兵各一千名迅赴廣東聽候調遣現在
暎夷猖獗揚　接奉此旨即馳驛前往會同琦善
相度機宜和衷剿辦如應添調湖南官兵酌量派

59

撥隨後前往討揚　到粵在奕　隆　之前如有
可乘之機即迅速進剿總當一鼓作氣不必候奕
隆　等到粵始行攻擊儻稍存觀望坐失事機
恐該叅贊不能當此重咎也等因欽此芳跪聆
聖訓俯地感悚即速由驛兼程馳進無論前後調遣
外省官兵曾否到齊芳先赴廣州省城與琦善
和衷相度機宜如須進擊即用先到官兵及本
省兵力極力剿辦固不敢坐失機宜亦不致冒
昧憤事上廑
聖慮至所調外省官兵合之本省水陸全師足資剿
辦此時再續增兵力恐後赶不及徒滋糜費芳
現未身臨其境不知現在夷情如何未敢謬揣

硃

60

竊以唤逆以利立國若非
聖恩賞准照常通商彼外夷地方官物交易金銀無
出勢必國力日弱不足以强服他夷其務求通
商之故乃彼立國大本然不應借端生風鴟獍
挾求現在大局或須一面威服定海一面准其
現在斷不准有此議論惟有盡數殄滅逆夷務令片帆不返若胸中有通商二字
於偏岸小港屯集貨物勿令竄近廣東省垣有
則大負委任禍必隨之矣
碍肘腋
恩威並用使其畏威懷德庶臻久遠既遂蠢願察海
疆雖袤延數千里夷船粗笨可以登岸海口亦
不甚多海口原有營城村落承平日久不無今
昔情形不同乘此機會擧凡要隘處所從新布
14 置一週營則挪輕就重兵力既足以抗其坑更

61

資民力以壯軍威移營則原粮原餉無須添費
壯威惟有逐處築堡聯絡兵營籠束居民歸附
糧食深溝高壘安置大砲彼知要隘堅壁攻無
可圖野無所掠永杜夜郎窺伺之萌以期一勞
永逸惟築堡需用經費過多必專資民力衆擎
易擧無如貧富不一勢難勸輸擬先令貧民一
人一工作萬金家底論有錢出錢無錢出力百
金之家捐十工遞而增之富民見有定額無須
勸輸工自立成至於內地刁民不無從而爲匪
所以從逆之故一爲窮乏一爲吸煙此等殘乏
之徒多往轉能耗彼供養虛壯彼勢寔消彼糧
於全局無損第其中不無一二失志才畧之人

心熱功名無由奮發希圖借勢逞志果有其人
其生長地方自有見聞查出設法誘歸責其於
海岸出力督工獎以末秩剪其主謀亦擒賊捦
王之一策能於廣東辦有定式沿海逐一照辦
一半年之間可以一律鞏固矣弩愚昧之見冒
昧爲我
皇上陳之所有欽遵兼程馳進緣由恭摺由驛具
奏伏乞
聖鑒謹
奏
道光二十一年二月初六日奉
硃批似是而非卽有旨欽此

怡良跪
奏爲接據營員稟報𠼻逆投遞文書詞意狂悖並
在香港地方出有僞示緣由據寔具奏仰祈
聖鑒事竊弩於道光二十一年正月初六日兩次欽
奉
諭旨遵將預備情形由驛
奏聞在案嗣據署大鵬協副將賴恩爵稟稱𠼻逆
投遞該副將照會文一角係收管香港地方令
內地撤回營汛等由照抄具稟到弩接閱之下
不勝駭異髮皆上指竊惟我
國家撫有寰區無遠弗屆薄海內外悉主悉臣卽
至重譯來庭亦莫不

硃

64

懷柔綏服乃㗒逆囌咈等妄肆鴟張且忘名分況
得膽思狡啟稱
欽差大臣琦善與之說定讓給寔為駭人聽聞該大
臣到粵如何辦理雖未經知會到日然以事理
度之亦萬無給讓土地民人聽其主掌如該夷
所稱已有文據之理既無從悉其真偽傍徨
夙夜心急如焚乃聞民間傳說㗒逆即在香港
地方貼有偽示逼令該處民人歸順彼國各語
方謂傳聞未確故惑人心及據水師提臣轉據
副將賴恩爵稟抄偽示移咨前來則是該夷竟
以香港視為己有要害之地為其所踞相去虎
門甚近兵帆可至沿海之新安東莞香山順德

65

以及省城各處勢非刻刻戒備不可嗣後內地
犯法之徒必於此為藏納之所是地方既因之
不以靖而法律亦有所不行更恐犬羊之性反
覆靡常一有要求不遂之時必仍以非禮相向
雖欲追悔從前其何能及且大西洋自前明寄
居香山縣屬之澳門相沿已久所有在澳華夷
均歸同知縣丞管轄議者猶以為非計今該逆
夷竟敢將天朝土地人民佔據全島更恐致滋
後患伏思
宸謨廣運
聖慮周祥定能
燭照靡遺不使奸宄得以遂意志何待愚昧為之過

硃

66

計但　忽聞海疆要地外夷竟思主掌敢以
天朝百姓稱為唊國子民寔不勝憤恨第一切駕馭
機宜無從悉其顛末惟於上年十二月二十八
日欽奉
諭旨調集兵丁預備進剿兼令琦善督同林則徐鄧
廷楨妥為辦理始經宣示　等悟見琦善亦均
悉心商請添募壯勇以壯聲威固守虎門砲台
防堵入省要隘窃惟用兵之道全在識定心堅
若再稍涉游移逆夷窺伺多端寔有措手不及
之處現既見有夷文並據稟稱偽示不敢緘默
謹照録二紙恭呈
御覽伏祈

8

67

聖鑒再夷務緊要仍由驛馳遞合併聲明謹
奏道光二十一年二月初六日奉
硃批必當由驛速奏甚有識見即有旨欽此
唊逆與大鵰協照會文
大英軍師統帥水師總兵官伯麥　為照會事
照得奉國公使大臣義與
欽差大臣爵閣部堂琦　說定諸事議將香港等處
全島地方讓給英國主掌已有文據在案是該
島現係歸屬大英國主治下地方應請貴官速
將該島各處所有貴國官兵撤回四向洋面不
准兵役稍行阻止難為往來商漁人民惟思兩
國現議和好本統帥果望幸可常相遠安自必

68

盡力竭力以保各事善妥而貴國官如有滋擾
阻止使民不安係貴國終非求和之明徵本統
帥定必查明嚴辦本統帥存心誠信先應明白
指示望免爭端爲美爲此照會須至照會者 正
月初八日

咉逆在香港出示

大英公使大臣任中華領事義律
軍師統帥水師總兵官伯麥 示爲曉諭事照
得本公使大臣奉命爲英國善定事宜現經與
欽差大臣爵閣部堂琦 議定諸事將香港等處全
島地方讓給英國寄居主掌已有文據在案是
爾香港等處居民現係歸屬大英國主之子民
故自應恭順樂服國主派来之官其官亦必保

69

護爾等安堵不致一人致害至爾居民向来所
有田畝房舍產業家私槪必如舊斷不輕動凡
有禮儀所關鄉約律例率准仍舊亦無絲毫更
改之誼且未奉國主另降諭旨之先擬應 大
清律例規矩之治居民除不拷訊研鞫外其餘
稍無所改凡有長老治理鄉里者仍聽如舊惟
須稟明英官治理可也儻有英民及外國人等
至害居民准爾即赴附近官前稟明定即爲爾
查辦至所有各省商船来往貿易均准任意買
賣所有稅餉船鈔掛號各等規費輸納 大英
國帑儻嗣後有應示事即有派来官憲隨時曉
諭責成鄉里長老轉轄小民使其從順毋違特

70

示正月初十日

一千八百四十一年二月初一日

71

72

73

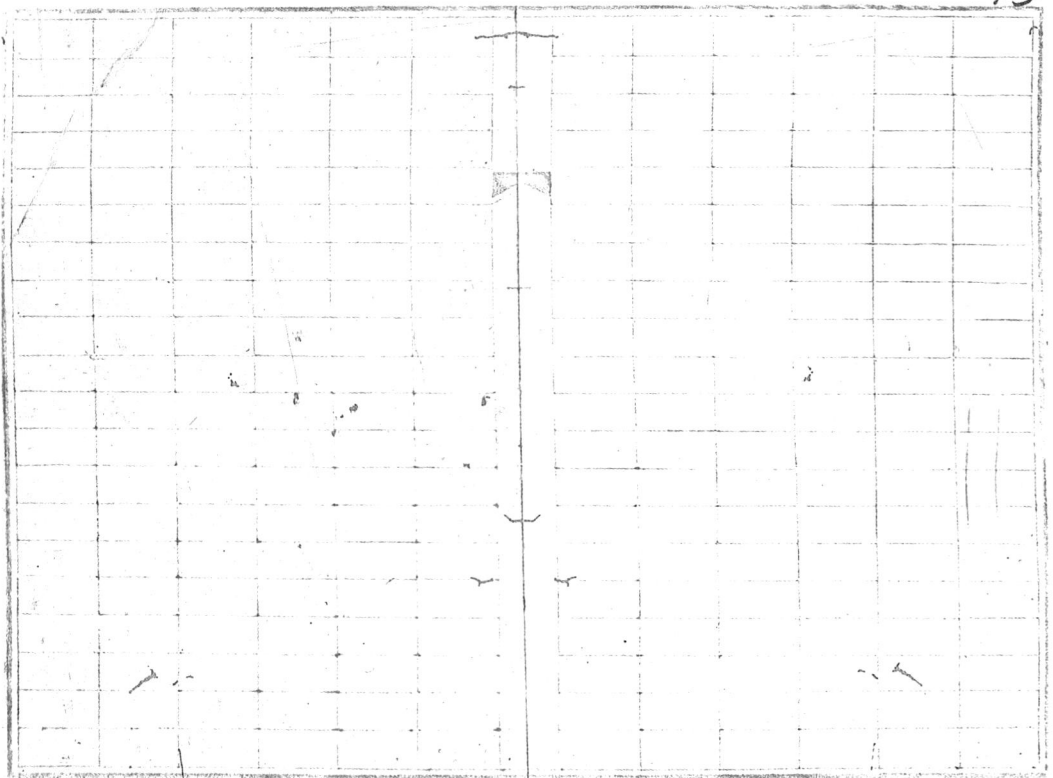

F.O.682/120 74

道光二十一年春季分

軍務摺檔 第貳冊

75

76

77

一件奕隆奏就近酌調浙省停止續調湖南湖北官兵

又附奏請將已革總督周天爵改發廣東效力贖罪藉資驅策

一件奕隆奉寄諭所請酌調官兵已降旨准行韓振先琦忠著就近飭令改赴廣東差遣

一件內閣奉上諭周天爵改發廣東著河南等省查明解赴差遣

又奉上諭琦忠韓振先無論行抵何處著改赴廣東差委

一件奕隆楊祁奏寄諭著抵粵後統領各省官兵奮勇直前毋稍觀望

一件琦奏逆夷聞大兵將集意圖先肆滋擾

一件琦阿附奏咨會陸路郭提督來省會商攻剿並挑選滿兵八百名預備協剿

一件奕隆楊祁奏寄諭據琦奏所論香港情詞自相矛盾著查明具奏斷不准給予香港致滋後患

一件伊奏定海業經收復夷船全數起椗

一件內閣奉上諭伊剿辦逆夷觀望遲延著革去協辦大學士拔去花翎仍帶革職留任

一件奕隆奏逐次撤調藩司趕辦後路糧臺酌撥火藥砲位分處

一件奕隆奉寄諭據奏撤調藩司趕辦糧臺酌撥火藥砲位俱照所請務即會商設法痛剿

78

二月二十五日發

奴才奕 隆 跪

奏為途次疊奉
諭旨並就近酌調浙省停止續調湖南湖北官兵改
赴粵省以資進剿恭摺馳奏仰祈
聖鑒事竊奴才等在安徽途次承准軍機大臣字寄道
光二十一年二月十四日奉
上諭本日據伊里布馳奏收復定海一摺又據琦善
馳奏查明香港地勢及現在籌辦情形一摺㕭夷
在粵日肆猖獗攻擊砲台戕我官兵占據香港擅
出偽示種種不法殊堪髮指前有旨令楊 芳行
赴粵會防並令奕 等兼程前進計已接奉遵辦
該將軍等到粵後務即會集各路官兵一意進剿

79

殲除醜類設法擒渠必使該逆等片帆不返方足
以彰天討不可存一意通商之見稍涉游移更不
可因有繳地之事少加寬縱該將軍等身膺重寄
自必志切同仇佇盼捷音毋負委任至琦善前奏
香港地方寬至七八十里如或給予必至屯兵聚
糧建台設砲久之覬覦廣東流弊不可勝言茲又
據奏香港孤懸海外離省較遠等語前後情詞自
相矛盾顯係不善著奕 隆 楊 祁 確切查
明據寔具奏即使香港並非險要亦必設法趕緊
收回斷不准給予該夷致滋後患琦善原摺著發
交奕 隆 閱看俟途遇琦善時前後三次硃批
給閱原摺仍由該將軍等遇便呈繳伊里布摺並

80

著抄給奕　隆　楊　祁　閲看將此由五百里
各諭令知之欽此又於二月十七日奉
上諭一道　𢌿等跪讀之下仰見我
皇上
聖慮周詳無微不至　𢌿等身膺重寄恨不能奮飛前
往滅此朝食以抒義憤惟馳至江南徐州府及
安徽一帶晝夜陰雨繼以大雪泥深盈尺兼程
而進不過百里　𢌿等十分焦灼遂減去騎從在
後緩進僅帶滿漢司官二員火速趲行茲於二
月二十四日行抵宿松縣界計四五日內即可
抵江西南昌府前接江西撫臣錢寶琛函稱江
西驛路窄狹兼以陰雨連綿山水暴漲不能兼

硃　　硃

81

程已雇就包程商船可以晝夜前進無慮阻滯
頃又接到江西撫臣來信初六日虎門危急調（據裕謙）
到湖南官兵失利查該夷於初五日繳還定海（奏該逆雖於二月初四日由定海起椗並未遠颺仍出沒定海洋面未知有何詭計）
初六日即進攻內地明係併力粵洋負嵎抗拒
猖獗已極令人髮指現在各路官兵到粵者僅
止三千餘名雲貴湖北湖南官兵未知曾否全
數到粵未准該撫知照四川頭二起官兵甫入
湖北　𢌿等現已劄催星飛前進伏思夷匪正在
鴟張之際廣州守禦在在吃緊調到之兵現有（已有）
傷損非厚積兵力不足以壯軍威而固人心查（旨改調赴粵正與卿等意見相同）
浙省停止湖南湖北兵二千八百名現在安徽
太平府蕪湖江面一帶停泊　𢌿等一面奏

36

硃　硃

82

聞一面飛咨安徽撫臣兩廣督臣轉飭帶兵官弁督
亦有旨
催就近由江西赴粵以備調遣又飛咨廣西撫
徵調遠赴粵東矣
臣挑選精兵二千名整頓軍裝火砲俟弩等馳
至粵境察看情形再行
奏請徵調至前奉
簡派赴浙帶兵之韓振先琦忠二員已經督臣伊里
布停止前往現在中途尚未回任該二員屢次
帶兵頗為得力合無仰懇
甚好
天恩飭令該二員就近赴粵差委之處恭候
諭旨遵行再
發交琦善兩次所奏原摺內
硃批

35

83

諭旨俟逐次給與閱看之後再行恭
繳應行查訪各件容弩等到粵逐一詳查據寔覆
奏所有弩等接奉
廷寄及酌調官兵緣由理合恭摺由驛馳
奏伏乞
聖鑒訓示謹
奏請
旨於道光二十二年二月二十五日由安徽宿松縣
奏於三月初十日在江西贛縣奉到
硃批即有旨欽此

84

再查回疆兩次用兵發遣伊犁等處之官常各
犯曾經
奏派軍前効力均蒙
允准在案奴才等於山東鄒縣途次迎晤安徽撫臣程
懋采談及已革總督周天爵在湖北訓練兵丁
頗得衆心人雖魯莽尚有血性茲因獲罪發遣
伊犁聞其現在河南地界告假安置伊母等語
未知目下遞解行至何處奴才等不揣冒昧仰懇
皇上逾格
天恩可否將該革員改發廣東海口効力贖罪如蒙
俞允應請
勅下經過河南陝西撫臣迅將該革員解至廣東由

85

奴才等酌量差遣藉資驅策奴才愚昧之見是否有
當謹附片奏
聞請
旨謹
奏奉
硃批尚無不可欽此

86

軍機大臣　字寄
靖逆將軍奕　參贊大臣隆　道光二十一年
三月初一日奉
上諭本日據奕　等馳奏遂次調兵赴粵一摺前有
旨將前調赴浙之湖廣兵二千八百名改赴廣東
並調廣西兵二千名迅赴粵東聽候調遣於二月
二十三日由六百里加緊諭知該將軍等計日內
當已接奉矣所請將前調赴浙之韓振先琦忠二
員赴粵差委已明降諭旨准行該二員前有旨令
其折回本任琦忠昨已補授鎮筸鎮總兵現據該
將軍等奏現在中途尚未回任即著該將軍等就
近飭令改赴廣東聽候差遣並知會陝西湖南四

87

川等省一體遵照計該將軍等此時當已行抵江
西著即星夜遄行無拘水陸迅即馳抵廣東省城
以慰民望其另片所請將周天爵改發廣東之處
已明降諭旨如所請行矣將此由六百里諭令知
之欽此遵
旨寄信前來

88

道光二十一年三月初一日内閣奉
上諭周天爵着改發廣東効力贖罪並著河南陜西巡撫迅即查明該革員行抵何處飭令解赴廣東軍營交奕　等酌量差遣欽此道光二十一年三月初一日内閣奉
上諭琦忠韓振先前有旨令其折回本任現在無論行抵何處著馳驛改赴廣東交奕　等差遣委用
欽此

89

軍機大臣　字寄
欽命靖逆將軍奕　參贊大臣隆　楊　兩廣總督祁　道光二十一年二月十七日奉
上諭本日據琦善奏逆夷聞大兵將集意圖先肆滋擾一摺該夷妄肆鴟張現聞内地調兵四出窺探朕早料其必有滋擾之事惟香港距内地尚有四百餘里儻能嚴密防堵該夷亦祇洋面遊奕虛張聲勢他何能為定海退去兵船諒必歸併香港恃衆負嵎儘力抗拒若兵力單弱遽行進剿恐有踈失本日已降旨飭令阿精阿怡良等暫時協力防禦且俟大兵雲集再行攻剿著奕　等兼程前進抵粤後與楊　會合統領各省調集兵丁奮勇直

90

前殲除醜類毋稍觀望琦善摺抄給閱看將此由
六百里加緊各諭令知之欽此遵
旨寄信前來

91

琦善跪
奏為逆夷因聞大兵將集意圖先肆滋擾謹恭摺
由六百里馳奏仰祈
聖鑒事竊奴才前於正月二十三二十七等日將會同
備剿逆夷情形及自續奉
諭旨飭令設法羈縻奴才隨又發給該夷文書俾允其
將所議條款蓋用關防暫圖誘令就我機軸仍
俟兵將到齊合力會剿並聲明但恐該夷聽聞
調兵消息不肯坐待剿辦各等情先後馳
奏後旋據持文往向該夷傳諭之委員回省面稟
據嘆咭唎聲稱現聞業已集兵征剿可見奴才係緩
兵之計伊亦不計章程與前議各款決意定期

92

打杖後再作計較並據署新安縣知縣彭邦晦
稟稱逆夷前次退泊香港一帶寄碇下艙意將
休息今聞內地調兵復又四出窺探續思蠢動
又准提臣關天培函稱先後有夷兵船五隻小
三板船三隻疊至下橫檔山後探水並有數夷
登山指畫片刻仍即開船旋又開去一隻似係
往催後船或另有詭謀均未可定各等語奴才伏
查逆夷恃強猖獗一至於此寔屬罪不容誅其
勢斷難再示羈縻所有增兵儲糧及堵塞河道
各緣由業經疊次奏
聞並又移運砲位擇要增添均各盡心力之所能為
至各省奉

93

調官兵甫於二月初一日准署湖南提督祥福帶到
該省兵六百名據貴州安義鎮總兵段永福帶
到該省兵一千名當經分別咨照將湖南兵撥
赴近省最要之烏涌口將貴州兵撥赴鎮遠等
礮臺後山扼要之太平墟一帶協力嚴防惟兵
力仍尚孅單弱奴才已節次咨行沿途將在後行
走各起官兵加緊催趲來粵備勦除俟於何日
接仗並將征勦情形再行另摺馳奏外所有現
在各緣由理合先行恭摺由六百里加緊具
奏伏乞
皇上聖鑒再貴州安義鎮總兵段永福帶到兵丁一
千名據情代為具奏並聲明原派將官大定協

94

副将貴保因病不能前進經貴州撫臣賀長齡
改派黎平營叅将余萬清隨同前來並外帶兵
丁各等情合併陳明謹
奏於道光二十二年二月初二日具
奏道光二十一年二月十七日奉
硃批部有旨欽此

95

琦善阿精阿片
奏再奴才等承准
廷寄奉
上諭據琦善奏暎夷占據砲台難於拒守一摺已降
旨授奕　為靖逆将軍隆　楊　為叅贊大臣赴
粤協同剿辦將軍阿精阿近駐省城提督郭繼昌
統轄陸路官兵俱有守禦之責著俟奕　等到後
和衷共濟協力進剿等因欽此欽遵恭錄
諭旨咨會提臣郭繼昌作速來省會商攻剿事宜並
由奴才琦善逐一籌備外奴才阿精阿現已挑選滿
營勁兵八百名豫備協剿一面仍與奴才琦善等
隨時和衷商確協力妥辦以期仰副

96

聖主綏靖海疆之至意所有奴才等會辦緣由合併附
片陳明謹
奏奉
硃批覽欽此

97

軍機大臣 字寄
靖逆將軍奕 參贊大臣隆 楊 兩廣總督
祁 道光二十一年二月十四日奉
上諭本日據伊里布馳奏收復定海一摺又據琦善
馳奏查明香港地勢及現在籌辦情形一摺英逆
在粵日肆猖獗攻擊砲台戕我官兵占據香港擅
出偽示種種不法殊堪髮指前有旨令楊 先行
赴粵會防並令奕 等兼程前進計已接奉遵辦
該將軍等到粵後務即會集各路官兵一意進剿
殲除醜類設法捦渠必使該逆等片帆不返方足
以彰天討不可存一通商之見稍涉游移更不可
因有繳地之事必加寬縱諒該將軍等身膺重寄

98

自必志切同仇竚盼捷音毋負委任至琦善前奏
香港地方寬至七八十里如或給予必至屯兵聚
糧建臺設砲久之覬覦廣東流弊不可勝言茲又
據奏香港孤懸海外離省較遠等語前後情詞自
相矛盾顯係不實著奕　隆　楊　祁　確切查
明據實具奏即使香港並非險要亦必設法趕緊
收回斷不准給予該夷致滋後患琦善原摺著發
交奕　隆閱看俟逆遇琦善時將前後二次硃批
給閱原摺仍由該將軍等遇便呈繳伊里布摺並
著抄給奕　隆　楊　祁　閱看將此由五百里
各諭令知之欽此遵
旨寄信前來

99

伊里布跪
奏為定海業經收復夷船全數起椗恭摺由驛馳
報仰祈
聖鑒事竊奴前因夷目胞祖呈報於二月初四日繳
還定海懇請釋放夷俘當即飭委總兵鄭國鴻
王錫朋葛雲飛統官兵三千名馳往收取並將
前獲各夷交給帶往飭俟收復城池之後遵
旨遣釋倘該夷中懷詭詐無意交城即在陣前將該
夷囚等正法督率兵弁及豫伏之鄉勇盡力攻
擊以期克復業將辦理緣由恭摺馳
奏在案茲於初五日據差弁先行馳回面稟我兵
於初四日午刻齊抵定海該夷半在城內半在

100

船中見我兵到彼胞祖即繳納城池城內各夷
立即紛紛退出我兵整衆入城登陴看守並將
城外道頭地方該夷所盖草房全行拆毀鄭國
鴻等傳宣
恩諭將夷俘晏士吖喇打厘等釋令領回並飭趕緊
起椗胞祖等免冠服禮聲稱伊等將城池繳獻
後即於初五日全數撤退等語隨即率衆登舟
旋又據鄭國鴻等稟報前由聲明夷船業於初
五日陸續起椗揚帆南去惟內有三桅夷船一
隻駛至蟒峙港地方失風擱淺另有夷船二隻
在旁救護該鎮等飭催該夷稱俟潮長即行開
去等情前來 臣伏查該夷已將城池繳納大幫

101

船隻多已遠去其擱淺及救護之船必不在此
逗遛現已札令查明該船何時開駛另行飛稟
惟定海既經收復應即設官駐兵嚴加守衛 臣
已劄飭鄭國鴻等即帶所統各兵在縣城及緊
要各口岸分營駐守並委前往經管糧台之石
浦同知舒恭受暫署該縣印務所有一切善後
事宜俟
欽差大臣江蘇撫臣裕謙到任察看情形會同浙江
撫臣劉韻珂查核辦理至 臣前次
奏調皖楚等省官兵四千名內安徽壽春鎮兵一
千二百名業已陸續抵浙現在仰蒙我
皇上簡派元戎赴粵剿辦誠恐該夷被剿竄突復至

浙省滋擾防範仍須嚴密定海甫經收復防備
未修尤須格外謹嚴壽春鎮兵素精銳應請暫
留防由裕謙探明粤省情形連本省調防各兵
分別裁撤其湖南湖北兵二千八百名此時浙
省無須遣用若改調赴粤則該省兵威更壯足
寒夷膽　現在咨明湖廣江西安徽江蘇各督
撫臣不論該兵等行抵何處暫為截留聽候
訓示如蒙
皇上准命赴粤籲懇
勅下該督撫等速遣前往倘粤省兵力已充不必添
調並懇
諭知該督撫分別遣回至前奉

簡派之韓振先琦忠二員業經川陝二省咨報起程
令浙省軍務已竣自可無庸前來　已咨明該
二員經由各省飭令旋任又　前因急籌攻剿
湖廣兵丁到浙需時署兩廣督臣裕謙
奏明在江省備兵四千聽候調遣即請咨請酌調
二千來浙以備攻守之用現已移咨停止除俟
裕謙到日將
欽差關防委員齎送接收　即日馳回本任外合將
定海業經收復夷船全數起椗緣由會同提臣
余步雲恭摺由驛
奏
聞伏乞

皇上聖鑒謹
奏

道光二十一年二月十四日奉
上諭前因暎夷在天津投遞夷書聲稱訴冤朕惟仁
育義正無間華夷特命琦善赴粵查辦並諭伊里
布暫緩進兵旋因該夷日肆猖獗疊次降旨令伊
里布迅速進兵攻復定海乃伊里布屢次奉報總
以兵砲未集為詞直至探明該夷願繳定海確信
始行遣將帶兵前往本日據奏定海業已收復夷
船全數起椗等語逆夷占據定海已更數月現因
粵省命將出師聲罪致討方行繳還定海全數起
椗出洋可見逆夷並無能為設使伊里布奉到進
兵諭旨熟審順逆主客之勢密籌剿防攻取之宜
一鼓作氣四面兜拴復我故土殲除醜類庶足以

106

伸天討而快人心乃觀望遲延株守數月直至該
夷聞有大兵望風遠竄遂將定海收回可謂庸懦
無能之至前將該督交部嚴議該部照溺職例革
職寔屬咎所應得姑念一時簡用乏人伊里布著
革去協辦大學士拔去雙眼花翎暫留兩江總督
之任仍帶革職留任處分八年無過方准開復以
觀後效欽此

107

三月初六日發　　　　奴才奕　隆　跪
奏為接奉續調官兵
諭旨並奴才等遂次撤調藩司赶辦後路糧台酌撥火
藥砲位緣由恭摺奏祈
聖鑒事二月二十八日承准軍機大臣字寄道光二
十一年二月二十三日奉
上諭本日據琦善等馳奏嘆夷大肆猖獗砲台據報
失守一摺據奏該逆於本月初三四等日駛駕火
輪船隨帶三板多隻疊進三門口內衝撞簰椿施
放火箭經副將慶宇等督兵抵禦至初六日酉刻
逆夷攏岸上山橫檔永安砲台恐被占奪等情又
另片奏請遠鎮遠威遠鞏固砲台據稟亦俱失守

硃

108

提臣關天培不知下落等語覽奏深堪痛恨添派該省海口港汊繁多保無不有分路帶兵之事故特
齊慎為參贊大臣迅即赴粵會剿並諭知梁章鉅
選派廣西兵二千名迅速廣東聽候調遣其前調
赴浙之湖廣兵二千八百名已諭知裕泰錢寶琛
令其改調入粵矣現在廣東省城情形喫重奕
等接奉此旨著即星夜遄行兼程赴粵會督各路
精兵相機剿辦毋稍遲延誤事以副委任琦善等
摺片抄給閱看將此由六百里加緊諭令知之欽
此欽遵寄信前來努等跪讀之下仰見我
皇上洞燭幾先無微不至又
命四川提督齊慎為參贊大臣齊慎久經戰陣臨事
勇往俾努等得同仇之助不勝欽感之至披閱

9

109

發交琦善原奏虎門失守關天培不知下落夷人膽
敢抄我陸路擾及烏涌非漢奸往來勾引何能
乘潮直入殊堪忿恨現已分路迭催先後續調
未到官兵令其迅速前往以便到粵會齊相機
進剿惟查大兵雲集兵食尤關緊要努等行至
南昌接見藩司趙炳言據稱已奉兩廣總督祁
飭知令將江西地丁銀四十萬兩解赴廣東
南韶道庫存貯以供支應其所需兵食應如何
籌辦之處尚未就緒粵省如何籌辦藩司梁寶
常亦無來信查新任督臣祁 與努等前後
尚隔數程不能面商是以努等先行飭該藩司
趙炳言立即攜帶委員迅速赴南安府駐札赶

緊採買兵糧順遞南雄一帶以備支放又飛調
安徽省備貯火藥數萬斤江西省火藥並硝磺
數萬斤先行解粵造作火攻火器之用至江西
銅砲向無存貯目下亦無鑄砲良工已經該撫
委員解銅赴粵就近雇人開鑄以免解送茲接
楊 來信粵省亦無鑄造之人據稱湖南廣西
有存貯大砲甚夥足資守禦等語 奴才等一面奏
聞一面飛咨該省撫臣迅速解往以備攻剿至江西
現在鐵砲大者不過兩千餘斤該撫已挑洗十
餘位尚未演放 奴才等仍帶員外郎西位本李湘
棻星夜趲行外劄委後起員外郎福奎穆騰額
筆帖式慶福全興等眼同江西營汛逐一演放

擇其可用者解赴軍前搭配安置為水陸防守
之用 奴才等現已馳抵泰和縣白下驛不日即可
抵粵容再確查情形另行奏
聞所有 奴才等接奉
諭旨並撤調藩司赶辦糧台調撥砲位火藥緣由為
此恭摺由驛馳
奏伏乞
皇上
訓示謹
奏於道光二十一年三月初六日由江西泰和縣
奏
硃批廣東鳳凰岡有二月二十四日之捷省城自可無

112

虞卿等抵粵後似可得手即有旨欽此

113

軍機大臣字寄

靖逆將軍奕 參贊大臣隆 道光二十一年

三月十五日奉

上諭本日據奕 等奏遂次檄調藩司赶辦後路糧
台酌撥火藥砲位一摺覽奏均悉攻剿逆夷自以
兵食為要器械砲位必須預為籌備方可無誤事
機據稱先飭江西藩司趙炳言速赴南安駐紮赶
緊採買兵糧順遞南雄一帶以備支放又調安徽
備貯火藥及江西火藥並硝磺數萬斤先行解粵
造作進攻火器之用並請將湖南廣西存貯火砲
迅速解往以備攻剿等語俱著照所奏辦理所有
請運砲位已另降諭旨令裕泰吳其濬梁章鉅迅

114

速鮮往矣廣東鳳凰崗有二月二十四日之捷省
城自可無虞該將軍等迅速前進計接奉此旨當
在抵粵之後務即會同揚芳等熟籌妥辦一俟大
兵齊集即設法斷其歸路痛加剿洗以張撻伐而
振國威將此由六百里諭令知之欽此遵
旨寄信前來

115

116

117

③

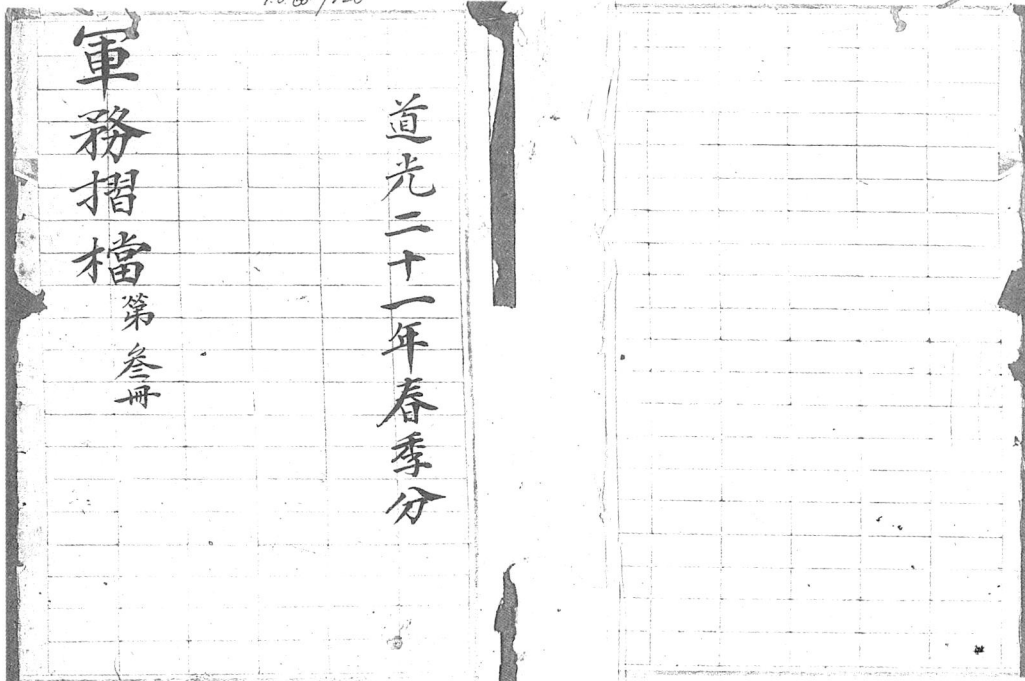

FO 682/120

118

軍務摺檔第叁冊

道光二十一年春季分

119

120

121

一件奕隆奏訪聞粵省現在情形並在部暫停飛
咨祁趕赴會商勦辦事宜
又附奏前于途次奉文琦　原奏已轉給閱看包
封恭繳
一件奕隆楊奏寄　諭據奏籌辦情形並暫候
祁　祁到部面商及製造器具催趲官兵相機而
行極為妥協務發忠良以揚國威而伸天討
一件奕隆祁　奉寄　諭據琦等奏逆夷直進內洋
攻破烏涌猖獗可惡著兼程前進奮力殲剿原
摺鈔給閱看　附鈔原摺
一件奕隆祁齊　奉寄　諭據楊　奏抵粵防守
可期無虞等語惟賊船駛進內河究屬喫重著
星夜遄行赴粵並著到粵後隨時將剿辦情形
知會浙省楊　原摺鈔給閱看　附鈔原摺
一件奕隆　奏同日抵粵察看大概情形
一件奕隆楊祁　奉寄　諭據奏察看大概情形
者趕緊嚴密製造攻戰之具一俟齊全即行乘
機進剿不可因用目前羈縻稍存觀望
一件奕隆楊祁　奏查明琦前奏香港事及陣亡
兵丁數目現飭細查結報另行具奏至該夷與
琦有無餽送之事請　敕下將鮑鵬就近查訊
一件奕　隆　祁　奏查明恭順各國貿易情形
一件奕　隆　楊　奏官兵漸次到粵分守要隘
省城無虞民心大定

一件隆奕楊齊祁奉寄　諭據奏官兵漸次到粵分守要隘等語所有商辦機宜自應加意慎密毋稍漏洩另奏香港情形豈容逆夷潛迹及現在寄泊之尖沙嘴均著進剿得手盡行收回各國夷商著妥為撫綏

一件隆奕楊齊奉寄　諭據朱成烈奏剿辦逆夷戰策著到粵後體察具奏原摺著鈔給閱看附錄原摺

一件隆奕楊齊祁奉寄　諭據姚元之奏備論廣東形勢駱秉章奏嚴防吏役以杜洩漏文報均著悉心體察杜絕偵探妥議具奏原摺著鈔給閱看附錄各原摺

一件隆奕楊祁奏廣州西北河水盛漲官兵不能尅期分剿情形

又附奏南贛鎮總兵長春蒙　賞花翎勇號呈請代奏謝　恩

又附奏新授鎮筸鎮總兵琦忠呈請代奏謝　恩

一件隆奕楊齊祁奉寄　諭據奏省河水漲不能尅期分剿等語務當慎密運籌一俟礮械齊集即相機進剿並確探駱秉章奏逆夷在粵造車載礮楊言後至天津並湖南官兵在粵搔擾著申明紀律嚴加約束

三月十七日發

奴才奕　隆　跪

奏為遵次疊奉星夜趲行截留官兵整旅而進

諭旨及奴才等訪聞粵省現在情形恭摺具

奏仰祈

聖鑒事竊奴才等于三月初五日初九日兩次承准軍

機大臣字寄

諭令奴才等星夜趲行並督率後到官兵整旅而進如

可抄賊後路相機攻剿等因欽此前來奴才等知識

淺陋仰蒙

聖主指示方畧跪聆之下欽佩無極當即一面趲行

一面飛咨浙江停止續調官兵二千八百名廣

西新調官兵二千名令其迅速南下又札飭南

韶連道楊九畹除已過韶境赴省者無庸停止
外其餘無論何省續到者全行截留令其整頓
軍火聽候隨同前往各在案 奴才等于三月十二
日馳過廣東南雄州界接准南韶連道稟稱雲
貴湖南四川官兵由韶赴省者已有八千餘名
此外各省後起官兵尚未抵粵無兵可留現撥
韶州鎮標兵三百名護送 奴才等又催到湖北參
將達三所帶弁兵三百名隨同前往至續調湖
南湖北廣西兵丁尚未入境不能久待惟廣東
礮位大半散失除守城安放外餘剩不敷攻守
茲據江西撫臣咨稱札委員外郎福奎等稟稱
江西舊存鉄礮十餘位因存貯年久外皮鏽裂

硃

堂口內凹澀不平不堪施放此外湖南廣西續
調者尚未據咨覆所調硝磺亦未到粵 奴才等正
在焦急又訪聞逆夷於虎門失守後兵船直抵
黃埔海珠寺砲臺亦為所得貨船停泊廣州城
外逆夷屢次施放大砲火箭打入城內更兼奸
民乘機焚掠省城內外商民紛紛逃避適咪唎
啞懇求通商省中大臣等暫事羈縻許為奏請
刻下逆夷兵船不肯退出外洋仍在黃埔接應
聲言俟 奴才等到省即求（可惡之至）定局等語 奴才等聞之不
勝憤悶伏思逆夷內犯以來佔據砲台連傷提
鎮兇焰所至豈真莫之敢當總緣前此議撫自
撤藩籬是以伊得乘虛深入進逼門庭在該大

硃　硃　硃

臣等因時制宜可以從權而奕等奉
慎勿蹈庸懦苟且袁良之所為朕惟卿等是賴
命征剿豈敢依違觀望坐失機宜上負
委任惟兵力既難猝集砲火又未運到設奕等到省
拒絕通商夷人必盡力攻城儻有意外之虞救
援不及是欲保廣州反速之失陷目下寇志不
宜再長。
極是
國威不宜再損。必須計出萬全方合
聖訓此時督臣祁𡋩現過梅嶺奕等在韶州暫行停
泊飛咨該督臣迅速趕赴會商聚集各路官兵
在距省旱路可通扼要地方分營防守催齊火
藥暗造攻守器具分頭埋伏激勵兵勇出其不
意將內泊者先行痛剿使逆夷喪膽並堵截各

河港汊示以久守困夷船糧儲窘迫利在併力
速戰不過急於要貨售貨以濟其用若堅壁清
野俾漢奸無利可貪黨羽必貳然後挑擇精銳
抄其後路火牌填河而下水陸連環分道兜捦
使逆夷片帆不返以彰
天討而快人心所有奕等隨帶後到官兵並訪聞粵
省情形理合由驛恭摺奏
聞伏乞
皇上聖鑒謹
奏於道光二十一年三月十七日在廣東曲江縣
拜發于三月二十九日奉
硃批所見頗當朕惟佇待捷音焦切之至即有旨諭

128

欽此
再孥等前于途次欽奉
諭旨琦善原摺著發交奕隆閱看俟途遇琦善
時將前後二次硃批給閱原摺仍由該將軍等遇
便呈繳等因欽此茲孥等于二月十二日亥刻馳
抵廣東南雄州地方適副都統英隆將琦善押解
前來與孥迎晤當即恭宣
恩諭將琦善前後二次原奏各摺
硃批
諭旨令其閱看琦善俯地碰頭逐件捧讀據稱琦善
荷蒙
聖恩畀以重任乃以辦理夷務諸多乖謬上負

129

委任實屬昏憒糊塗惟有懇求代
奏從重治罪等語除仍飭該副都統英隆即將該
革員小心押解進京外所有前後二次
硃批
諭旨理合敬謹封固附摺恭
繳其夷書一紙另行封妥咨呈軍機處備查合併
聲明為此附片奏
聞謹
奏奏
硃批覽欽此

軍機大臣 字寄
欽命靖逆将軍奕 叅贊大臣隆 楊 齊 道光
二十一年三月二十九日奉
上諭奕 隆 奏接奉諭旨並籌辦情形一摺覽奏
均悉據奏暫俟祁墳到韶州面商一切並須製造
器具兼程催趲各路官兵等語該将軍等相機而
行極為妥協現在祁墳想已趕到各路官兵計應
陸續抵粵砲火及各項器具亦不日可成該将軍
等諒早馳赴省城會合一處抄襲該夷前後路徑
併力攻剿不使逃遁昨楊芳怡良奏請准與港脚
船隻通商朕因其怠慢軍心已降旨交部嚴議奕
隆 經朕面授機宜且屢次寄諭飭令一鼓作

氣殄滅醜類該将軍叅贊務當激發忠良協力同
心以揚國威而伸天討切勿為浮言所動是為至
要将此由六百里加緊諭令知之欽此遵
旨寄信前来

硃

132

軍機大臣 字寄
欽命靖逆將軍奕 參贊大臣隆 兩廣總督祁
道光二十一年二月二十七日奉
上諭據琦善等馳奏逆夷直進內洋攻破烏涌離省僅三十里已降旨飭楊芳等分兵固守矣逆夷大肆猖獗連傷我提鎮大員可恨之至必當盡數剿洗著奕 等無分晝夜兼程前進逐次如遇調赴粵省兵將即著帶同前往並著探明逆夷進兵路徑如可密遣兵弁截其去路使之首尾不能相顧奮力殲剿方能制勝所有續調各省未到兵丁著即星夜嚴催迅速抵粵會剿是為至要琦善等摺著鈔給閱看將此由六百里加緊各諭令知之欽此遵
旨寄信前來

133

附琦善等原摺
臣琦善臣阿精阿臣怡良臣英隆跪
奏為查明虎門砲台失守提督陣亡並烏涌卡座被擊逆夷兵船近逼省城臣等現在固守情形恭摺馳
奏仰祈
聖鑒事竊臣等前奏橫檔砲台失守並于拜摺時復探知虎門各砲台俱失提督臣關天培未知下落亦即附片奏
聞在案旋據署水師提標參將李賢稟報提臣關

天培及香山協副將劉大忠遊擊麥廷章同時
在台陣亡臣等不勝憤恨查虎門既失則烏涌
即為前敵最關緊要先經臣琦善調派已到之
署湖南提臣祥福帶湖南兵九百名同本省兵
七百名駐劄防堵臣琦善正在起身赴彼督剿
即據稟報二月初七日逆夷兵船直攻卡座施
放飛砲火箭打入營盤各官兵奮力抵敵槍砲
致斃逆夷約數百名無如逆夷火器甚烈四面
焚燒致難撲滅署湖南提督祥福暨遊擊沈占
鰲守備洪達科俱已陣亡其餘尚未知下落其
烏涌並虎門傷亡兵丁亦因夷船阻隔未能遽
知確數自是之後逆夷猖獗愈甚竟將兵船火

輪船聯結多隻乘潮迅駛距省不過三十里之
二沙尾地方雖飭沿途將弁極力抵禦惟逆燄
正極兇狠恐即逼近省城臣等憤激之下誓不
與此逆同生惟有會同前督臣鄧廷楨林則徐
督率文武戮力同心堅拒固守聞參贊臣楊芳
已入粤境即委員飛往迎催即日到省妥商剿
辦除將接仗情形隨時馳
奏外所有虎門烏涌節被滋擾緣由謹合詞由六
百里加緊馳
奏伏乞
皇上聖鑒謹
奏

136

道光二十一年二月二十七日奉
硃批連傷我提鎮大員可恨之處不勝髮指即有旨
欽此

137

軍機大臣 字寄
靖逆將軍奕 參贊大臣隆 齊 兩廣總督
祁 道光二十一年二月二十九日奉
上諭本日據楊芳馳奏抵粵日期現在防守可期無
虞等語覽奏稍紓憂念前有旨令該將軍等兼分
晝夜兼程前進如遇赴粵官兵即著帶同前往計
已奉到遵行矣現在賊船駛進內河離省止二十
餘里雖據楊芳奏稱防守無虞情形究屬吃重著
該將軍等仍遵前旨星夜遄行遇有赴粵之兵即
催令先赴廣東俾資防剿毋任片刻逗遛致有貽
悮楊芳摺著鈔給閱看再前批裕謙奏請飭將軍
參贊將粵省情形隨時知會等語著奕 等到粵

後隨時鈔録剿辦情形知會浙江將此由六百里
加緊諭令知之欽此遵
旨寄信前来
附楊芳原摺
奴才楊芳跪
奏為抵粤日期並逆船偪近省城及現在防守可
期無虞情形仰祈
聖鑒事竊奴才前在江西豐城縣途次接奉
廷寄遵即遄程入廣東又奉
廷寄催令奴才加緊馳行並准軍机處抄寄
上諭硃批及琦善原奏奴才跪讀之下同深慄感飛駛
至清遠縣接督撫臣琦善寄信該逆連次攻破

砲台戕害官兵聞之不勝髮指因多日東南風
緊當即換坐小船日夜逆風加縴兹于二月十
三日駛至廣東省城與臣琦善阿精阿怡良英
隆及原任總督臣林則徐鄧廷楨等相見詢知
賊船離省二十餘里前哨探至省城相距十餘
里游奕勢益猖獗奴才登城周視内層之老城尚
屬完厚旗兵分段固守阿精阿督率周密外層
南臨大河商賈填溢靠城髙楼大廈層層櫛比
不及内城堅厚城身且係督撫標及廣州協官
兵分守其内外雉堞低於屋頂賊来再為立時
推倒牆瓦以便施放槍砲可以固守近日兩城
居民多半携眷遷避奴才等皆受

139A

恩深重惟有獎勵現在士卒一力防守而東西正北
三面城外陸地分撥總兵長春所帶江西兵一
千五百名及琦善調回協防太平墟總兵段永
福所帶貴州官兵一千名于本日申刻赶回三
面分駐內外聲勢聯絡奴才龍集陣亡總兵祥福
所帶湖南官兵除烏涌陣亡受重傷之外尚有
五百餘名預備分段援應共保無虞可以仰慰
聖厪第城大兵單近守不能遠攻且水戰更非所長
再四躊躇夷砲猛烈既不可任其逼近城下用
現備塞河竹排每排添安大木桶二十個內貯
綿絮灑搽毒葯浸透桐油上蓋稲草近日東南
風多僅能備俟潮退如賊至順水迎燒賊船一

140

面設法購致水勇用為反間如能斬馘渠首許
以重賞一俟臣奕　等到來大兵雲集即當併
力設法剿辦所有奴才抵粵日期以及夷務大概
情形合先繕摺奏
聞伏乞
皇上
聖鑒謹
奏於道光二十一年二月十四日具
奏於二月二十九日奉
硃批覽卿奏稍紓朕憂即有旨欽此

141

三月二十六日
到粤省初次發
㚖奕 隆 臣祁 跪
奏為㚖等同日到粤察看大概情形先行奏祈
聖鑒事竊㚖奕 等前經
奏明在韶州停泊等候臣祁 到時會商一切嗣
臣祁聞信兼程赶到㚖等於舟次會晤面籌一
切查韶関為後路官兵及軍餉必由要路下游
三水佛山亦係分貯糧餉之所而佛山以下花
地口距逆夷現泊之大王滘相去十數里不可
不預為之防當即札飭南韶連道楊九畹赶緊
株辦木排一千二百座多製木砲限十五天完
備雇覓水勇順流推下運至三水縣佛山一帶
以備攻守一面飛飭先到官兵於省城附近北

142

教場勘定地方安設大營並令於各要隘分撥
嚴密防守㚖等即日督率催到湖北四川官兵
九百餘名整旅而進所駕船隻係平底蘆篷不
能安砲抄襲後路斷難得力行次佛山地方接
見藩司梁寶常面稟奉前任督臣琦 札飭赶
鑄八千餘斤大砲四十位現已鑄成十二位㚖
等即就前往驗看所鑄砲身均極堅潤現已修
理完整已飭陸續運省擇要安設其餘仍令照
式赶緊鑄造㚖等於二十三日行抵省城周歷
內外察勘形勢其城北面依山而立左右並無
平曠之地東西南三面皆水港汊處處可通名
為省河實係支海每日潮至深七八尺面寬三

143

四里五六里不等惟鳳凰岡河面較窄陸兵抬
砲尚能攻及其餘非船載大砲未能得力若專
恃陸兵又難夫擊前經楊芳移咨廣西撫臣購
造大料木牌尚未放到所調各路砲位亦未能
到齊惟現有開艙貿易之說趁此羈縻奴才等與
楊　協力同心督飭文武各官赶造攻具一俟
布置就緒即便乘機進剿以慰
廑懷所有奴才等同日到粵察勘大概情形理合恭摺
馳
奏伏乞
皇上聖鑒謹
奏於道光二十一年三月二十六日初到廣東省

硃

144

城拜發於閏三月十三日奉
硃批即有旨欽此
再奴才等密片謹
奏查粵省情形患不在外而在内各商因夷以致
富細民藉夷以滋生近海商民多能熟悉夷語
其中之狡者布為奸細凡在省各衙門一舉一
動暗為通知捷於影響且水師一營自兵丁以
至千把前此無不藉色庇鴉片以為生理用兵
以来於逆夷惟恐其不勝於烟禁惟恐其不弛
故上年十二月逆夷攻破大角沙角砲台副将
陳連陞父子奮勇捐軀而兵丁與難者寥寥無
幾烏涌之敗實因本地兵丁望風先逃以致湖

116

63

南兵弁失陷使綫兵祥福受傷落水身死虎門之失夷船近在咫尺兵丁並不點放砲位各自逃走提督関天培手斬數人不能禁止是以被夷砲打傷而已並訪聞與逆夷接仗兵勇脫逃登岸改換民裝佯為觀望否則倉皇落水夷匪撈救送回並不加害致令海口砲台十餘座砲位千餘尊望風而靡盡行化為烏有本省兵船既不堪戰前督臣林則徐收買夷船一隻亦被燒燬種種情由實堪痛恨使各兵稍有天良何至逆夷長驅直入也然急則生變誅不勝誅又非迅速所能圖治而夷匪專用小恩小信收拾人心本地匪徒結夥搶掠夷匪反用砲轟擊以

為保護是以安業之民惟恐主戰而無賴之民又惟恐不戰不得藉以行劫也人情若此深為可慮省城大小衙門俱有漢奸探聽信息傳送夷人每紙賣銀二十元甚至憑空捏造以惑衆聽詭計多端機事不得不密奴才等於密訪嚴拿外凡一切奏稿以及緊要公文督飭隨帶司員隨時親自檢束即如製造火器現經既許各國開艙貿易而趕造攻具即不可令其鬧知奴才等現於貢院設局擇其秘密處所易于關防委張必禄等督率工匠晝夜趕造大小火箭蒺藜火球毒火炸砲毒火球等件凡匠役人等准入不准出即奴才親身省試並不隨帶一人諒外間斷

147

難知覺是防民甚於防兵而防兵又甚於防寇
此奴才等所謂患不在外而在內者此也奴才等現
於前後續到官兵數內挑取敢戰之將精銳之
兵加以鼓勵俟火具赶到擬於黑夜間外用快
蟹即蜈蚣艇數十隻每隻能載三百餘斤鐵砲
一尊佛朗机四個並各火器分布港口以攻逆
夷大船則不及以攻三板船則可中內用木排
乘載火具令水勇順潮推放延燒兩岸多設陸
兵乘勢前後兜擊攻破其三板船則火輪大船
必竄出外洋而軍威可以大振矣惟現在各國
貿易船隻停泊雜處難以辨認倘若不分玉石
誠恐他國夷船因而驚擾奴才等惟有隨時留心

148

相機而動斷不敢因目前有通商之說遂存觀
望之心以仰副
皇上委任之至意所有奴才等察看粵省實在情形並
籌備一切緣由謹此附片密
奏奉
硃批即有旨欽此

硃

149

軍機大臣 字寄

欽命靖逆將軍奕 參贊大臣隆 楊 齊 兩廣

總督祁 道光二十一年閏三月十三日奉

上諭據奕 等馳奏到粵察看大概情形並籌備一

切等語現在攻戰之具尚未齊備惟有赶緊密為

製造毋令該夷得有傳聞並嚴拿漢奸不使偷漏

消息所需木排砲位仍飭南韶連道楊九畹廣東

藩司梁寶常等分別赶緊妥辦鑄造一俟戰具齊

備該將軍參贊等即行乘機進剿以慰朕懷城內

如能拿獲一名即行梟示一名

既有漢奸通信將來出剿時亦須嚴密防範為要

前據楊芳奏逆夷義律現住快蟹船中似不難用

謀擒獲總須我兵大獲勝仗使逆夷喪膽乞命或

川十

58

150

縛獻義律明正典刑庶足振國威而伸義憤該將

軍等不可因目前用羈縻之計稍存觀望坐失事

機朕日盼捷音之至將此由六百里加緊諭令知

之欽此遵

旨寄信前來

151

閏三月初六日　奴才奕　隆　楊　臣祁　跪
發
奏為遵
旨查明據實覆
奏仰祈
聖鑒事竊奴才等前於途次欽奉
上諭琦善前奏香港地方寬至七八十里如或給予
必至屯兵聚糧建台設砲久之覬覦廣東流弊不
可勝言茲又據奏香港孤懸海外離省較遠等語
前後情詞自相矛盾顯係不實著奕　隆　楊
祁確切查明據實具奏等因欽此又二月十七
日奉
上諭前飭琦善查明陣亡將弁兵丁數目茲據覆奏

152

已降旨交部照例賜卹並將陳連陞父子加等議
卹惟將弁傷亡甚多該兵丁等陣亡恐不止此數
著奕　等查明琦善所奏有無隱飾又琦善與義
律屢次晤面談論香港之事彼時有無官員在傍
該夷目與琦善有無私相餽送之事著奕　等密
加查訪據實具奏欽此欽遵當經奴才楊　就近嚴
密轉移廣東撫臣怡　不動聲色確訪已革總
督琦　兩次與義律晤面談論香港之事係何
官員在傍並伊親隨家丁何人同往通事共帶
幾人一併傳齊聽候詢問等因在案奴才等抵粵
後接准撫臣怡　咨據署廣州府知府余保純
副將趙承德等會稟遵查道光二十一年正月

153

初三日前署督琦善隨帶武巡捕高殿甲劉東翰黄者華三員家丁胡姓趙姓謝姓三名乘坐督轅座船又帶船户吴亜裕之西瓜扁一隻自省起程前赴獅子洋蓮花城山下接見義律先令趙承德督兵二百名携帶帳房前往紮營余保純等係地方官隨往照料彈壓洋商盧文蔚等十一名通事蔡懋等四名均經隨往伺候初四日傍晚義律坐火輪船二隻到彼停泊義律令鮑鵬知會約于初五日巳刻前來謁見至初五日前署督琦善先到營盤義律帶領嘆夷官兵数十名進帳免冠謁見前署督琦善因夷人衆多諭令義律帶同夷通事前往坐船説話適

154

時始退其時鮑鵬一人在艙傳話卑府及洋商等各回巳船巡捕船户人等在船頭站立前署督琦善與義律所談何事概未聽聞初六日義律仍駕火輪船在虎門前署督琦善换坐吴亜裕之西瓜扁前赴虎門查勘砲台諭令卑府等先行回省前署督琦善於初八日回轅至正月十九日復乘坐吴亜裕之西瓜扁前往蛇頭灣地方卑府等均未前往前署督琦善如何接見義律如何商議事件均不知情等語奴才等以該府余保純等均有地方之責隨往彈壓琦善即有私相餽送之事亦断不使令知之而巡捕洋商等近在同船雖未經手豈無見聞奴才等復提

155

巡捕及各洋商等親加究訊據巡捕高殿甲洋
商伍敦元等僉稱維時船內惟鮑鵬一人傳話
小的等俱在船外伺候實未見義律有餽送情
事再三嚴鞫矢口不移奴才等伏思琦善兩次往
見義律議事均係鮑鵬傳話其如何談論香港
之事及有無餽送自必深悉查鮑鵬一犯前已奉
旨一併解京其家丁胡姓等三人亦俱隨往無憑質
訊應將訊取文武官員並洋商人等各供咨送
刑部請
旨飭下就近查訊鮑鵬以期水落石出再查香港地
方島嶼里數據署大鵬協副將賴恩爵稟稱遵
查香港距新安一百六十里離省四百四十餘

156

里該處與赤柱紅香爐裙帶路各處互相毘連
形如鼎足共為一大島周圍約一百四十餘里
裙帶路與尖沙嘴兩相對峙若就香港鼎形一
足而論周圍共約三十餘里鋪戶十二間居民
約七十餘家面海背山殊非泊船要澳祇緣毘
連裙帶路等山故前次該夷借香港為名懇請
寄居實欲扼裙帶路與紅香炉兩處等語詳核
所稟自屬實在情形是琦善前奏香港周圍約
七八十里或係專指一島而言今該夷尚有往
泊尖沙嘴者搭蓋棚寮五六間均有夷人在彼
住宿又於山下開架帳房二頂共有夷人三四
十名查尖沙嘴與香港對峙中阻一海該處藏

157

風聚氣可以停泊該夷等在彼游弈住泊未必
不垂涎於此奕等當與臣祁 會商嚴飭署水
師提督督率副將仍不時密加偵探隨時稟報
至琦善前奏陣亡兵數恐有不實事關卹典未
便草率奕等已飭該管將官等詳細查明據實
結報不准稍有含混隱飾除俟具報到日另行
核
奏外所有遵
旨查明各緣由理合恭摺覆
奏伏乞
皇上
聖鑒謹

158

奏於道光二十一年閏三月初六日廣東省拜發
於閏三月二十一日奉
硃批即有旨欽此

158A

閏三月初六日發

䇲奕隆　臣祁　跪

奏為遵

旨查明恭順各國夷商貿易情形恭摺覆

奏仰祈

聖鑒事竊䇲等未出京之先承准軍机大臣字寄道

光二十一年正月十九日奉

上諭怡良奏接辦粵海關務稅課短絀一摺據稱粵

海稅務以夷稅為大宗本年所到夷船不及十分

之二因各國之船為英夷攔阻不能進口是以六

月後正當征輸暢旺之時轉致短絀等語廣東例

准各國通商其恭順各國自仍照常貿易英夷强

悍桀驁阻撓各國生計各國豈肯甘心失利著奕

159

隆　祁　於先後抵粵時查明各該國情形果

否怨恨英夷阻撓生計抑稍有觖望於天朝未能

招徠撫綏以致向隅失業據實具奏將此各諭令

知之欽此欽遵仰見我

皇上懷柔遠人體恤備至䇲等馳抵粵省連日密加

查訪並咨據撫臣怡　將現在進口各國貿易

商船数目查明咨照核辦前來䇲等詳加查核

緣粵海關務舊章例准通商各國除居住澳門

之小西洋夷人貨船向在澳門卸貨外其餘咪

唎㗆咈囒哂荷蘭國大小呂宋國啿啵啦國嗹

國喘國單鷹國雙鷹國英咭唎國並港脚各國

貨船向例應進黃埔查驗開艙各該國距粵程

160

逺遠近不同每年来船数目約在一百餘隻二
百隻不等自二十年三月二十六日起截至六
月初二日止祗到有咪唎㗰國呂宋國貨船十
九隻自是之後並無貨船進口蓋因暎夷犯順
駛有兵船来泊粵洋所有各國貿易商船均被
暎夷阻撓不得進口暎夷强悍桀驁各國力不
能制阻遏外洋無不同深怨恨迨至本年二月
初六日暎夷闖入虎門攻破烏涌卡座夷船直
達黃埔是以向准通商之咪唎㗰國咈囒哂國
及港脚貨船共四十二隻始得隨後進口暎夷
懇求通商經　奕楊　會同撫臣怡　體察情形
奏明仍准恭順各國照舊通商恭順夷人等無不

161

欣感共戴
皇仁並不敢觖望於
天朝傳訊各通事所禀亦俱相符現在雖經開艙而
殷實客商均經紛紛遷避商民交易者甚屬寥
寥　奕等現已出示曉諭令其急速回来各安生
業與恭順各國照常貿易無須驚疑日来漸次
歸業民情少覺安貼所有遵
旨查明恭順各國現在貿易情形理合恭摺具
奏伏乞
皇上聖鑒謹
奏於道光二十一年閏三月初六日具
奏閏三月二十一日奉

162

硃批即有旨欽此

163

閏三月初六日發

奴才奕隆楊跪

奏為官兵漸次到粵陸路分守要隘省城可保無
虞民心大定仰祈
聖鑒事竊奴才等于二十六日拜發大概情形摺後當
即率同翼長段永福守周歷城垣及附近四面
各要隘逐一履勘查得新舊二城内外樓房高
與城齊唯北面依山為碟先經奴才楊　分派兵
弁協同城上城内分段防守而各省征調未齊
不免尚形单弱奴才等協心籌畫逆夷進攻必由
東南西南兩路而入東南一帶水面較窄中流
亦淺西南由白鵝潭直接大王滘水面寬濶中
流水深三四丈不等此路最當賊衝而近城泊

165

岸居民商賈鱗次而居河西距城僅止數丈不
能安营先自迤西西水関起由城南之太平門
五仙門至迤東之永清門止除廣州協兵外派
撥江西湖南廣西兵一千一百名在城上分段
協防派四川兵六百名在城外南面之油欄竹
欄靖海等門外街市衝要處分段設伏保護馬
頭東西二砲台安設新鑄八千斤鉄砲二位以
備賊船冲突又于東教場東西得勝砲台等處
安設四川江西各省兵四千名以為犄角城東
北西北兩處分紮貴州湖北等省兵四千一百
餘名以為前三面官兵應援正北保釐砲台分
紮湖南等省兵一千二百名聯絡舊城北面守

164

城兵以壯聲威佛山密邇花地係粮台重地截
留廣西兵一千五百名借資捍衛並接應外運
木排砲位防夷截劫經此一番布置民心安定
臣等又宣布
皇上救民除暴
德威刊刻告示各處招徠商民移徙者已漸復業唉
夷近聞大兵齊集稍知畏懼惟前准通商之港
脚係其屬國早經隨同開艙而該夷兵船不肯
遠退未必不希冀貨船全數入港故爾觀望臣
等不動聲色恐其遠颺攻剿轉覺棘手暗由廣
西購辦大木韶州肇慶二府置造小木排催
江西廣西砲位專派幹員督造軍火尅期進剿

166

但廣東戰船多被焚燒各砲台原設砲位損失過半刻下趕鑄砲位不能一時應手而水師又無兵可調現在調到陸兵不習于水下水推排放火乘船兜圍必須水勇廣州府附近招覓斷不足恃二十六日鳳凰岡之堵截水勇聞砲逃走竹排反為賊所壞是其明驗至前奉

諭旨飭查安南軋船是否可用奴才等詢據林則徐稱前經製造數隻駕駛不能得力且製造需時亦屬緩不濟急奴才等與督臣祁　撫臣怡　密商另派勤奮員弁分赴香山東莞一帶潛募熟習風浪勇敢水勇二三千人並雇買快蟹形類蜈蚣船而稍大可載百五十斤大砲一位佛郎機

167

四位進退捷速較作安南軋船工省而用便分配駕駛偽作商漁裝扮繞道潛襲以收火攻之效現在未經到營已報入境者尚有湖南湖北四川續調兵三千八百名廣西兵五百名日內即可全集奴才等挑選各營精銳以為前敵分帶砲位在陸路接應與水勇互為保衛環相轟擊

一俟接仗後再行馳

奏仰慰

聖懷所有奴才等現在籌備情形合先恭摺具

奏伏乞

皇上聖鑒謹

奏于道光二十一年閏三月初六日具

168

奏閏三月二十一日奉
硃批必須計出萬全謀勇兼施揚國威而喪逆膽朕
佇盼捷音之至諒卿等定能迅奏膚功共膺懋賞
勉之慎之即有旨諭欽此

169

軍機大臣字寄
欽命靖逆將軍奕　參贊大臣隆　楊　齊　兩廣
總督祁　道光二十一年閏三月二十一日奉
上諭奕　等奏官兵漸次到粵分守要隘一摺覽奏
均悉粵東民情浮動經該將軍等妥為佈置衆志
成城守者有堅定之心戰者必有奮勇之氣現在
所調各路官兵諒已陸續到齊雇募水勇並備辦
快蟹等船亦應次第齊備該將軍等務當謀勇兼
施分路兜剿毋令該夷聞風遠竄惟所奏由廣西
購辦大木韶州肇慶二府置造小排並提催江西
廣西砲位尤當嚴密催辦以應要需該處漢奸既
多所有商辦一切機宜自應加意慎密毋稍漏洩

170

風聲另摺奏查明香港地方情形內地尺土皆関
緊要豈容逆夷溷跡所有前經該夷占據之香港
並現在寄泊之尖沙嘴等處地方均著該將軍等
於進剿得手全將該夷驅逐各地盡行收回至琦
善與義律如何說話及有無餽贈往来現在鮑鵬
業經起解送京俟抵京後再行研鞫不難水落石
出又奕　等奏遵旨查明各國夷商情形一摺既
據奏稱各國並不敢缺望於天朝自必安心貿易
毫無驚疑該將軍等即着妥為撫綏俾逆𠸄稔知
惡貫滿盈自絕生路各國倘能輸誠效順自願生
計漸與𠸄夷携貳則以毒攻毒未始非用兵權變
之法惟在該將軍等計出萬全揚國威而喪逆膽

171

朕佇盼捷音之至該將軍等必能迅奏膚功共膺
懋賞也勉之將此由六百里加緊各諭令知之欽
此遵
旨寄信前来

172

軍機大臣字寄

欽命靖逆將軍奕 參贊大臣隆 楊 齊 道光

二十一年三月十八日奉

上諭本日給事中朱成烈奏陳剿辦逆夷戰策一摺據稱逆夷並無他長不過船堅砲大扼其所短即可奪其所恃等語著奕 等於到粵後將摺內各條體察情形是否可行據實具奏原摺著鈔給閱看將此諭令知之欽此遵

旨寄信前來

戶部掌印給事中朱成烈跪

奏為剿辦逆夷必先奪其所恃密摺具陳仰祈

聖鑒事查逆夷不知陸戰我陸兵與彼相接是謂以

173

眾制寡以能制其所不能即彼水戰所恃者亦不過船大而堅帆捷而巧砲大而準耳一切戰法俱不能精其船帆能用逆風旁風獨順風不甚利無風亦不能行且彼船高置砲亦高能上擊平擊而不能下擊雖有漢奸為之羽翼亦可智取也我軍果能奪其所長擊其所短斯可聚而殲之矣謹仿戰策約舉數條請為我

皇上敬陳之

一廣東省河兩岸厚築土隄寬挑土濠以備逆夷再至殲其全軍也隄以避砲彼如開砲則為土所埋濠以伏兵彼如過隄則伏兵齊起立即斬搶再於隄中作箇洞以為砲眼於洞旁一丈之

遠穿隄置長竹篙作為眼目以闗夷船初来放過待其大来兩岸一齊開砲使彼左右不能兼顧河之上流多集已舊小船載引火之物令水勇在水中奮力推下以焼其前面彼抵前則不及抵左右抵左右則不及抵前我軍有一面得手該夷已成灰燼矣或謂岡洞未免費工即於隄上牢置砲架點砲之人執牛草糠囊以避彼之砲子此以柔制剛之法亦可得勝臣愚竊謂宜兩用之二月二十四日省河之戰總兵長春英勇過人若有護身之具必不至砲傷其顱再省河不甚寬廣夷船在河中流不惟兩岸開砲可及即強弩火箭亦可射利該夷胆敢至此可

見並不知兵自尋衆敗不難剋期収復虎門也

一將逆夷逐出虎門如敢仍踞内洋彼之大船我以小船擊之彼之小船我以大船擊之可期必勝也蓋彼大船開砲不便俯擊我之小船高不過一二尺彼砲已在六七尺以上飛過我船逼近可以任所攻擊或謂小船距彼相近彼有聯環鎗可以俯擊然此鎗擊出至遠不過百餘步我之小船在二三百步之外用可擊五六里之砲擊之斷無不勝之理此以散制整之法也又謂大砲用於小船須防其坐挫成法有以米囊扶於砲後竟不坐者是可用也彼之小船亦載可擊五六里之大砲我之大船原不甚高砲可

176

俯擊若用可擊十餘里之砲于七八里之外擊之彼斷不能至前且多傷斃此以遠制近之法也或疑大小相錯不能分別擊之然以蜂擁小船趁彼大船彼之小船必來救護我之小船既多以前一半分擊其小以後一半直趁其大小既圍其小矣俟我大船將近一同號令即已閃出前面我大船直前壓之矣追至逐出內洋之後我軍攻剿之法百出不窮逆夷安得不授首哉

一逆夷退出外洋如敢再入內洋可設法制其大船也查逆夷船大如山喫水一丈有餘大洋水深可以縱橫如意若至內洋則水不盡深處淺者或至膠舟並可於水底特設重險待其來以

177

小舟開砲誘之誘至淺處險處彼船不能動安得不任我攻圍且聞夷船不能左右同時開砲左右同開則船震我兵分左右以大砲齊攻必有一面得力凡與水戰皆宜確用此法且彼乘潮方入內洋我兵先分起與之遊戰或竟堅壁不出追潮退然後奮勇叢擊必能大捷宋將岳飛在洞庭破楊太輪船以小船誘至淺水因而制之今若變通其法則彼之船不足恃矣

一無風之日可以出洋攻擊也彼之船大必須使帆無風必下椗我兵闖其下椗以多槳小船四圍繞攻專擊其船之近水處數擊則破破則沉矣若彼小船在前攔戰我軍即用前法以前後

178

分擊其小大蓋彼小船無多我以二隻戰彼一隻即已立奪其魄粵省連年用兵豈無數百隻小船且漁船亦可雇用又彼大船被我小船戰住我之大船正可直趋彼之小船我之小船並可替出擊彼大船也或又有用木筏取勝者查木筏整木平底既不可翻又不可沉較諸船尤低可以避砲其制前後兩筏以鈎環聯兩為一多設水輪木槳使之進退迅速前筏多用狼牙大釘釘於筏頭載火具釘入賊船縱火燒賊我兵俱登後筏摘環前進用砲擊賊可獲全勝金敗宋將韓世忠以無風破之今用其法則彼之帆不足恃矣

179

一順風我之所利可出奇制勝也一法用敝舊大船內載柴草揚帆在前以為障蔽以牛草絮被兩三層撐出船頭數尺以防其砲上用數水勇及善沒能工專管使船各執牛草以避砲後用多槳小船載精兵火器隨之彼擊大船則小船急進大船一遇彼砲則然然則乘風已抵彼船矣彼恐延燒不及顧我之小船小船乘風剿之為彼砲之所不及擊則彼之砲亦不足恃矣再用廣東人所造飛鴛鴦砲子以燒其帆該逆尚有了遺哉聞此項砲子曾破水盜張保著有成效沿海各省正宜如式置造以為燒賊之具

一彼乘夜或來偷營多用無底空船以小船夾左

右繼其後可以決勝也月黑之夜以此項船隻用牛草紮被裹於船頭多置旗幟草人靜停待之彼如直前登我空船則沒於水彼用砲擊則可遮映後之小船後之小船待其開砲轟前擊之彼必失措或竟以此船乘夜剿賊亦可使之徨惑無主宋將張貴曾用此法以誤敵敵人溺死者萬餘今誠偶一用之彼船與砲均不足恃矣

一募水勇以間漢奸必能成功也蓋水勇皆漁户水盜等類惟利是趨強悍輕生又能衽席海濤出沒自若我誠榜示水勇有能沉一夷船者賞銀若干斬一白夷黑夷者賞銀若干生擒一漢

奸者賞銀若干則必奮勇圖之矣即以所擒漢奸放歸用間以間衆奸令名斬夷來献不但必赦其罪且與水勇一律重賞必多轉而內向者一漢奸悔罪殺賊投首衆漢奸皆為夷所疑則逆夷之羽翼剪矣蓋至我兵屢創逆夷之後漢奸亦應知逆夷終滅彼必不隨之也

一廣南破夷之法亦有可用也聞夷船失風誤入廣南廣南人遣善沒者入於水以鐵鍊釘其船底急以小舟挈之使擱於淺水焚其船而取其輜該夷至今在大洋行走以見廣南山為戒見則斬舵工有常刑其伎倆可知矣昔鄭成功曾言該夷惟習鎗砲攻戰之理皆謬蓋信然也又

182

宋將韓世忠與金水戰以鈎繫練飛擲金船鈎
住曳之每曳必沉今以此法制彼三板沙板等
船尤易為力彼之大船益無護衛矣
以上數條多主火攻逆夷並無他長且畏火攻
我誠抱其所短多方以誤之必成擒矣至于開
砲遲速所爭祇在轉瞬之間全在點砲兵將眼
明手快膽量過人方能制勝則恃統兵之將委
用得人矣臣愚庸之見冒昧絮陳可否
察飭將軍參贊隨時酌量去取臣不勝悚惶待罪之
至謹
奏
道光二十一年三月十八日

183

軍機大臣　字寄
欽命靖逆將軍奕　參贊大臣隆　楊　齊　兩廣
總督祁　道光二十一年三月二十七日奉
上諭姚元之奏備論廣東形勢一摺所稱豫為之防
乘機而戰是否可行著悉心察看又御史駱秉
章奏嚴防吏役以杜洩漏文報等語其應如何杜
絕逆夷偵探之處並著會商妥議具奏原摺著鈔
給閱看將此諭令知之欽此遵
旨寄信前來
候補內閣學士臣姚元之跪
奏為敬陳管見備論廣州形勢事臣昨見抄報廣
東虎門砲台已失虎門天險沙線深淺不常夷

185

匪之船焉能過此是必漢奸為之導引既入虎門必趋黃埔黃埔距城四十里雖有獵德等砲台恐不能禦省城無險可扼勢必甚危竊謂廣東省會南臨海東界東莞西界三水北靠白雲山以今日之事而論有宜預為之防者有乘機而戰者謹分別陳之其宜預為之防也三水之西北為清遠清遠之西北為英德英德屬韶州府三水正西為肇慶府是三水乃全省之門户萬一省城有意外之變奸人黠者導夷匪馳扼三水則塞我之咽喉入廣之兵無由進矣似宜調精兵長集於此陸續将省城庫貯火藥銀兩運至三水營内無論該夷意在通商並無窺伺

184

省城之意即有漢奸慫恿竟起覬覦之心鬧省城無利可圖易生怠玩又在省城小北門外二十里白雲山相度形勢安置大砲若自北而攻南者該夷鬧之即不肯退出虎門亦不過據守黃埔在四十里之外不敢入四十里之内是宜預為之防者在西北也其宜乘機而戰也黃埔在廣州東南四十里自黃埔而東為東莞縣界連惠州府之博羅縣不特惠潮之兵可令齊集於東莞即江西之兵可由贛州府逾筠門嶺而至廣東潮州府福建漳州府詔安縣界連廣東潮州之饒平縣福建之兵亦可自潮至惠由惠至東莞合兩省兩府之兵擊黃埔之西虎門歸

186

路已斷廣州另調勁旅擊黄埔之東則該夷所
泊小船經前後之夾攻不難一鼓而殲矣省城
正南東南西南三方固應嚴爲之備即如屬縣
西南如順德新會正南如香山皆當預伏奇兵
防該夷餘匪由大洋竄入境内是宜乘機而戰
者在東南也又肇慶屬之陽江香山之騏澳其
居民習慣偷盜多於水底壞其船盜船避不敢
近騏澳尤鋭虎門以内不能容大船夷匪大船
必留虎門之外可招集騏澳之人令其設法攻
擊許以除槍砲火藥兵器繳官外餘一切財物
悉爲所有重利所在必爭先捨命而圖使其片
帆不返即該夷匪後有來者必先聞風而遁矣

187

臣愚昧之見是否有當伏乞
皇上聖鑒謹
奏
掌江南道監察御史臣駱秉章跪
奏爲敬陳管見仰祈
聖鑒事一文報宜嚴密也自來
諭旨文報到粤外人不及聞逆夷早已知覺故能悉
内地舉動此必各衙署跟役書吏爲彼所用請
飭令嚴密防範勿致洩漏消息以杜逆夷偵探臣愚
昧之見是否有當伏乞
皇上聖鑒謹
奏

188

發
閏三月二十日　奴才奕　隆　楊　臣祁　跪
奏為廣州西北兩河山水盛漲省河港汊漫灘官
兵不能尅期分剿擬實具奏仰祈
聖鑒事竊奴才等于閏三月初六日拜發守禦省垣情
形摺後于十四日承准軍机大臣字寄道光二
十一年三月二十九日奉
上諭奕　隆　奏接奉諭旨並籌辦情形一摺覽奏
均悉擬奏暫候祁　到韶州面商一切並須製造
器具兼催趲各路官兵等語該將軍相機而行極
為妥協現在祁
現已趕到各路官兵計應陸續
抵粵砲火及各項器具亦不日可成該將軍等諒
早馳赴省城會合一處抄襲該夷前後路徑併力

184

攻剿不使逃遁昨楊　怡　奏請准與港腳船隻
通商朕因其怠慢軍心已降旨交部嚴議奕　隆
經朕面授机宜且屢次寄諭飭令一鼓作氣殄
滅醜類該將軍等務當激發忠良協力同心以揚
國威而伸天討切勿為浮言所動是為至要將此
由六百里加緊諭令知之欽此欽遵寄信前來奴
才等跪聆之下無任悚惶奴才奕　隆　祁　出都
時荷蒙
皇上面授機宜又屢經
申諭
天恩高厚時切同仇到粵之後與叅贊楊　撫臣怡
將軍阿　協力籌度催調韶州廣西兩路

木排砲位並明定賞格分遣精細差弁赴東莞
順德香山一帶招覔水勇派委幹員設局專司
其事預備火器購買船隻選定各營奮勇精銳
兵弁五千餘名定于又三月二十日後月黑順
潮水陸夾擊內外扼隘夷船以便收復各處砲
台詎意自初七日後大雨滂沱晝夜不止西北
兩河同時盛漲山逼溜急浩瀚異常加以風飈
時作後到湖北綠營兵船亦被擊碎幸近岸得
全所運木排多被冲散直至十六七等日廣西
木排始放到佛山韶州尚未敢過峽近省內外
河水深四五丈五六丈不等夷船自二月二十
六日闖近省河之後大王滘二沙尾近省南北

二要隘早經該逆挖守自黃埔烏涌直至虎門
沿路砲台皆為分佔又自外河探水至佛山南
之五汊河花地口外白鵝潭亦有逆船停泊蓋
緣佛山為粮運聚會之所而編紮木排鑄造砲
位皆在其地恐其斷截運道前派總兵文哲琿
帶廣西兵二千名在彼防守而花地為佛山入
省之咽喉更為可慮奴才等恐河道梗塞連日城
外附近購求屋材另為趕造以備急用逆夷驕
悍已極既慮其猝攻又恐其遠適各路所覔水
勇到者不滿千人其香山一路又須繞出外河
以為抄截大黃滘夷船之用據報所覔尤未足
額奴才等前在途次移咨閩浙總督招募水勇一

192

千名亦尚未到粤而廣州附城俱係陂塘陸兵依山下营暫為駐紮因河汊阻隔陸路又恐不能聯絡聲勢未便調撥遠出况攻夷船祗仗火攻而火攻非順風順潮天氣晴燥不能得力目下柴草淋濕器勇未備攻不可恃奴才十分焦灼唯有嚴守城垣安輯居民厚賞勇敢之士改裝四出潛入其巢謀斬渠首以寒逆胆俟陰雨開霽即行内外進剿仰慰

聖廑奴才受

恩深重具有天良斷不敢惑于浮言坐失机宜亦不敢稍涉輕忽上負

委任惟有小心謹慎計出萬全克復虎門砲台收還

193

香港誓不令逆夷倖逃顯戮也至

發交侯補内閣學士姚元之給事中朱成烈御史駱

秉章原奏三件奴才詳加披閱有奴才早經倫辦者有緩不濟急者有窒碍難行者由奴才分别酌量辦理所有河水盛漲不能剋期進剿情形合先恭摺具

奏伏乞

皇上聖鑒謹

奏於道光二十一年閏三月二十日具

奏四月初七日奉

硃批另有旨欽此

194

再欽奉
上諭南贛鎮總兵長春帶傷督戰忠勇可嘉著加恩
賞戴花翎並賞給勇號等因欽此當即恭宣
恩旨該總兵長春望
闕碰頭叩謝
天恩據該總兵呈請代
奏前來理合附片奏
聞謹
奏奉
硃批知道了欽此

195

再查前經
奏調改赴粵省帶兵之新授鎮筸鎮總兵琦忠由
安徽滁州府遵檄折回改道赴粵茲于本月十
一日馳抵廣東軍營查先後到粵湖南各營官
兵一千五百餘名現無大員統領應即飭令該
總兵晉帶聽候調遣除檄飭遵照外再據該總
兵呈稱於途次接奉行知仰蒙
聖恩補授鎮筸鎮總兵當即望
闕碰頭叩謝
天恩訖因軍務緊急途次未能具摺謝
恩不勝惶悚呈請代
奏前來理合附片奏

196

197

聞謹

奏奉

硃批是欽此

198

軍機大臣　字寄
靖逆將軍奕　叅贊大臣隆　楊　齊　兩廣
總督祁　道光二十一年四月初七日奉
上諭本日奕　等馳奏山水盛漲省河漫灘一摺據
奏逆夷兵弁定期進剿適值大雨滂沱河水盛漲
不能剋期分剿逆夷闖進省河之後近省要隘已
被據守砲台亦皆分佔現在器勇未備攻不可恃
等語覽奏均悉攻剿逆夷自須計出萬全謀勇兼
施該將軍等務當慎密運籌催集砲械募調水勇
一俟兵械齊集即行相机進剿一鼓殲擒以伸天
討固須謀定後戰亦不可坐失机宜是為至要再
據御史駱秉章奏逆夷在粵造車載砲揚言復至

199

天津等語著該將軍等確切偵探據實具奏又另
片奏湖南官兵到粵聞有騷擾情事亦著該將軍
等申明紀律嚴加約束以期兵民相安將此由六
百里加緊諭令知之欽此遵
旨寄信前來
貴將軍等具奏告示賞格單一件奉
硃批所示俱好欽此原單存本處為此知會

200

為頒發賞格徧行曉諭事照得不次之賞
國家留以待賢豪非常之功盤錯始能別利器嘆
逆自去歲定海滋擾以來逆天悖理恃衆逞貪
攻陷邊隅恣情淫掠發掘墳墓枯骨何辜燒燬
田廬民膏脂盡剝膚吸髓萬家則雞犬絕聲失
節孱身三尺之孩童不免而在粵東又復藉口
求和秉我不備妖狐二休勾引成表裡之奸首
鼠兩端窺伺為門庭之害是真遐邇所痛心中
外所切齒者也本參贊將軍參贊奉
命專征提師進剿出邊民於水火取逆種為鯨鯢食
其肉而寢其皮早堅衆志附其背而犄其角更
望同心爾廣東文武紳士軍民人等俗稱尚義

201

勇素知方山海英靈之藪不乏奇材風雲萃合
之時全資碩畫爭感
聖主救民之意共收
天討無敵之功既造福於鄉鄰復銘勲於竹帛印綬
纍若君子邀特達之知穰往熙來小民享升平
之福本將軍盟心似水執法如山令出維行賞
不敢後為此再行告誡明定科條為懼禍者復
讐為捐軀者雪恨若能朝而奏功當必夕則入
告爾軍民尚其鑒覆轍於舟山庶幾奠磐石於珠海
其各恪遵無忽特示
賞格開列於後
一無論軍民人等能捦義律來獻者賞洋銀十萬

202

元
奏賞四品翎頂
一能捦義律以下頭目陌麦嗎哩遜噸吔咃唖嚧
啤等来献者賞洋銀五萬元

奏賞五品翎頂
一能設計焚燒唊夷兵船者以槍之多寡為定每
一槍賞洋銀一萬元三板一隻賞洋銀三千元
生捦賊目仍令照前條数目加賞如船中有存
裝貨物即分賞其衆其餘恭順各國仍准照常
貿易所有貨船軍民人等不得藉端滋擾以示
區別倘敢故違定行重懲不貸
一能拏獲火輪船一隻者賞洋銀六千元如船中

203

有存裝貨物亦即分賞其衆仍以軍功從優敘
敘
一現在恭順各國有能捦義律来献及助中國攻
剿者賞銀如数外仍於年例常税

奏減一半以示奬勵
一能熟悉夷情反間其党羽或材武絶倫反能製
火器船隻制夷死命者果能立功願為官者
奏援以官不願為官者賞洋銀二萬元
一能生捦唊逆白夷一名者賞洋銀二百元斬一
級者賞洋銀一百元捦黑夷一名者賞洋銀五
十元斬一級者賞洋銀三十元
一内地居民陷身外夷者大兵一到反正来歸從

204

前概赦不問能隨戰立功者一体照軍功例敘
敘分別獎賞其執迷不悟積慣作漢奸者有能
訪聞拏獲

奏賞六品頂戴另外從優加賞
一沿海居民子弟有為漢奸者其父兄先行出首
者概不連坐能設計誘回者俱免治罪

一富紳大賈有能出貲團練水勇義勇者照軍功
例加等議敘能親身督率迎敵者超加一等
一凡能破敵殺賊者無論從前曾有過犯概予寬
免果能始終奮勉照義勇一律優賞
一拏獲代咉夷暗地銷貨及偷為接濟者除將該
犯立即正法外拏獲之人給予七品頂戴另外

205

從優加賞

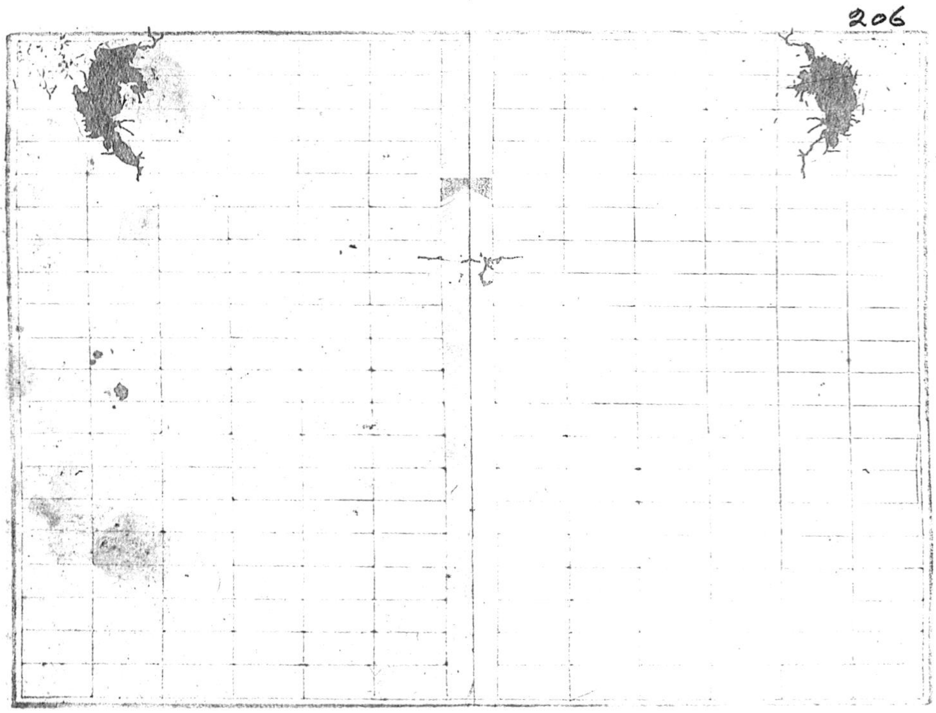
206

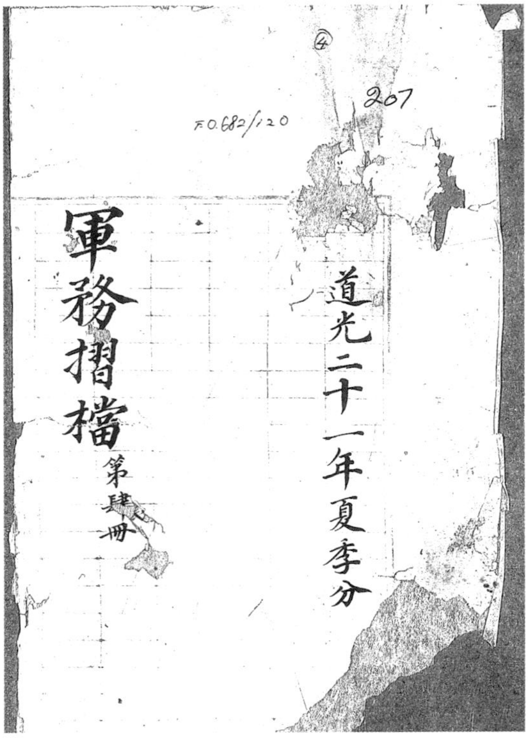
④

207

F.O.682/120

道光二十一年夏季分

軍務摺檔第肆冊

208

209

210

一件奕隆揚祁奏乘夜焚剿省河逆夷兵船現仍嚴密防守

一件內閣奉　上諭據奏焚剿省河夷船甚屬可嘉仍著加意防守省垣設法進剿奕等交部議叙並賞翎管等物出力文武著查明保奏傷亡弁兵水勇分別辦理

一件奕隆揚祁奏夷船晝夜環攻省垣官兵奮勇抵禦

又附奏咨調福建水勇一千名經委員楊承澤等帶到即交吳提督統領分防永清大南各門

一件奕隆楊齊祁奉寄　諭據奏逆夷環攻官兵抵禦情形一摺兩次焚擊夷船洵屬謀勇兼施不負委任此次打仗守城出力各員著查明具奏各緣由

一件楊附奏鳳凰岡打仗出力各員請鼓勵

一件內閣奉　上諭揚　開単保舉出力各員自應量予恩施

一件奕隆楊祁齊怡奉寄　諭著督飭地方文武將沙民孖氈等漢奸設法擒拏

一件奕隆楊阿祁怡裕奏唊夷攻擊省城督兵竭力保護無虞而局勢難以久守請擇宜辦理

又附奏洋商伍秉鑑等稟懇墊借庫欵銀二百八十萬兩歸償夷欠

又附奏辦理錯謬均請交部從重治罪並請　留中

211

一件奕隆揚齊祁阿怡裕奏寄　諭據奏請權宜辦理一摺著嚴諭該夷退出兵船繳還砲台妥議章程嚴密防範撫卹被焚居民借撥庫銀著落分年歸補餘照所議辦理

一件奕隆揚祁奏夷船退出省河繳還砲台義勇剿殺漢奸及滋事夷匪省城安堵

一件隆奕楊齊祁奏寄　諭據奏夷船退出省河繳還砲台一摺著俟夷船退出外洋後親歷各海口相度形勢妥議章程以資保障並著搽拏漢奸至義勇擒斬夷目查明是否即係啗嗲一切善後會同悉心妥議具奏

一件隆奕楊奏軍營所出遊擊以下各缺照例開単請補

一件內閣　上諭據奏請補遊擊都守各缺著照所請

一件奕隆揚祁奏奉　賞議叙並翎管等物叩謝天恩

又附奏參贊隆患病

一件隆奉寄　諭慰令安心調養

一件奕隆揚祁奏查明續燒夷船並義勇擒斬夷目

又附奏夷船退出虎門繳還虎門各砲台並分看省河水勢先將要隘堵塞以期固守

一件隆奕楊齊祁奉寄　諭據奏續燒夷船擒斬

212

夷目欣悅之至庚體羣等著查明按格奏賞收
復砲台著派防查估辦理所有焚燒夷船共若
干搶斬夷目並黑白夷人約若干漢奸約若干
查明具奏

一件（隆奕楊擬）奏打仗出力文武員弁兵勇紳士開單
籲懇鼓勵

一件內閣奉　上諭據奏請鼓勵出力文武員
弁自應量予恩施

一件（奕楊）（祁齊）奏籌備守禦內河情形並查看虎
門砲台猝難修復及驗明擒斬夷目姓名

又附奏查明裙帶路逆夷難以久居形（情）
又附奏奕　隆分駐石門金山彈壓撫郵隆

忠病益加沉重楊　因病咨請暫為調理
一件（隆奕楊擬）（祁齊）奏寄　諭據奏守禦內河情形
著照議先將要隘堵塞西北路砲台趕緊興修
揚忠病飭令安心調理著齊　駐省彈壓

213

四月初三日發　　　　　　　　　　　　　　　　奴才奕　隆　楊　祁跪
奏為乘夜焚剿省河逆夷兵船現仍嚴密防守恭
摺馳奏伏乞
聖鑒事竊奴才等於閏三月二十日山水驟漲未能尅
期進剿情形恭摺具奏在案拜發之後即同廣
州將軍臣阿　督臣祁　撫臣怡　副都統臣
裕　前任督臣鄧　等派兵嚴密防守一面備
辦火船設局添招水勇分路抄截正在赶辦間
而河水仍未消落逆夷船隻自大黃滘二沙尾
兩路連檣駛進謀攻省垣先是奴才等懸掛賞格
徧示軍民設計搶獲嘆夷一名者賞洋銀二百
元適有外委王成仕等搶獲探路逆夷二十餘

名奴才等督同藩臬兩司嚴行鞫訊究出逆夷招集漢奸定計水陸分襲省城是以奴才等不敢坐失機宜遂決計先發以制之前經派定翼長總兵段永福張青雲長春翼長上行走前提臣張必祿副將祺壽等分派陸路設砲防守兩西砲台又當逆夷來路尤為緊要派總兵張青雲督率副將楊開雲等同四川雲南兵弁加意防堵令管理水勇局司員員外郎西李挑選願告奮勇之藍翎都司胡倖伸守備孫應照五品軍功藍翎千總楊澤六品軍功藍翎外委陳朝陽六品軍功藍翎外委馮成川等帶領分起暗藏火箭火彈手執鉤鐮乘駕小快艇於初一日傳

晚各處埋伏令三更後一齊焚擊奴才等會同阿

怡　裕　分守各門並派

御前侍衛珠勒亨德冲額

乾清門侍衛岳松額德勒格爾二等侍衛忠泰三等侍衛巴楊阿粘竿處侍衛富明委護軍參領那瑪善等於城上分東西兩路分段巡邏督令官兵在沿岸乘勢轟擊該弁勇等分為三隊力攻其左右先抄其後路同時並發該逆黑暗不知我兵多少倉卒受敵四面同時火發弁勇伏身水上直撲其船底以長鎗鉤往船身拋擲火彈火毬火箭噴筒逆夷開砲環擊而不能下及水面須臾火焰冲天帆檣船舵隨風拖轉逆夷

216

號呼之聲遠聞數里紛紛落水自子至寅共燒西路白鵞潭逆夷大兵船二隻大三板船四隻小艇三板數十餘隻此外東路二沙尾燒小三板數隻逆夷被擊及溺水死者不計其數而有乘便撈救得生另歸夷船存住仍有大夷兵船三隻圍攻西砲台抵死抗拒天色已明水勇未能再行直上總兵張青雲等督兵開砲該總兵伏兵台下逆夷上岸者殺死數人夷船退於南岸逆夷自去冬猖獗以來此次始經受創兵勇壯氣倍增而逆夷狡黠異常探知　弩等所備木排火船砲船俱在垙城工作遂於初二日黎明赶來救援大兵船一隻三板四五隻火輪船二

217

隻以大兵船同攻西砲台以火輪船駛往窺視垙城該處官兵開砲抵拒擊沉三板一隻旋即退回查明未經配兵零星砲船被其焚燒數隻餘俱未動該夷兵船仍排列西砲台對面間段開砲總兵張青雲督兵固守竟日相持未被攻壞此初一日夜及初二日攻剿防守之實在情形也惟逆夷性類犬羊慭不畏死外洋屯泊兵船為數尚多現仍陸續駛近省河有增無減廣州老城堅厚定保無虞新城庳薄最為可慮　弩等不敢因乘夜進攻偶然得手遂致稍為鬆勁雖有同心協力寔罰必信鼓勵將弁奮勇圖功以冀保守城池仰紓

218

聖主南顧之厪除將傷亡兵弁水勇花名分别咨部
辦理所有在事督辦出力員弁容俟另行開單
恭呈
御覽奴才等會同督臣祁 先行馳
奏伏乞
皇上聖鑒謹
奏奉
硃批剿辦甚屬可嘉即有旨欽此
四月初三日發

文

219

道光二十一年四月十八日内閣奉
上諭奕 等奏焚剿省河逆夷兵船一摺剿辦甚屬
可嘉據稱逆夷兵船自大黄滘二沙尾兩路連檣
近逼省垣該將軍等於四月初一日飭令將弁挑
選熟習水勇一千七百名餘交都司胡倖伸等帶
領分起攻剿暗藏火器秉駕快艇埋伏各處並督
令官兵在沿岸秉勢轟擊該弁勇等分為三隊先
抄後路攻其左右該逆四面受敵同時火發弁勇
伏身水上直撲其船底鉤住船身拋擲火器須臾
燒燬兩路白鵞潭大兵船二隻大三板船四隻小
艇三板船數十餘隻東路二沙尾小三板數隻逆
夷被擊及溺死者不計其數總兵張青雲等復於

十

西砲台督兵開砲其逆夷上岸者均被殺斃次日
該逆駕船救援又被官兵開砲擊沉三板船一隻
逆夷始退等語逆夷自去冬猖獗以來毒焰漸張
經此懲創足以快人心而勵衆志著奕　等仍加
意防守省垣毋令逆夷兵船駛入各緊要口隘督
飭將弁分段嚴密防堵毋稍疎虞其應如何設法進
勦之處即著趁機籌畫計出萬全迅奏膚功以膺
懋賞奕　隆　楊　祁　督率有方著先行交部
從優議叙發去白玉翎管一個四喜搬指一個帶
鈎一個黃辮珊瑚豆大荷包一對小荷包二個著
奕　祇領白玉翎管二個搬指二個黃辮珊瑚豆
大荷苞二對小荷苞四個著隆　楊　祇領在事

出力文武員弁著該將軍等查明核寔保奏候朕
施恩所有傷亡兵弁水勇著分別咨部辦理該部
知道欽此

四月初六日發　奴才奕　隆　楊　祁　跪

奏為夷船晝夜環攻官兵奮勇抵禦情形恭摺

奏聞仰乞

聖鑒事。奴才等於四月初三日拜發焚剿夷船摺後，因

新城單薄，民房周環，四面臨水深處，其東西并

進，一時堵禦不及，且漢奸到處窃伏，乘機放火

趕緊將分駐城東城北官兵抽丁轉替，又坭城

一路汊河係由白鵞潭往石門、佛山繞道，所有

木排火船，俱由此放出，恐夷人紛駕三板邀截，

又調分駐燕塘總兵博勤恭武移營石門，小心

防範。該夷深懼火焚，先以大兵船四五隻下碇

花地口外，又以兵船停泊二沙尾下，覘其動靜，

硃　　硃　　硃

勢甚倉皇，奴才等嚴飭兵勇預備戰具，而繒浦所

（可恨之至）

剩火船被漢奸勾引焚燒，石門備辦木排急不

能到，亦恐為其所覺，反使有備，正在設法另調

間，夷船自西南、東北兩路帆檣齊進，於初三日

巳刻分攻西砲台、天字馬頭、東砲台等處，連環

轟擊，更番迭進，砲子打入新城老城之內，其勢

甚猛。經總兵段永福、琦忠、長春、張青雲等督率

（深堪痛恨）

將士併力抵禦，轟沉（甚好）火輪船一隻，相持至暮，漢

奸又拋擲大礶火毬焚燒臨水房屋，幸我兵勇

奮不顧身，亦以火箭火器拋擲（好極）焚其三桅兵船

（放是砲之兵查明應奬）

一隻，東砲台打折夷人大桅一枝，震落夷人四

五名落水，直至三更後始行少退。我兵亦有傷

硃　硃

224

亡初四日黎明夷人又復擁至彼此對擊相持
半日坭城木排船隻夷匪又分船截奪經遊擊
伊克坦布等督率兵勇擊斃夷人數名夷人開
砲自炸轟碎三板一隻奴才等前飭首縣僱覓裝（可喜）
載砲械紅單拖風等船為其所燒木排單船兵
勇赶緊牽入石門上流淺處未被焚燒查佛山
石門為入省要道正處該處兵力單弱適接前
途來信參贊大臣齊慎日內可抵佛山奴才等公
同商酌函致該參贊即將所帶官兵分駐佛山
石門一帶督率總兵文哲琿博勒恭武等在彼
擇要堵禦以防前往滋擾此次守禦將弁奮力
剿拒兩晝夜不息城門堵閉枵腹臨敵牽糧台

硃

225

早備乾糧縋城而下兵丁不至饑疲奴才又恐後
路應援不及添派
御前
侍衛珠勒亨等並司員福奎穆騰額筆帖式慶
福江西縣丞曾承禧督率壯勇分段嚴守以防
漢奸攻撲臣祁　同撫臣怡　飭廣州府知府
余保純南海縣知縣梁星源番禺縣知縣張熙
宇於各城內巷口設立水櫃救火器具派撥兵
勇處處嚴肅惟新城之內商民多避入老城更
無附近臨河村縣匪徒搶擄百姓紛紛遷徙甚
為可慮總緣虎門失守之後各處砲台均被佔（琦善之罪真在於此可恨可恨）
據而闖入內河盤踞省城左右各處水陸要隘
俱有漢奸為之導引探知我兵欲行進攻而逆

18

12

硃

226

夷引進兵船數十隻并廣招漢奸分布内外轉
相煽惑（尽行誅戮方消此恨）斧獲多名訊明立時梟示而奸民愍不
畏死趨之若鶩殊堪憤恨現在陸路官兵尺敷
調遣 斧 等惟有鼓勵將士努力防勦將軍阿
撫臣怡 副都統裕 等晝夜輪替巡城嚴守
不敢稍有鬆懈除將打仗守城出力各員容俟
查明再行開單恭呈
御覽所有二次接仗及晝夜防堵情形合先恭摺馳
奏伏乞
皇上聖鑒謹
奏奉
硃批防堵勦戮甚屬可嘉即有旨欽此

227

再前經 斧 等咨調招募福建水勇一千名經原
派委員浦城縣知縣楊承澤馬家巷通判俞益
提標中軍參將雙保等管帶於四月初四日未
刻行抵粵省當即派交新任廣東水師提督吳
建勳統領分撥永清門大南門協同官兵防守
堵禦理合附片奏
聞謹
奏
硃批好

軍機大臣　字寄
靖逆將軍奕　參贊大臣隆　楊　齊　兩廣
總督祁
道光二十一年四月二十四日奉
上諭本日據奕　等馳奏官兵抵禦情形一摺據奏
逆夷兩路分攻東西砲台經總兵段永福長
春張青雲等督率將士併力抵禦轟沉火輪船一
隻並被兵勇拋擲火箭火器焚其三桅兵船一隻
東砲台打折夷船大桅一枝震落夷人數名落水
次日又復擁至經遊擊伊克坦布督率兵勇擊斃
夷匪數名夷人開砲自炸轟碎三板船一隻等語
將軍等經朕面授機宜到粵以後調遣鎮將督率

弁兵兩次焚擊夷船多隻逆情甚屬倉皇洵屬謀
勇兼施不負委任可嘉之至惟繒浦火船竟被漢
奸焚燒復於接仗時拋擲火罐火毬焚燒房屋深
堪痛恨現據該將軍等拿獲多名訊明梟示此種
奸匪必須盡行誅戮勒辦方可得手著奕　等嚴
密查拏獲到一名即於軍前正法慎勿姑息養奸
據奏齊慎日內可到即令分駐佛山石門一帶督
率總兵等擇要堵禦均著照議辦理此次打仗守
城出力各員著奕　等查明具奏候朕施恩其東
砲台打折夷船大桅之兵丁並著查明奏請獎勵
傷亡弁兵分別奏咨賜卹現在招募福建水勇一
千名業經到粵仍著該將軍等努力防守多備炮

230

械出奇制勝奮勇剿洗迅奏膚功同膺上賞勉之
望之将此由六百里加緊諭令知之欽此遵
旨寄信前来
五月初九日到

231

謹将二月二十四日經努楊 派往鳳凰岡打
仗最為出力員弁遵
旨核寔開单恭呈
御覽仰懇
天恩量加鼓勵
計開
江西寧都營叅将譚恩請
賞加副将銜 署江西南昌城守營都司伍定著
江西贛標後營守備劉國榮 升署湖南提標
左營守備王金國 以上三員請
賞戴花翎 江西寧都營千總藍瑢 湖南提標中
營千總周萬遠 廣東增城營千總曾廷相

232

廣東督標前營把總梁玉龍　廣東順德協把
總盧長弼　湖南提標右營把總余志燮　湖
南提標後營外委向開遠　江西南昌城守營
外委丁慶揚　以上八員請
賞戴藍翎
江西贛標後營馬兵何亮標　江西贛標後營
戰兵李定光　任標　廖啟洪　江西撫標左
營戰兵劉得泰　廣東旂營水師兵李杲　馬
甲王國聰　貴州安義鎮標中營戰兵段作焘
湖南鎮筸鎮中營馬兵田祖澤　湖南提標後
營戰兵袁國琳　湖南乾州協右營馬兵楊勝
業　以上十一名請

233

賞戴藍翎
廣東候補知縣錢燕詒前在鳳凰岡督辦船排
協同官兵守禦奮勉出力應請
賞戴藍翎
候補鹽大使何正策在鳳凰岡親冒矢石保護
火船始終出力請以遇缺儘先補用　湖南隨
營字識鄭祚昌　余長青　韓潮　以上三名
請以從九品未入流不論雙單月歸部遇缺即
選

道光二十一年四月二十四日内閣奉
上諭前據楊芳奏逆夷欲進省河官兵奮力擊退降
旨令將在事出力員弁確查具奏茲據遵旨核定
開單呈覽自應量予恩施所有派往鳳凰岡打仗
最為出力之江西寧都營參將譚恩着賞加副將
銜　署江西南昌城守營都司伍定菁　江西贛
標後營守備劉國荣　升署湖南提標左營守備
王金國俱着
賞戴花翎
江西寧都營千總藍瑢　湖南提標中營千總周
萬遠　廣東增城營千總曾廷相　廣東督標前
營把總梁玉龍　廣東順德協把總盧良弼　湖

南提標右營把總余志燮　湖南提標後營外委
向開遠　江西南昌城守營外委丁慶揚俱着
賞戴藍翎
江西贛標後營馬兵何亮標戰兵李定光　任標
廖啟洪　江西撫標左營戰兵劉得泰　廣東旗
營水師兵李杲　馬甲王國聰　湖南鎮筸鎮中
營馬兵田祖澤　湖南提標後營戰兵袁國琳
湖南乾州協右營馬兵楊勝業　貴州安義鎮中
營戰兵段作杰俱著
賞戴藍翎
廣東候補知縣錢燕詒督辦船排協同守禦著
賞戴藍翎

236

候補盈大使何正策親冒矢石保護火船着以本
班遇缺儘先補用　湖南隨營字識郭祚昌　余
長青　韓湖着以從九品未入流不論雙單月歸
部遇缺即選以示鼓勵該部知道单並發欽此

237

軍機大臣　字寄
欽命靖逆將軍奕　叅贊大臣隆　楊　齊　兩廣
總督祁　廣東巡撫怡　道光二十一年四月
二十五日奉
上諭本日據齊　奏訪聞暎夷猖獗寔由漢奸為之
耳目我兵舉動彼皆先知漢奸之為夷人服役
者曰沙民與夷人貿易者曰孖毡行踪詭秘現
在仍為鬼子偷買口糧是以鬼子得以久據内
地等語廣東沿海各處漢奸充斥疊經降旨着
該將軍等於拴獲後即行正法以示懲創現當
攻勦逆夷之際該匪徒等尚敢偷買口糧接濟
逆夷寔堪痛恨著將軍叅贊暨該督撫等督飭

238

地方文武員弁將汝民孖毡等漢奸設法拴拏
以除稂莠而肅軍令將此由五百里各諭令知之
欽此遵
旨寄信前來
五月十一日奉到十三日齊參贊咨來

239

四月十五日發　弩　奕隆楊阿精阿祁怡裕瑞　跪
奏為唊夷船隻攻擊省城督兵竭力保護幸尚無
虞而體察局勢難期久守惟有權宜辦理謹將
寔在情形恭摺會奏仰乞
聖鑒事竊　弩　等於本月初六日將連日接仗緣由馳
報在案查廣東省會城池立於觀音山之麓前
臨大河西北韶肇南連等府州之水由花地匯
流入海客商行旅即從此道入省溯自夷船駛
入省河排列多艘咽喉已為所扼東西兩路由
獵德大黃滘達黄埔而至虎門海道分歧徑路
業雜瀰漫平衍並無要隘可守且田塍窄狹不
能紮營駐兵北路各山皆可俯瞰城中時有夷

240

人潛往窺伺戒備未易前此備辦火攻各具皆於離城十五里之坭城用廣西觧到木植稻草從三水縣屬之金山寺地方以下分頭委員編紮該逆探知工次木排將成自初一日開仗以後該夷即密遣三板船前往探水經看守弁兵開放槍砲爭擊退迨初五日夷船三十八隻全數駛入攻城另駕火輪船駛至坭城河面開砲漢奸紛作水手混入我船左右縱火將先前裝運柴草焚燒過半其漢奸鳧水登岸自陸路扒赴我兵之後三面受敵坭城不能拒守此時河道梗塞文報難通赶辦砲位一切既無從前往督催亦無從運送来省至兵糈尚有倉儲可碾

241

而民間食米向皆来自鄉間茲已堅守城池則商販不前尤於民食有礙兼之砲火不絕新城居民相率移入老城以內相持日久即不能無匱乏之虞民氣動搖不堪設想省城重地為全省關係稍有疎失則各府州縣匪徒必致乘機蜂起況大兵聚集亦復在在可慮使在郊野行兵尚可層層擇險誘敵而省城萬無棄理城存與存本係奴才等一身之責而城亡與亡寔非地方萬全之計奴才等日夜焦思萬分無術先是勘得省城北面原有砲台製甚狹隘不能多駐兵丁坭城登陸直逼北城城上開砲轟擊攻斃逆夷十餘名漢奸百餘名該夷退守土山而砲台

已為所踞天已昏黑官兵暫收入城迨初七日
城內居民紛紛遞稟籲懇保全闔城民命又據
守垜兵丁探報城外夷人向城內招手似有所
言當即差叅將熊瑞升登垜看視見有夷目數人
以手指天指心熊瑞升不解何語即喚通事詢
之據云要稟請大將軍有苦情上訴總兵段永
福喝以
天朝大將軍豈肯見爾奉命而來惟知有戰該夷目
即免冠作禮屏其左右盡將兵仗投地向城作
禮段永福向　奕等稟請詢問即差通事下城問
以抗拒中華屢肆猖獗有何冤抑據稱㘆夷不
准貿易貨物不能流通貲本折耗負欠無償因

新城之外兩邊砲火轟擊不能傳語是以來此
求大將軍轉懇
大皇帝開恩追完商欠俯准通商立即退出虎門繳
還各砲台不敢滋事等語旋據眾洋商稟稱該
夷央該商等轉圜祇求照前通商並將歷年商
欠清還伊即將兵船全數撤出虎門以外等情
奕等通盤籌畫虎門藩籬既失內洋無所憑依
與其以全城數百萬生靈與之爭不可必得之
數似不若俯順輿情以保危城以甦民困竊計
廣東一省關榷賦稅每歲不下三百萬兩祇須
夷務清釐數歲後元氣可復若堅持日久或致
意外之虞不特收復大費周章而民為邦本或

遣荼毒關係匪輕是以公同商酌派委廣州府
知府余保純妥為查辦姑如商民所請暫准其
與各國一體貿易先蘇民困該逆以通商為命
脉俟夷船退出漢奸解散之後先從省河以及
虎門各處要隘壘塞河道增築砲台添鑄砲位
門戶既固阻守足據即扼其吭如再敢鴟張立
杜通商庶辦理有所措手所有近日省河攻拒
寔在情形並權宜辦理緣由謹合詞滙陳伏乞
皇上聖鑒訓示再參贊大臣齊　駐紮佛山河道梗
阻不能面商是以未經列銜合併聲明謹
奏
奏奉
硃批即有旨片一件留覽欽此

再查粵東與各國通商近二百年洋商夷商彼
此交易歷年既久商欠遂多節經夷商稟請清釐
經各前任監督將積欠最多之洋商斥革監禁
其欠項分於各商攤認歸還在案此係向來之
辦法也茲據原商伍秉鑑等稟稱前與暎夷交
易積有夷欠曾與議明分年歸款自十九年停
止暎夷貿易至今未能歸結茲蒙飭令查明迅
速清理商等豈敢稍事推延除商等自行極力
籌措外尚不敷銀二百八十萬兩時既倉促且
茶絲各商俱已遷避一時無可借貸仰懇將庫
貯款內撥借二百八十萬兩由商等具領以清
夷欠分作四年在各行生意估價行用內按數

246

攤出將現借之項全數歸補等語奴才等再四思
維此項雖由商欠而目下關係夷情萬一稍有
差失所關匪細不如准洋商借領按年解還終
歸有着是以不揣冒昧一面奏
聞一面先爲墊借欠項既清庶夷人無可藉口除另
行咨明戶部外奴才等謹附片具奏伏乞
聖鑒謹
奏奉
硃批即有旨欽此

247

再奴才奕 隆 楊 等奉
命督師赴粵攻勦暎夷奴才阿 臣祁 臣怡 奴才裕
等均有地方城池之責無日不思痛殲醜類以
彰
天討而快人心何敢妄作權宜之舉第有不得已之
苦衷不能不直於陳
聖主之前者粵東用兵攻守之難均有八端先經奴才
楊 密陳
聖鑒嗣奴才奕 奴才隆 抵粵後悉心體察省河左右咽
喉皆爲所守溯查廣東與各國通商近二百年凡
夷人之性情嗜好粵人無不周知而沿海居民
暨漁船蛋戶往來潮汐中尤與夷人相狎言語

247A

皆通嗜利好鬪輕去其鄉所以夷人不惜重貲
覓爲使令遂至死心向外惟命是從暗通消息
無所不至雖屢經捕獲立即正法而混跡市廛
無可辨認更有偽製兵丁號衣襍入行陣或首
先奔潰或戕害弁兵詭詐多端甚而謀爲内應
幸先事密拿駢誅示衆先經臣怡　於二月間
刊示開導宥其既往許以立功自効　等又將
賞格加重許以自新勸諭再三投回者卒鮮蓋
之水路炮位失散無餘水師無兵可調陸兵臨
河禦敵夷人炮火猛烈所恃者土堆沙袋胎絮
牛皮而積至丈餘尤能洞澈是以守兵往往立
脚不住現在所調官兵一萬七千餘人將弁久

248

歷戎行士卒亦皆用命無如粤東既無戰地又
難安營熱燥濕蒸久而多病除佛山石門分防
之外可用者不過十之七八此次夷船長驅直
入攻擊省城官兵猶能奮不顧身相持數晝夜
無如漢奸煽惑人心不固而夷匪既南逼河岸
又北踞山巔居高臨下全城在目勢甚危急　等
蒙
皇上豢養之恩授命畺場一身何足顧惜獨念城中
數百萬生靈何辜遭此荼毒且省城重地倉庫
監獄最關緊要一有疎失收復固難而各路土
匪乘機竊發通省動搖更不堪設想總之形勢
既難久守而百姓日愈驚慌是以城内居民卒

249

衆籲求哀號請命奴才等再四思維若不權宜行
事必至十分決裂罪尤難逭但奴才等未經先爲
陳奏俟
旨遵行寔因迫於情勢未能久待而種種辦理錯謬
之罪百喙難辭應請
旨將奴才等交部從重治罪謹附片密陳伏望
留中伏乞
聖鑒謹
奏

250

軍機大臣 字寄
欽命靖逆將軍奕 參贊大臣隆 楊 齊 廣州
將軍阿 兩廣總督祁 廣東巡撫怡 副都
統裕 道光二十一年四月二十九日奉
上諭奕 等奏嘆夷船隻攻擊省城督兵保護無虞
請權宜辦理一摺覽奏均悉嘆夷自我兵兩次擊
退之後計窮勢蹙併力進攻該夷性等犬羊不值
與之計較況既經懲創已示兵威現經城內居民
紛紛遞稟又據奏稱該夷免冠作禮籲求轉奏乞
恩朕諒汝等不得已之苦衷准令通商該將軍等
惟當嚴諭該夷目立即將各兵船退出外洋繳還
砲台仍須凜遵前定條例只准照常貿易不准夾

251

帶違禁烟土倘敢固違斷不寬恕并著將軍等會
同該督撫悉心籌議妥定章程夷性叵測仍當嚴
密防範不得稍有疎懈俟夷船退後迅將各砲台
及防守要隘等處趕緊修築堅固如嘆夷露有桀
驁情形仍當督兵勦滅不得因以施恩遂諸事任
其需索另片奏城外居民房屋多被焚燒著祁墳
怡良即派委妥員查明妥為撫卹所有借撥庫貯
銀二百八十萬兩著即着落該商分年歸補不得
延宕餘著照所擬辦理將此由六百里加緊各諭
令知之欽此遵
旨寄信前來
五月十二日奉到

252

四月二十四日發
孥 奕 隆 楊 祁 跪
奏為夷船退出省河繳還砲台義勇勦殺漢奸及
滋事夷匪省城安堵恭摺奏
聞仰祈
聖鑒事竊孥等於四月十五日拜發保固省垣從權
辦理一摺後一面嚴守城池安戢居民一面飭
令夷船趕緊起椗該夷當即退出十餘隻又據
該夷目遣兵頭嘩喻稟稱寔係各國夷商向其
索欠情急是以懇求准予清釐並非有心干犯
天朝乞將軍各大人在
大皇帝前懇
恩原赦孥等查夷船此番闖入內河俱是漢奸導引

253

雜以各島野夷借端生事擄搶鄉村不可不急
爲殲除但漢奸形蹤詭秘有衣夷服者有扮作
兵勇者散漫各處必須分路兜截若分兵四出
恐辨别不真殃及平民激成事端不如本地鄉
民團結義勇易於識認當即傳諭城西北東北
各鄉團勇頭人梁彩煥等分路搜捕殺死漢奸
及黑白夷匪二百餘名内夷目二名又奴才等前
遣義勇紳士等於南岸擒斬大頭目一名據其
密報係屬咱嘜夷人願出洋銀萬元購求其尸
該紳士等秘藏深室是否屬寔容查明再行具
奏現在夷船已續陸退去大黄滘獵德各炮台已
派兵防守省垣城門一律開通商民照舊生理

好

254

安堵如常惟遷徙遠移者尚懷觀望奴才等已出
示招徠並查明被火房間妥爲撫卹所有流亡
可期歸業至粤省砲位散失各砲台急需補砌
添鑄量爲變通舊制截高補低相度整理以期
守禦得力用垂永久近省河道修築不及而要
隘處所或用木排或用砂石尤須赶辦且現在
漢奸土匪在南海縣屬之三元里等村乘勢搶劫
尚須分兵前往就近彈壓聯絡聲勢以固民心
奴才奕　隆　帶兵二千名分駐石門金山一帶
會同叅贊大臣齊　籌辦一切並查驗後路木
排船隻以備放下堵塞河口又於離城十五里
之燕塘地方移駐兵二千名令總兵琦忠管帶

好

以防東路　奕　揚　留駐省城會同臣祁　撫臣
怡　等督率內外各兵及
御前侍衛珠勒亨等嚴密防守新任水師提督吳建
勳亦即飭令赴任揀帶福建水勇前赴虎門查
收砲台一俟夷船退出外洋　奕等即親身週歷
再行妥議章程以固藩籬而資保障統俟夷船
全行退出虎門另行奏報外所有夷船現經退
出省河及義勇勦殺漢奸緣由合先恭摺馳
奏仰慰
聖廑伏乞
皇上聖鑒謹
奏

道光二十一年五月初十日奏
硃批即有旨欽此
四月二十四日到

257

軍機大臣 字寄

欽命靖逆將軍奕 參贊大臣隆 楊 齊 兩廣

總督祁 道光二十一年五月初十日奉

上諭本日據奕 等奏夷船退出省河繳還砲台並

義勇勦殺漢奸及滋事夷匪各情形覽奏均悉現

在夷船已陸續退出大黃滘獵德各砲台已派兵

防守提督吳建勲已赴虎門查收砲台所有善後

事宜自應次第籌辦著該將軍等於夷船退出外

洋後親歷各海口要隘相度形勢妥議章程以資

保障至此次夷船闖入省河俱是漢奸引導業經

該將軍等傳諭鄉勇分路搜殺漢奸及夷匪二百

餘名夷目二名稍示懲創此外蹤跡詭秘潛匿各

258

處者當尚不少務須趁此大兵雲集之時分飭兵

勇寔力搜拿毋使漏網斷不可稍存姑息盖內地

少一漢奸即夷匪少一援應於辦理善後事宜尤

有裨益其在南海縣屬村莊秉勢搶劫之漢奸土

匪尤應痛加懲辦至所稱於南岸擒斬之夷目哋

嘜是否即係領兵之哋嘜該義勇紳士在何處擒

獲均著查明具奏所有各砲台及散失砲位亟須

補築添鑄其應如何變通之處該將軍等相度情形

辦理總期適用各海口沉失砲位尚可撈獲亦

應修整備用其撫恤被火民人招集流亡堵塞河口

分兵彈壓各路俱著照所議妥速辦理一切善後

章程即著該將軍等會同悉心妥議具奏要期行

之無媿堪垂永久方為不負委任將此由六百里
加緊各諭令知之欽此遵
旨寄信前來

道光廿一年四月廿四日 奴才奕　隆　臣楊　跪
奏為請補遊擊以下各缺恭摺奏祈
聖鑒事竊查本年二月初七日在烏涌打仗陣亡所
出湖南鎮筸鎮右營遊擊一缺提標前營都司
一缺綏綏靖鎮標右營都司一缺提標左營守
備一缺撫標右營守備一缺永綏協守備一缺
及擬請陞補所遺各缺 奴才等查照向例在於隨
征各員弁內擇其尤為出力者擬請遞相陞補
以示鼓勵另繕清單恭呈
御覽如蒙
俞允該員等均現在軍營應請
勅部先行發給陞署劄付以便支食廉俸俟凱撤回

261

營再為補行送部引
見以符定制其陞補守備所遺千總以下各缺由奴才
等遴選拔補咨明兵部照例辦理為此恭摺具
奏伏乞
皇上聖鑒訓示謹
奏請
旨 道光二十一年正月初十日奉
硃批即有旨欽此

262

謹將二月初七日在烏涌陣亡（打仗）陣亡所出遊擊
都司守備等缺在於隨征各員弁內擇其尤為
出力者擬請遞行陞補謹繕清單恭呈
御覽
計開
湖南鎮筸鎮標左營遊擊洗占鰲陣亡一缺查
得湖南辰州城守營都司王灼年力強壯營伍
熟悉打仗勇往堪以升補
湖南辰州城守營都司王灼陞補遊擊所遺都
司一缺查看得辰沅道標屯守備瞿我升年力
正壯熟悉營伍出師奮勉擬請堪以升補
湖南辰沅道標屯守備瞿我(陞)升補都司所遺守

備一缺查看得河溪營右哨千總陸從茂年力强壯營伍諳練打仗出力堪以升補
湖南提標前營都司王懷貴陣亡一缺查看得桂陽營守備王楷年力强壯營伍曉暢出師著績堪以升補
湖南桂陽營守備王楷升補都司所遺守備一缺查看得鎮筸鎮標右營左哨千總張心銘年力壯盛營伍練達打仗著績堪以升補
湖南綏靖鎮標右營都司王世臣陣亡一缺查看得辰沅道標屯守備劉通純年力壯盛熟悉營伍出師著績堪以升補
湖南辰沅道標屯守備劉通純升補都司所遺

守備一缺查看得辰沅道標屯千總楊再得年力富强營伍熟悉打仗勇往堪以升補
湖南提標左營守備洪達科陣亡一缺查看得提標前營領哨千總王金國年力正壯營伍諳練打仗奮勇堪以升補
湖南撫標右營守備聶發陣亡一缺查看得撫標右營左哨千總楊秀貴年力富强營務熟悉出師著績堪以升補
湖南永綏協守備胡國順陣亡一缺查看得鎮筸鎮標右營左哨千總陳進榜年力正壯營伍練達打仗奮勇堪以升補

道光二十一年五月初十日内閣奉

上諭奕　等奏遴員請補遊擊都司守備各缺一摺着照所請湖南鎮筸鎮左營遊擊員缺准其以王灼升補所遺辰州城守營都司員缺准其以瞿我陞升補其所遺辰沅道標屯守備員缺准其以陸從茂升補湖南提標前營都司員缺准其以王楷升補所遺桂陽營守備員缺准其以張心銘升補湖南綏靖鎮標右營都司員缺准其以劉通純升補所遺辰沅道標屯守備員缺准其以楊再得升補湖南提標左營守備員缺准其以王金國升補湖南撫標右營守備員缺准其以楊秀椎貴升補湖南永綏協守備員缺准其以陳進榜升補均着

先行發給升署劄付俟凱撤回營再行送部引見該部知道單併發欽此

五月初四日發　奴才奕　隆　臣楊　祁　跪

奏為恭謝

天恩仰祈

聖鑒事竊奴才等於五月初一日欽奉

諭旨奕　隆　楊　祁　督率有方著先行交部從

優議叙發去白玉翎管一個四喜搬指一個帶鉤一個黃辮珊瑚豆大荷包一對小荷包二個著奕

祇領白玉翎管二個搬指兩個黃辮珊瑚豆大荷

色兩對小荷包四個著隆　楊　祇領欽此欽遵

當即恭設香案望

闕叩頭祇領五中愧懼莫能名狀伏念奴才等叨蒙

簡命恭領戎行祇因逆夷盤踞省河諸事難措手未

能尅期剿滅悚惕方深乃以焚擊夷船先示懲

創渥荷

恩施優叙奴才奕　隆　楊　等復荷

賞賚遙頒聞

命自

天感悚無地奴才等惟有竭盡愚忱將現在應行相度地勢堵塞河道修整砲台各事宜會同恭贊大

臣齊　和衷商辦以期固我藩籬徐圖治效仰

副我

皇上綏靖邊隅之至意所有奴才等感激下忱理合繕

摺恭謝

天恩伏乞

269

聖鑒謹
奏
知道了

270

再叅贊大臣隆　素體尚稱强健自抵軍營以
來會同　弩　等籌辦軍務因俱難措手晝夜焦勞
以致虛火上炎肝氣鬱結脾胃失調飲食日減
迨移駐金山之後腸胃結燥飲食不進徹夜無
寐精神益形委頓經督　臣　祁　撫　臣　怡　由省
延醫來營診視據云投以潤劑而燥悶不安投
以降劑則嘔逆不受食不下咽肝木益熾血氣
漸虧補降皆非所宜惟用以滋肝養胃之劑或
可稍冀輕減仍須安息靜養等語該叅贊因在
軍營不敢冒昧請假於一切應辦軍務仍復力
疾商辦而　弩　等察其病勢誠恐日益增劇當即
屬安心調理所有應辦一切軍務事件　弩　突

271

會同叅贊楊　　齊　督臣祁　等隨時商辦俾
隆　得以靜養以期速就痊可所有該叅贊現
在患病緣由理合據情寔附片奏、
聞伏乞
皇上聖鑒謹
奏奉
硃批聞隆文焦勞致疾朕甚懸念必當遵旨暫且安
心調養現有將軍叅贊三人在彼可敷辦理另有
旨

硃

272

軍機大臣　字寄
叅贊大臣隆　道光二十一年五月十八日奉
上諭本日據奕　等奏叅贊大臣隆　因籌辦軍務
焦勞致疾朕甚懸念該叅贊力疾辦公轉恐增劇必
當遵旨暫且安心調養以期速愈現在軍營事務
有將軍贊叅三人在彼足敷辦理該叅贊不准勉強
萬勿焦急加意調攝為國宣猷歲月正長也其善體朕意
從事俟病痊後再行會同籌辦一切將此諭令知
之欽此遵
旨寄信前來
六月初一日奉到

硃

273

五月初四日發

奴才奕　隆　楊　祁跪

奏為查明續燒夷船及義勇搶斬夷目據實具

奏仰祈

聖鑒事竊奴才等於四月初九初十等日據署水師提督何岳鍾稟報初五日巡邏兵報稱初四日三更後瞭見虎門橫檔洋面大光自遠而近砲聲不絕火船數隊由沙角口放下奴才等正在查詢間據奴才等前批差截逆夷後路新安縣武舉庾體羣稟報該紳奉委焚燒橫檔一路夷船於初四日夜子刻分駛三隊由穿鼻西洋面截燒順潮直趨而上放火撲近夷船夷船驚覺放一大砲砲聲未了船上火光突起大藥艙火發兩枝大

23

硃

274

桅轟起空中全船俱燬等語是營員所報之大船與該紳所稟脗合其為該武舉所焚無疑又據義勇頭人職員鄧彰賢薛高遇等稟稱四月初十日逆夷在唐夏鄉等處焚掠蒙前任四川提督張必祿在石門發給火藥令職等督率力戰見一夷目手執紅旂身懸護心銅鏡衆云即是逆夷先鋒嚄嗶經義勇顏浩長突出砍倒立即梟首義勇龍國昭亦斬紅旂夷目一人並黑白夷匪十餘名均有首級屍骸可驗又前

奏斬獲夷目之義勇紳士將夷目調兵令符之黃金寶剌及雙頭手砲呈驗並稱將該逆首級密室收藏聽候查驗前來現在內外鄉民衆口一

11

275

辭。遠近傳播。聲稱所殺係屬哂嘮。共為心快。奴才等仍恐含混影射必須另委曾識二逆之官弁驗看真確再行按格
奏賞除將賓剌及護心鏡另行解京查驗外合將續焚夷船及擒暫斬夷目緣由恭摺具
奏伏乞
皇上聖鑒謹
奏奉
硃批覽奏欣悅之至即有旨諭

硃

276

再奴才等正在繕摺間據水師營署提督何岳鍾稟稱參將李賢遊擊王鵬年曹飛揚布萬和等先後稟稱夷船現在全行退出虎門色已將虎門横檔各砲台繳還夷船駛放外洋者二十餘隻尚有十餘隻抛泊伶仃洋迤東香港背面之裙帶路該逆夷等先於正二月間即在此搭蓋寮蓬修理石岸現仍停泊寄椗至各台砲位散失甚（甚屬可恨）多餘者殘毀盡為廢鉄砲台僅剩地址奴才等前已
奏明飭令新任提臣吳建勳赴任現已酌帶水勇前往令其先行逐一踏勘情形派兵防守以便委員前往查估辦理奴才等親身分看省河打量

水勢淺深先將要隘堵塞絕其來路庶可由內
及外層層設防以期固守容俟督勘明確繪圖
貼說再行具奏合將附片
奏陳謹
奏奉
硃批即有旨

軍機大臣 字寄
欽命靖逆將軍奕 參贊大臣隆 楊 齊 兩廣
總督祁 道光二十一年五月十八日奉
上諭據奕 等奏查明續燒夷船及義勇斬獲夷目
一摺覽奏欣悅之至新安縣武舉庾體羣義勇顏
浩長龍國昭等先後在洋面焚燒夷船砍倒逆夷
先鋒嘎嗶並斬紅旗夷目一人黑白夷匪十餘名
該義勇紳士等志切同仇寔堪嘉尚並前次斬獲
啪嗲之義勇紳士等該將軍等於派員查驗明確
後一併按格奏賞以昭激勸又另片奏夷船全行
退出虎門已將虎門橫檔各砲台收復等語夷船
現仍寄校伶仃洋迤東之裙帶路地方著奕 等

硃

即飭提督吳建勳將炮台基址及殘廢砲位踏勘
情形派兵防守以便委員查估辦理該將軍等仍
親歷查勘省河堵塞要隘以期層層固守至該省（其如何堵塞之法盡便具奏）
用兵自楊　及奕　等到後兵焚燒夷船若干隻
搶斬夷目及黑白夷人約若干名搶拏剿戮漢奸
約若干名均著該將軍等查明具奏將此由六百
里加緊諭令知之欽此遵
旨寄信前來

五月初四日發

奴才奕　隆　楊　跪
奏為瀝陳官弁兵勇打仗奮勇出力遵
旨酌保籲懇
恩施鼓勵仰祈
聖鑒事竊奴才等於五月初一日欽奉
上諭所有在事出力文武各員弁該將軍等查明核
寔保奏候朕施恩等因欽此仰見我
皇上鼓勵戎行微勞必錄至意奴才等不勝欽感欽服
伏查暎夷稱兵內犯自攻破虎門之後無險可
扼以致逆夷兵船長驅直入盤踞省河無非希
冀邀
恩前經奴才楊　偽許代奏通商羈縻多日迨奴才奕

硃

281

隆
等抵粵後未敢遽許覈奏該逆未免心生
疑惧亦即諳調兵船多方准備雇覓漢奸一萬
餘名煽惑土匪表裏為奸意在決一死戰弩等
力催赶紮木排火船攻具尚隔八十餘里河道
梗阻未能放下所招香山惠潮水勇及發給旂
幟預備斷截夷匪後路水陸壯勇共有一萬數
千餘名因器械間有未齊所調福建水勇一千
名維時亦未赶到逆夷知通商難必欲圖先發
制勝弩等探知確信因急遣弁兵水勇一千七
百餘名並於城南北岸各馬頭要隘分派官兵
設炮嚴防於初一日夜間出其不意飭令願告
水戰之文武員弁帶領四出焚燒官兵趁勢用

硃　　硃

282

砲轟擊逆夷溺水者不計其數在該逆受此懲
創原可一鼓殲除奈漢奸異心外尚到處為之
導引接濟即如初一日開仗之後該逆又復添
調兵船數十隻排列省河於初四至初六等日
晝夜攻擊炮聲火焰連絡不絕漢奸乘隙登岸
竊伏城外及城北一帶用火箭射燒城南民
房昏夜如晝使我兵腹背受敵我兵尤能奮不
顧身盡力抵禦同心效命。衆目所覩。逆夷受傷
被淹身死者甚多而我兵弁傷亡者較少計兵
弁陣亡者二十餘員受傷者一百二十餘名水
勇陣亡者七十餘名受傷者九十餘名統俟查
明再行咨部分別辦理伏思此次軍務屢奉

硃

283

上
諭嚴飭何敢妄作權宜自速罪戾惟要隘既失河
道梗塞省河所泊大小船隻又為其所扼不能
連絡而下以致辦理諸難措手維時不戰則逆
焰愈張戰則民心不固　督等體察情形不得
不暫作權宜之舉以期徐圖後效固我藩籬在
督等辦理錯謬罪無可辭惟念夷匪自内犯以
來官軍望風而靡莫之敢當此次焚燬船隻開
炮對擊河岸東西各炮台力敵兩晝夜亦有登
岸之賊無不處處殺退而總兵官張青雲手自
點放八千觔大炮接連轟擊揮兵抵拒尤為奮
勇及撤歸添守新舊城垣又復啟門沖殺雖至
饑疲無一不奮往直前各處鄉兵亦能急公報

284

効協同官兵奮勇殺賊而文員中或籌備攻具
或帶管水勇並經理文案要件均各著有微勞
不敢壅于上
聞現在欽奉
諭旨飭令　督等查明核實保奏所有初一初二等日
在事文武員弁謹擇其尤為出力者分别開單
恭呈
御覽仰懇
恩施格外量予鼓勵以昭激勸為此恭摺具
奏伏乞
聖鑒謹
奏奉

285

硃批即有恩旨

286

謹將查明招募管帶水勇督催火攻器具並經
理文案在事尤為出力人員核寔開單恭呈
御覽
理藩院員外郎西拉本
戶部員外郎李湘棻
以上二員經奴才等自徐州隨帶先行經理文案
要件晝夜辛勤迨馳抵廣州軍營因該二員留
心武備派令管理水勇局事務籌備火攻器具
分撥兵勇焚燬夷船並協同官兵守禦大小北
門督催打仗不避危險洵屬尤為奮勉出力奴才
等不敢沒其微勞查西拉本前在回疆軍營業
已彙

恩賞戴花翎該員係
京察一等奉
旨記名以道府升用之員懇
恩賞加道銜李湘棻懇
恩賞戴花翎以知府歸部遇缺即選先換頂戴
戶部員外郎穆騰額
盛京刑部員外郎知府銜福奎
以上二員經手帶赴軍營經理文案並委審拏
獲漢奸究出夥黨多名當夷匪攻城之際派往
北城之一帶持令督催防堵晝夜辛勤寔屬奮
勉出力員外郎穆騰額懇
恩賞戴花翎知府銜福奎懇

恩免赴本任以知府歸部遇缺即選
兵部筆帖式慶福
戶部筆帖式全興
以上二員經理稿案妥協無悞並隨同福奎等
在北城督催防堵接濟火藥均屬奮勉出力請以
理事同知遇缺即用先換頂戴
廣東候補知縣錢燕貽該員承辦雇覓船隻督催
軍火妥協無誤寔屬奮勉出力請以知縣不論
繁簡遇缺即補
候補鹽知事喬應庚
南海縣縣丞張樹勲
三水縣縣丞張起鵾

咨調來粵安徽委員績溪縣濠寨巡檢蔡允青

以上四員均請

賞戴藍翎

廣東候補縣丞鄒寬請遇缺儘先補用

廣東平海營司巡檢沈薰請以縣丞即行升用

供事阮致中　孫本初　張勛

以上三名請以從九品歸部不論雙單月遇缺

即選

供事倪韶書　沈沛霖　王泰州　謝嶟　高

道生　章恩海　趙文慧　司德　喬元縉

以上九名均請以未入流歸部不論雙單月遇

缺即選

謹將四月初一初二等日開仗打砲擊賊及焚

燒夷船奮勇出力各官兵水勇等擇其尤為出

力者核寔開单恭呈

御覽

計開

御前頭等侍衛珠勒亨

三等侍衛德崇額

乾清門二等侍衛岳松額

三等侍衛德勒格爾

二等侍衛忠泰

三等侍衛巴揚阿

粘竿處藍翎侍衛富明

291

廂黃旂委護軍參領那瑪善
以上八員經 拏等分派各要隘協同鎮將督率
兵勇打仗守城均屬奮勇出力珠勒亨請
賞加副都統銜德崇額請以二等侍衛升用岳松額
請以頭等侍衛升用德勒格爾請以二等侍衛
升用忠泰請以頭等侍衛升用巴揚阿請以二
等侍衛升用富明請以該處三等侍衛升用
那瑪善請以副護軍參領升用
四川川北鎮總兵張青雲該員督率弁兵在西
砲台晝夜相持親自點砲轟擊夷船寔屬奮勇
出力請
賞戴花翎

292

前任四川督標中軍副將降補參將唐永清該
員督率弁兵在天字馬頭用砲轟擊夷船寔屬
奮勉出力查該員前在副將任内因辦理夷務
未能迅速降補參將可否准其開復副將之處
出自
天恩
四川忠州營都司馬載文
貴州候補都司清江協守備孫應照
以上二員均請
賞戴花翎
湖北中營都司胡俸伸
江西鉛山營都司薛思齊

四川城守營守備錢玉春
四川重慶右營千總楊澤
以上四員請
賞換花翎
健銳營前鋒校烏爾清額　穆通阿
以上二員請以委前鋒參領升用
火器營烏鎗護軍校舒志請以空花翎升用
四川順慶營千總王凱
湖北蘄州營千總陶兆麟
四川維州協千總李　昂
以上三員請以守備儘先升用
四川千總馬萬喜　馬福友　督標右營千總

傅琨
湖南提標千總劉得勝　李效先
湖北千總許宗魁　韋銓
成都駐防六品軍功吉祥
四川把總曾贏　署把總恩騎尉陳風
平番營把總王俸強　督標把總胡維釗
提標把總林春萱　松潘鎮把總王國柱
湖北把總羅渭鷹
湖南辰州營把總羅宏發
廣東把總王成仕　梁國安
廣西梧州協把總尹朝升
四川外委蕭品高　楊邦煥　張起庠

295

廣東外委范錦芳　王萬年
四川兵丁旦春和　劉永泰　党季礼
伍子昌　升廷彦　吳奇青　丁玉龍
王中榜　朱懷與　王登元　杜樹淳
龐金玉　李萬龍　崔現章　徐廷彪
龔進龍　劉國興　羅玉聲　張中元
李登魁　楊沛　楊廷綬　羅萬鎰
顏三元　党文升　陳東陽　萬天青
蕭茂松　何俊　楊華春　劉文明
張應舉　蕭聲鳴　曾慶雲　唐坤
馬永祿　劉顯明　李惠然　錢泰和
高文興　袁發宗　陳洪道　李岐鳳

296

李正喜　熊鳴春
湖北外委龔明爵　兵丁洪光亮　陳占鰲
洪光煕　黃呂良　董占元　王進先
趙建功　田德明　吉祥　高元魁
湖南兵丁鄧雲台　劉正國　白元龍
姚國亮　麻學謙　廖登雲　滕代坤
袁國璋　華承澤　張永發　秦興泰
江西兵丁馬起麟　李搶振滄　黃萬誠
張大雄
貴州兵丁熊必勝　趙順君　楊茂材
艾廷玉　蔣道立　雷新霆　熊國祥
蔡雲升　段作傑　張朝喜　黃萬澄

297

廣東兵丁黃曜吉　張勉春　楊清臣
廣西兵丁譚元彪
雲南兵丁尹　相
以上官弁兵丁一百一十一員名均請
賞戴藍翎
招募管帶水勇職員
廣東捐職千總蘇汝梅　六品軍功蘇文鈺
以上二員請以本省千總補用
禮部額外司務張玉藻
候補通判方衍齡
舉人徐岱嶸　江開
拔貢顏士欽　黃河清

298

副貢陶承侃
知州降補按察司經歷林士端
候選未入流劉炳南
以上九員均請
賞戴藍翎
候補未入流六品軍功陳棠該員自募義勇在
西砲台協同官兵堵禦打仗出力請免選本班
以府經歷縣丞不論雙單月儘先選用并請
賞戴藍翎
候選府經歷丁恩國
候選從九品周毅昌
候選從九品楊捷勝

299

候選未入流杜穀
捐職從九品楊逢達元
從九品職銜俞增光
以上六員均請以本班歸部遇缺儘先選用
水勇頭目武舉庚体羣　廪生楊元勲
職員吳濯皇　監生黄元憲　林福祥
孫建勲　鄭交泰　胡鎮彪　范廷起
賈占魁　楊玉成　馬長耀　羅維綱
王魁泰　馬有滙　陳國周　張輝炳
張喬蕃　梁彩英　梁亞傑　鄧彰賢
薛高遇　顔澤慶
以上二十二員名均請

300

賞戴藍翎
道光二十一年五月十八日内閣奉
上諭前據奕　等奏焚剿省河逆夷兵船當降旨飭
令將在事出力文武員弁查明核實保奏茲據該
將軍等奏稱此次兵勇焚燬船隻開砲力敵兩晝
夜凡有登岸之賊無不處處殺退總兵張青雲手
自點放八千斤大砲接連轟擊揮兵抵拒該省武
舉及義勇頭人亦能焚船攻賊斬殺逆夷先鋒夷
目及黑白夷匪多名現在夷船均已退出虎門該
文武員弁等著有勞績自應量予恩施以示獎勵
四川川北鎮總兵張青雲著賞加提督銜並賞戴

花翎理藩院員外郎西拉本著以道員用留于廣
東候補先換頂帶　戶部員外郎李湘棻著賞戴
花翎以知府歸部遇缺即選先換頂帶　戶部員
外郎穆騰額著賞戴花翎　盛京刑部員外郎知
府銜福奎著免赴本任以知府歸部遇缺即選
筆帖式慶福　全興　著以理事同知遇缺即用
先換頂帶　廣東候補知縣錢燕詒著以知縣不
論繁簡遇缺即補　候補鹽知事喬應庚　南海
縣縣丞張樹勳　三水縣縣丞張起鵾　安徽濠
寨巡檢蔡允壽均著賞帶藍翎　廣東候補縣丞
郜寬著遇缺儘先補用　廣東平海司巡檢沈董
著以縣丞即行升用　供事阮致中　孫本初

張勛著以從九品歸部不論雙單月遇缺即選
供事倪韶書　沈沛霖　王泰州　謝崵　高道
生　章恩海　趙文慧　司　德　喬元縉　著
以未入流歸部不論雙單月遇缺即選　侍衛珠
勒亨著賞加副都統銜　岳松額　忠泰著以頭
等侍衛升用　德崇額　德勒格爾　巴楊阿著
以二等侍衛升用　富明著以粘竿處三等侍衛升
用　廂黃旗委護軍參領那瑪善著以副護軍參
領升用　四川降補參將唐永清著准其開復副
將　四川忠州營都司馬載文　貴州候補都司
清江協守備孫應熙均著賞帶花翎　湖北中營
都司胡倅伸　江西鉛山營都司薛思齊　四川

城守營守備錢玉春　四川重慶右營千總楊澤
均着賞換花翎　健銳營前鋒校烏爾清額穆通
阿着以委前鋒叅領升用　火器營烏鎗護軍校
舒志着以帶花翎升用　四川順慶營千總王凱
湖北蘄州營千總陶兆麟　四川維州協千總
李昂均着以守備儘先升用　四川千總馬萬善
馬福友傅現湖南千總劉得勝李效先　湖北千
總許宗魁辜銓　成都駐防六品軍功吉祥　四
川把總曾勛　署把總陳風　把總王俸强　胡
維釗林春萱　王國柱　湖北把總羅渭鷹　湖
南把總羅宏發　廣東把總王成仕梁國安　廣
西把總尹朝陞　四川外委蕭品高楊邦煥張超

聲廣東外委范錦芳王萬年　四川兵丁旦春和
劉永泰党學禮伍子昌弁廷舉吳奇壽丁玉龍王
中榜朱懷興王登元杜樹淳龐金玉李萬龍崔現
章徐廷彪龔進龍劉國興羅玉聲張中元李登魁
楊沛楊廷綬羅萬鎰顏三元党文陞陳東陽萬天
壽蕭茂松何俊楊華春劉文明張應舉蕭聲鳴曾
慶雲唐坤馬永禄劉顯明李惠然錢泰和高文興
袁發宗陳洪道李岐鳳李正喜熊鳴春　湖北外
委龔明爵　兵丁洪光亮陳占鰲洪光照黃品良
董占元王進先趙建功田德明吉祥高元魁　湖
南兵丁鄧云台劉正國白元龍姚國亮麻學讓廖
登雲滕代坤袁國璋華永澤張永發秦興貴　江

305

西兵丁馬起麟李振滄黃萬成張大雄　貴州兵
丁熊必勝趙順君楊茂村艾廷玉蔣道立雷新霆
熊國祥蔡雲升段作傑張朝喜黃萬澄　廣東兵
丁黃曜吉張效春楊清臣　廣西兵丁譚元彪
雲南兵丁尹相均着賞戴藍翎　管帶水勇職員
廣東捐職千總蘇汝梅　六品軍功蘇文鈺着以
本省千總補用　禮部額外司務張玉藻　候補
通判方衍齡　舉人徐岱嶸　江開　拔貢顏士
欽黃河清　副貢陶承侃　知州降補按察司經
歷林士端　候選未入流劉炳南均着賞戴藍翎
候選未入流六品軍功陳棠着免選本班以府經
歷縣丞不論雙單月儘先選用並賞戴藍翎　候

306

選府經歷丁國恩　候選從九品周穀昌楊枝勝
候選未入流杜毅　捐職從九品楊逢元俞增光
均着以本班歸部遇缺儘先選用　水勇頭目武
舉庚体羣　廩生楊元勲　職員吳濯泉　監生
黃元憲　林福祥　孫建勲　鄭友泰　胡鎮彪
范廷超　賀占魁　楊玉成　馬長耀　羅維綱
王魁泰　馬有滙　陳國周　張輝炳　張喬蕃
梁彩英　梁亞傑　鄧彰賢　薛高遇　顏澤慶
均着賞戴藍翎該部知道單併發欽此
查此次保人單內請
賞戴花翎者五人請　賞戴藍翎者一百四十八人
賞換花翎者四人

307

五月十二日發　奕　楊　齊　祁

奏為籌備守禦內河情形並查勘虎門各砲台猝
難修復及驗明捡斬夷目姓名據實具
奏仰祈
聖鑒事竊𡚒等據署水師提臣何　稟報逆夷退出
外洋繳還虎門各砲台當即飛飭查勘安兵駐
守去後茲據先後稟稱各砲台僅餘基址或被
折缺或被葯轟無可棲止砲位大者無存小者
亦皆殘毀稟請勘估前來𡚒等查虎門內外各
砲台百餘年來扼要添設未雨綢繆工堅械備
一旦撤守為逆夷剗平先去其所畏始敢闖入
內河逼城分泊拚死求和爾時省垣所可守者

308

僅一東砲台其西砲台及海珠砲台早為皆所
擊壞今夷船退出而諸隘為之一空若急於修
復九鳩工庀材添鑄砲位非一二年不能一律
完固而夷性犬羊居心狡詐現在漢奸附和尚
有數千雖稱只求貿易焉知不萌蘖潛滋𡚒等
再四商酌惟有先固根本徐及門戶夷船自外
洋入虎門海面遼闊路徑分岐水深浪大必須
以船進攻以台拒守今師船台砲皆無可恃而
獅子洋內不得不以省河為屏蔽歷來大小船
隻進省由黃埔分南北而入北路由琶洲七星
岡赤岡獵德二沙尾至東砲台而二沙尾為扼
要南路自深井海心岡分為二路迤北至官洲

309

至小洲分而為二一由瀝滘至深滘一由崔家沙上滘繞出白鶴沙其迤南一路則由北泥涌南亭老虎岡三山俱可至大王滘砲台而瀝滘崔家沙老虎岡為扼要欲斷絕其兵船來路非先填塞此四處不可現已派委妥員探試深淺遍訪紳耆總以無碍民田無遏水道或以船沉石或以囊壅沙聯巨木為樁作梅花及品字形塞深淺只容貨船出入夷船吃水在五尺以上遇沙石擱阻即可損壞伊既不敢飄忽直入然後將省河南北二路砲台以次赶緊修築再于要隘添設砲墻安兵練勇加意防守内户既固即可添制戰艦籌運磚石由内而外諸砲台可

310

以從容措手期于鞏固查舊砲台依山者高出水面依水者四面受敵既無遮蔽又無暗道砲位安放太高砲架不能隨意掉轉故往往發而不中奴才等鑑及前失擬另為改造炮眼分作兩層高者以夷船之中艙為準低者以夷船之船帮為準立標于水挑選胆勇之兵弁勤加演放輪流間出以木筏作的總以砲不虛發發必命中為主嚴定賞罰將令既專士心必一前者省河之戰八千斤大砲夷匪極為畏惧惜安放無善地又僅運到止八尊兵弁点放不熟又沙袋阻隔不能取準而火輪夷船被炮擊碎倘台可藏身架可轉掞以有定之準馭無定之船練習

311

既久手眼合一心胆俱壮逆夷船炮雖堅利片
帆不能飛渡矣至前奏義勇顏浩長搶斬之嘆
咩衆口一詞該民附近省垣見聞必確而暗遣
義勇陳棠等嗎誅之夷目原報係屬咱吱兹扡
通事驗看首級發变認識不出惟該夷寶剌上
有夷字飭委能繙紅毛者譯出上有鎮守吵咆
吐嘞爵之業等字聞係嘆夷掌兵渠魁称為伯
爵與義律同惡相濟而嘆咩亦逆中强悍酋天
奪其魄使之登陸得就駢誅無不稱快所有按
格奬勵之處容另行
奏賞合先將籌備內河及虎門內外情形謹繪圖
貼說恭呈

312

御覽伏乞
皇上聖鑒謹
奏
即有旨

再唤夷停泊裙帶路修築石路建蓋寮篷前已
附片陳明努咨思裙帶路雖在外洋離虎門二
百餘里逆夷詭云候
旨實欲仿照澳門之例為卸貨之地惟
天朝疆土豈容外夷佔拠是以飛檄水師及澳門香
山新安處各查明裙帶路修蓋房共有若干有
無勒查民房之事所用磚石木料何處偷漏該
處是否係入虎門要路能否壟斷各國商稅內
地商人出海往来有無阻碍自外洋入澳門是
否必由此路抑另有可通之徑飭以不動聲色
詳明密禀茲拠各營禀稱該夷在毘連香港之
裙帶路築馬頭一條係二三月動工長八九丈

寬六七丈高七八尺築房一連三間只有墻基
此外並無添造四月間有夷人至香港查問戶
口者老鄉民不聽傳唤夷人即去未經再来所
有裙帶路磚瓦係黑夜来自外洋載入不由內
地無從堵截現在停工未運至各國夷商及內
地商船往来裙帶路並非出入虎門必由之路
由外洋入粵口門有二其一為担竿洋在新安
縣之東南係新安所屬其一為老萬山在新安
之西係新安香山兩縣分屬夷船每于夏秋間
則多由老萬山而入春冬間則多由担竿洋而
入俱可不由裙帶路而至虎門澳門尤在虎門
之外去裙帶路更遠洋面四通八達在在可通

315

逆夷更不能斷壟等語奴才等揣逆夷之意深懼
不准貿易欲倚外洋銷貨聲言係前督臣琦
允准居住說明以此用換定海藉為狡賴目下
內河水大未能即刻攔堵虎門無險可扼若急
圖收復而無船無炮窮恐進退無據未易得手
且裙帶路該逆亦未必終能久居㖶夷向來租
居澳門大西洋房屋而抽稅其貨今欲自修馬
頭不但大西洋失所憑英依即各國亦有窒礙
夷與夷互相猜忌必致外鬬而該夷此番闖入
內地肆意焚掠粵中之士民無不切齒奴才等分
鄉曉諭各村聯絡團練丁壯到處截殺防其登
岸各港斷其水米奸商絕其透漏該夷私貨既

316

不[illegible]消內外又須防備廣集兵船守一外洋空
島則不攻而自敗矣我備既修乘其釁而蹙之
絕其貿易不難致其死命而兵端可以永靖海
疆可以奠安奴才等審時度勢通盤計較愚昧之
見是否有當謹附片
奏
聞謹
奏
即有旨

317

再奴才奕　會同叅贊大臣隆　分駐石門金山彈壓土匪撫恤居民近日閭閻稱為安靜廣東天氣炎蒸無日不雨上霪下濕弁兵受病甚多紛紛呈報間有因病身故者不得不擇地安營分駐現在守城兵丁盡行撤出除東北教場二處搭蓋蓆蓬暫為棲止其賊退後撤住燕塘之兵另為相度地勢移駐離省十餘里之白雲山居高臨下與城外所紮之兵可以聯絡聲勢金山大營與佛山石門皆係省河上流互為犄角嗣因叅贊大臣隆　患病益加沉重而石門金山兩處大營密邇村庄誠恐無人統率致滋事端是以奴才奕　暫駐金山料理一切玆又據叅

318

贊大臣楊　兩次文稱該叅贊到粵後自二月以來守禦防剿心血枯耗日夜怔忡前因軍務喫緊未敢請假今因乘騎廵歷砲台閃傷左腿舊日矛傷因之發作精神恍惚步履維艱咨請暫為調理前來奴才查該叅贊自抵粵後籌辦軍務寔力寔心晝夜勞瘁惟年逾七十精神易於耗損非靜養難望復元奴才與督臣祁　撫臣怡　公同商酌暫令叅贊大臣齊　移駐省城統率各營弁兵俾楊　得以安心醫治庶冀速就痊可謹附片奏

聞伏乞

聖鑒謹

319

奏
即有旨

320

軍機大臣　字寄道光二十一年五月二十六
日奉
上諭奕　等奏籌備守禦內河情形一摺覽奏均悉
據稱修復砲台添鑄砲位非一二年不能一律完
固師船台砲皆無可恃獅子洋內不得不以省河
為屏蔽等語著即照議先將要隘數處密為填塞
以絕兵船來路至省河南北二路砲台即著趕緊
興修安兵練勇加意防守內戶既固再行添製戰
艦籌運甎石由內而外將各砲台次第修復以期
捍衛其應台分兩層改造砲眼之處著細心体察
如式築修總期攻擊有準不得草率了事另片奏
夷匪在香港對面之裙帶路建蓋寮蓬修築馬頭

等語香港地方緊要豈容該夷久據著奕　等不
時密探該夷在彼有無另蓄詭謀作何舉動隨時
防範無稍疏虞將來如有可乘之機必應將該地
方設法收復方成事體義勇等擒斬夷目著仍遵
前旨查明按格奏賞又另片奏楊芳現在患病著
飭令安心調理即著齊慎移駐省城軍營以資彈
壓調度將此由六百里加緊各諭令知之欽此

323

⑤

F.O.682/120 324

道光二十一年夏季分

軍務摺檔 第伍冊

123-

325

122

326

121

327

一件揚奕祁齊奏參贊隆因病出缺附隆參贊
一件內閣奉上諭隆遠逝賜卹遺摺
一件齊奕揚奏查明駱秉章奏逆夷造車載砲揚言
復至天津及湖南官兵到粵搔擾各緣由
又附奏已革總督鄧可否飭令回籍
一件齊奕奏神祇護國顯應請供奉
一件齊奕奏請補軍營出副將以下各缺
一件內閣奉上諭據奏請補副將以下各缺
著照所請
一件祁奕齊奏曉諭唉夷准其凜遵前定章程通商
並籌備堵河鑄砲及現在夷情
又附奏粵省夷務大定擬酌裁湖南等省官兵
一件齊奕怡祁奉寄諭著仍遵前旨遇有可
乘之機將香港收復前據揚請將水師改為
陸路固未便全改章程應如何變通著妥議具
奏一切善後章程責成齊奕怡祁和商妥辦
一件內閣奉上諭奕等奏官兵凱撤分期
開行著照所請
又奉上諭參贊楊著回湖南提督任調養
一件齊奕怡祁奉寄諭唉夷貪利無厭著辦
理善後計及久遠毋將就了事後患潛明
一件齊奕怡祁奏海洋陸發颶風打碎唉夷香港
房寮漂沒兵船
又附奏侍衛珠勒亨等軍務將次完竣無可差委

120

328

飭令回京並令責繳參贊隆大臣琦防各關
一件內閣奉上諭侍衛已揚阿等管帶健銳
各營官弁起程著直隸等省照例應付並著傳
令凱撤官兵毋許沿途滋擾此旨即給珠勒等
閱看
一件內閣奉上諭奕等奏颶風擊碎唉夷
房寮漂沒船隻披覽欣悅
一件奕奉寄諭著曉諭各省凱撤官兵不
許夷帶鴉片
一件齊奕怡祁奉寄諭逆夷被風著查明首
惡逃匿處所設法生擒秉機收復香港各緣由
一件齊奕奏查明二次打仗守城出力文武員弁
並擒斬夷匪之紳士義勇請鼓勵
又附奏糧道朱崇慶請加陞銜
又附奏齊參贊之孫偉隨營出力請獎勵
一件內閣奉上諭據奏保舉打仗出力各員
著施恩以昭激勸朱崇慶加運使銜齊偉免補
本班以知縣歸部儘先選用
一件祁奕齊奏查明共燒逆夷船隻及殲殺夷人漢
奸各數目
一件齊奕怡祁奉寄諭據奏撈獲堪用銅砲
著即安配各台不敷砲位即迅速趕鑄其善後
章程會同妥議具奏
又附奏新授四川川北鎮總兵韓振先呈請代奏

119

329

謝恩
一件齊奕祁奏查探近日外洋夷洋船遊弈情形並
據報㘈嗶革退回國另差兵頭更替
一件齊奕祁奉寄諭據奏夷船遊弈及更替兵
頭情形可見前奏不寔深辜委任著挑選兵丁
激勸義勇一鼓殲擒既往之咎從寬毋得將就
了事
一件奕齊奏請補副將以下各缺
一件內閣奉上諭據奏請補副將以下各缺
著照所請

330

五月十二日　奴才奕　楊　齊　臣祁　怡
奏為參贊大臣因病出缺恭摺馳
奏仰祈
聖鑒事竊奴才奕　前於五月初四日將參贊大臣隆
在營患病緣由附片奏
聞在案奴才等旬日以來察看該大臣病勢日益增劇
醫葯罔效當伏枕彌留之頃氣息奄奄猶向奴才
奕　聲稱隆受
皇上深恩至優且渥茲復仰蒙
特簡參贊戎行未能剿盡㖨夷徒切憤恨因而成疾
自知辜
恩莫能圖報然一息尚存此心不死諄囑奴才等籌防

331

善後妥為布置言隨淚併瞑目聲息於本月十
二日巳刻因病出缺奴才等伏查該大臣品識兼
優老誠持重軍興以來凡籌備攻守各事宜無
不賴以匡勷一旦溘逝殊深痛惜該大臣並無
親丁隨營所有身後一切奴才等預為經理悉臻
妥協派委妥員擇期護送回旗惟盛夏雨水過
多陸路行走不易已知照江西浙江江蘇各督
撫改由水路北上較為穩便除將該大臣繕留
遺摺代為呈
進並將叅賛大臣關防一顆奴才奕　暫行封貯外
所有叅賛大臣隆　因病出缺緣由理合會銜
由驛馳

116

332

奏伏乞
皇上聖鑒謹
奏

115

335

五月十一日　隆　遺摺

奏為微臣病勢益劇難期痊愈伏枕哀鳴恭謝
天恩事竊㚢滿洲世僕才識麁疎由戊辰進士改翰
林院庶吉士散館改授刑部主事旋升詹事府
中允荷蒙
皇上天恩洊歷卿貳
擢任尚書
簡放軍機大臣凡茲
高厚之鴻施皆㚢夢想所不到撫躬自暢報稱懷慚
乃因暎夷滋擾復蒙
特簡授為叅贊大臣勦理粵東軍務受
命以來時虞隕越馳驅道路晰夕弗遑恨不滅此朝

334

食以伸
天討奈抵粵之後逆夷已迫城下省河要隘為其所
據戰守皆不可恃㚢深恐謀畫未周有負重任
日夜焦思遂得鬱膈之症當此軍務喫緊尚可
勉力支持迨初一日開仗之後雖焚擊搶斬少
紓憤恨而辦理錯謬不足自贖因之病入膏肓
卧床不起始而飲食減少漸至不能下咽精神
昏亂夜不成眠心血虛耗臟腑萎敗揆以生理
萬無轉機從此瞻
天無日入地銜悲圖報之私矣諸来世㚢身後懲尤
自知難逭已遺書㚢長子刑部筆帖式桂清次
子懷清努力向上勉圖報効以冀仰副

335

鴻恩於萬一身病勢垂危語無倫次伏枕碰頭叩謝
天恩不勝哀鳴戰慄之至謹
奏
硃批竟成出師未捷之痛垂泪覽之即有旨

文

336

道光二十一年五月二十六日内閣奉
上諭戶部尚書隆 由翰林改授部曹洊升卿貳擢
任尚書在軍機大臣上行走老成端謹辦事寔心
前因暎夷滋事經朕特簡為參贊大臣馳往粵
東辦理軍務方資倚畀遽聞溘逝軫悼殊深著加
恩贈太子太保銜照尚書例賜卹賞給廣儲司庫銀
二千兩經理喪事任内一切處分悉予開復應得
卹典該部察例具奏靈柩回京時著沿途各督撫
派員妥為照料並准入城治喪伊長子刑部筆帖
式桂清次子懷清著俟百日孝滿後交該旗帶領
引見以示朕篤念藎臣至意欽此
六月初十日奉到

五月二十六日奏　奕　楊　齊

奏為遵
旨查明據實覆奏仰祈
聖鑒事竊奴才等於四月十八日奉到
批廻承准軍機大臣字寄道光二十一年四月初七
日奉
上諭據御史駱秉章奏逆夷在粵造車載砲揚言復
至天津等語著該將軍等確切偵探據實具奏又
另片奏湖南官兵到粵聞有搔擾情事亦著該將
軍等申明紀律嚴加約束以期兵民相安將此由
六百里加緊諭令知之欽此欽遵奴才等伏查暎夷
向來租居香山縣屬之澳門本年二月間又在新

安縣屬之裙帶路拋泊如果該逆有造作砲車
之事亦必在此二處即夷情詭秘而密加查訪
自必可得端倪况奴才等甫經到粵之初即聞該
夷有赴噶咖喇借用陸兵馬砲並欲赴浙江滋
擾當已飛咨
欽差大臣裕謙嚴密防範並未聞有欲赴天津之說
茲奉
旨飭查當即密飭香山新安知縣澳門同知及署虎
門水師提督等確切查訪去後茲據各該員禀
稱遵查該逆夷所用大小砲架均配車輪用
鐵葉包裹期於運用便捷如遇陸路打仗數百
斤及千餘斤之砲均能挽移接戰惟數千斤不

能牽曳至夷人砲架車輪有時損壞重加修整
或者因此訛傳亦未可定若有另行造車載砲
之事斷難掩人耳目現在密訪並無其事仍不
時留心訪查如有見聞即行飛稟等語惟夷船
退出虎門之後弩等在省風聞該夷有欲赴浙
江定海報復剝皮掘屍之恨謠言連日細加察

訪半屬漢奸煽惑而夷性犬羊亦難必其不妄
生事端應請
旨飭下直隸山東浙江福建督撫嚴飭沿海各營汎
不時偵探以防夷船北駛至所奏湖南官兵到
粵滋擾一節弩等查有乾州協千總黃再忠奉
調來粵行至江西吳城舟次因勒折夫價衆兵

不服經帶兵副將馬貴等棍責摘去翎頂
稟明原省督臣提臣押解回營辦理在案又札
飭番禺南海兩縣就近密訪有無另有不法情
事據寔具報茲據南海縣稟三月間有參贊大
臣楊芳發下餘丁黃宏元與民人口角飭令遞
籍管束旋即病故又有辰沅道標瞿守倫移送

革兵包順忠酒醉不守營規革除名糧遞解原
籍嗣據伊父包萬春保領據南海縣稟稱乾州
協千總移送革兵舒守訓與兵丁孫忠恩口角
爭毆解審前來舒守訓交役看守後患病保釋
回營就醫各在案此外再三搜查並無另有湖
南兵與民人滋鬧搔擾情事等語該管總兵官

341

琦忠副將馬貴稟亦相同是湖南兵並無另有
不法情事似堪憑信奴才等仍嚴飭各帶兵官隨
處稽查申明紀律稍有不安本分者即按法懲
治以肅戎行仰副
皇上兵以衛民之至意所有奴才等遵
旨查明各緣由理合恭摺覆
奏伏乞
聖鑒謹
奏奉
硃批覽奏俱悉欽此
再已革閩浙總督鄧廷楨前經欽奉
諭旨來粵聽候查問差委該革員欽遵於上年十月

13

106

342

二十八日馳抵廣東奴才等到粵後兩月以来凡
一切地方情形向其詢訪該革員竭盡心力知
無不言現在軍務稍定夷船已全数退出外洋
該革員並無經手事件可否飭令該革員由廣
東即行回籍之處謹附片陳
奏伏候
諭旨遵行謹奏
奏奉
硃批已有旨欽此

12

105

五月二十六日奏　奕　齊

奏為神祇護

國疊著顯應恭摺具

奏仰祈

聖鑒事竊查廣東省城北面依粵秀山為城舊有觀音殿俗呼為觀音山士民瞻仰久彰靈感本年四月初三至初六等日㖞夷攻城之際據捉獲漢奸聲稱賊攻靖海門撲近城墻正欲開砲烟霧中望見白衣神像立於城上遂不敢轟擊火藥局在觀音山下貯藥三萬斤漢奸潛拋火彈火焰沖起倘藥力發動全省城灰燼當兵弁搶救之時居民望見衣白女裝在屋上展袖拂火

104

登時撲滅且夷匪火箭如雨射入內城無一延燒所有火箭非入水塘即落空濶之處而夷匪方欲謀運大砲向城安放而迅雷暴雨瀉若傾盆衝散漢奸及黑白夷百餘名夷人無不畏懼現在海氛既熄省垣安堵雖文武之同心亦

神明之默助此皆仰賴

聖主洪福

德威遠播上邀

天佑百神效靈奴才等及軍民無不共深感戴為此不揣冒昧恭請

御書匾額供奉山顛以彰

神貺庶外夷永生畏懼之心邊疆長享奠安之福

103

345

是否有當伏乞
皇上聖鑒
訓示遵行謹
奏奉
硃批朕寔深寅感另有旨欽此

102

346

五月二十六日奏　奕　齊
奏為請補副將以下各缺恭摺奏祈
聖鑒事竊照大角沙角及烏涌陣亡所出廣東三江
協副將一缺廣西提標中軍叅將一缺右江鎮
遊擊一缺廣東提標後營守備一缺又軍營病
故所出貴州朗洞營叅將一缺及擬請升補所
遺各缺等查照向例在於隨征各員弁内擇
其尤為出力者擬請遞相升補以示鼓勵另繕
清單恭呈
御覽如蒙
俞允該員等均現在軍營應請
敕部先行發給升署劄付以便支食廉俸俟凱撤回

101

營再爲補行送部引
見以符定制其升補守備所遺千總以下各缺由奴才
等遴選拔補咨明兵部照例辦理爲此恭摺具
奏伏乞
皇上聖鑒訓示謹
奏請
旨奉
硃批另有旨欽此

道光二十一年六月十一日内閣奉
上諭奕　等奏請補副將以下各缺一摺着照所請
廣東三江協副將准以余萬清升補貴州黎平營
叅將准以向先先升補貴州上江協右營遊擊准
以任大貴升補四川綿州營都司准以桂鳳鳴升
補四川提標左營守備准以蔣立勛升補廣西提
標中軍叅將准以達三升補湖南鄖陽鎮標右營
遊擊准以張學聖升補四川川北鎮標右營都司
准以虎萬林升補四川綏定營守備准以羅玉斌
升補廣西右江鎮遊擊准以袁世魁升補江西文
英營都司准以晋謙升補雲南昭通鎮標前營守
備准以韋成喜升補廣東提標後營守備准以馬

349

國輝升補貴州朗洞營參將准以楊昌泗升補湖
南永州鎮標中營遊擊准以譚學玉升補四川南
坪營都司准以張勇升補四川漳臘營守備准以
楊澤升補俱著先行發給升署劄付俟凱撤回營
時通行送部引見餘著照所議辦理該部知道欽
此

作

98

350

五月二十六日　　　　　　　　奕　齊　祁
奏爲遵
旨曉諭㖦夷准以凛遵前定章程一體通商並籌備
堵塞省河添鑄砲位及夷人現在情形恭摺具
奏仰祈
聖鑒事竊奴才等於五月十二日接奉
批迴四月十五日奏摺並承准軍機大臣字寄四月
二十九日奉
上諭奕　等奏㖦夷船隻攻擊省城督兵保護無虞
請權宜辦理一摺覽奏均悉㖦夷自我兵兩次擊
退之後計窮勢蹙併力進攻該夷性等犬羊不值
與之計較況既懲創已示兵威現經城內居民紛

収

97

351

紛遞稟又據奏稱該夷免冠作禮籲求轉奏乞恩
朕諒汝等不得已之苦衷准令通商該將軍等惟
當嚴諭該夷目立即將各兵船退出外洋繳還砲
台仍須遵照前定條例只准照常貿易不准夾帶
違禁烟土倘敢故違斷不寬恕並著將軍等會同
該督撫悉心籌議妥定章程夷性叵測仍當嚴密
防範不得稍有疎懈俟夷船退後迅將各砲台及
防守要隘等處趕緊修築堅固如唉夷露有桀驁
情形仍當督兵剿滅不得因以施恩遂諸事任其
需索另片奏城外居民房屋多被焚燒著祁 怡
即妥委員查明妥為撫卹所有借撥庫貯銀二
百八十萬兩著即著落該商分年歸補不得延宕

96

352

餘著照所擬辦理將此由六百里加緊各諭令知
之欽此欽遵寄信前來 弩等跪讀之下感激流涕
仰見我
皇上仁育義正戢兵安民
覆幬之恩覃敷中外 弩等當即刊刻告示宣布
德威剴切曉諭粵省百姓商人奔走相賀從前啟業
者紛紛歸肆數日之間貨物駢集皆復其舊向
來恭順夷商貨船聞風入港告請驗船無不鼓
舞又飭委廣州府知府余保純差派洋商傳諭
唉夷令其凜遵前定章程安分貿易
大皇帝體卹爾等曲
賜矜全須感

95

硃

353

大皇帝恩施格外毋滋事端前往明白開導該夷目
等額慶歡忭免冠感伏聲言永不敢在廣東滋
事等語惟大兵未退該國貨船尚泊澳門近洋
未敢據入前所修裙帶路寮房石路未始不作
銷貨之想而内商斷不肯前各夷又不從此入
口該夷即不馴服而伎倆亦無所施況嗜利本
其天性既蒙
皇上予以自新現聞該夷等國貨船在澳門較從前
極為安靜其不敢在粵更肆桀驁亦可概見況
該夷新來兵貨各船水土不服瘟疫大作據提
督吳建勳報稱自夷目嘶嘔吐在省河受傷逃
出病故之後各船受傷及被嚇病亡相繼不絶

旨

94

硃

354

而寮内居住者傳染時疾亦有數百自四月下
旬起至五月中旬止除黑白夷埋山邊及焚化
者八九十名内有夷目十名等語是退出後該
夷雖幸逃顯戮亦終受冥誅人心為之一快省
河要隘已於十八日動工度量地勢攔塞而本
年粵中雨水過多西水大漲急切不能得手内
河砲台除改作外尚須添補砲墻數處已購辦
灰石俟天氣稍霽即築基赶辦大黄滘砲台孤
懸水中四面受敵必須添造石壩接通後路方
可據守其砲位新鑄八千斤鉄砲四十尊江西
委員鑄造三千斤銅砲三十尊除銅添入委員
捐造又十三尊此外尚有在籍刑部郎中潘仕

旨

93

硃

355

成捐鑄五千斤三千斤二千斤砲四十尊尚未
鑄成通計一百二十餘尊僅足省城各台原設
数目、而虎門各台尚須赶緊另造唯鑄砲須先
立砲胎砲胎用土作成非二十餘日不能乾透
廣東陰雨潮湿非倉促所能赶辦只有詳定章
程力求寔效由内而外逐漸保固蓋夷情多詐
而復多疑駕馭在權防禦宜慎措置緩急經權
並用奴才等断不敢因
恩准通商稍涉大意惟有外示寛大上崇
國體而内務嚴密潜消反側以仰副我
皇上柔遠安邊之至意所有曉諭通商及現在情形
合行恭摺馳

收

92

356

奏伏乞
皇上聖鑒再叅贊大臣楊　現在患病是以未經列
銜合併聲明謹
奏奉
硃批另有旨欽此

卅

91

357

再現在粵省夷務大定各省官兵依山下營露雨濕蒸半染瘧痢霍亂等症紛紛呈報 等等遣醫分頭調理而旋愈旋病間多亡故 等等公同商議酌留廣西貴州及四川官兵彈壓土匪暫壯聲威此外各營擬分起撤歸原伍且地方船隻恐一時同撤供應不給莫若從容挨省徐行較為省便 等等一面奏

聞一面即飭沿途各州縣預為辦理先湖南次湖北次雲南次四川次貴州次江西分期開行庶道路不至壅滯而糜費可以節省除將各營凱撤日期咨明户兵二部外為此附片謹

奏奉

358

硃批另有旨欽此

359

軍機大臣　字寄
欽命靖逆將軍奕　參贊大臣齊　兩廣總督祁
廣東巡撫怡　道光二十一年六月十一日奉
上諭本日據奕　等奏請撤兵分期啟行已明降諭
旨照議辦理並諭令沿海各督撫酌量情形奏請
撤兵矣又據奕　等奏曉諭嘆夷凛遵前定章程
一體通商並籌備堵禦一摺覽奏均悉該夷所修
裙帶路寮房石路內商既不肯前各夷又不從此
入口是該夷銷貨不便未必日久占據裙帶路與
香港毘連著奕　等仍遵前旨遇有可乘之機設
法收復前據楊　奏請將水師改為陸路自係因
近來訓練不精不能得力之故此時固未便全改

非

88

360

章程其應如何變通酌劑之處該將軍等妥議具
奏至省河及大黃滘砲台據奏必須修造據守著
即趕緊興工所有砲位一百二十餘尊即妥為分
別安放務須布置得宜施放有準方稱有備無患
所有一切善後章程著即責成奕　齊　祁　怡
和衷商確妥議辦理（尚有辦理）不善之處惟奕　等四人
是問凛之將此由六百里諭令知之欽此遵
旨寄信前來

收

87

道光二十一年六月十一日內閣奉
上諭奕　等奏官兵凱撤請分期開行等語着照所
請先湖南次湖北次雲南次四川次貴州次江西
按省啟行即飭沿途各地方妥為辦理並飭帶兵
員弁嚴為約束毋許滋擾欽此

86

道光二十一年六月十一日內閣奉
上諭參贊大臣楊　久歷戎行懋著勞績昨因在廣
東軍營患病當經諭令安心調理現在該參贊病
尚未愈若仍留廣東辦理軍務伊力疾從公轉恐
不能靜養楊　着即回湖南提督之任其所帶湖
南兵弁着一併帶回歸伍該參贊務當仰體朕心
加意攝養報國宣猷為日正長也欽此

85

363

軍機大臣字寄 奕 齊 祁 怡
道光二十一年六月十二日奉
上諭嘆夷自懲創之後兵船退出虎門乞恩貿易准
令通商昨據該將軍等奏稱向來恭順夷商貨船
聞風入港告請驗貨嘆夷額慶歡忭免冠感伏聲
言永不敢在廣東滋事等語該夷人數衆多貪利
無厭目前雖極恭順難保日後不另生枝節現當
該將軍等辦理善後必應計及久遠一勞永逸毋
徒將就了事後患潛萌著奕 等即飭諭該夷仍
須出具切寔甘結不得夾帶鴉片勾串內地民人
其通商口岸及夷船應停泊何處均照舊章辦理
不得妄生他念另求馬頭至貿易納稅向有定限

84

364

已歷年所亦毋庸輕議裁減各沿海省分俱有將
弁防守曉諭該夷自嚴飭各夷毋許駕船分赴各
處勾串銷貨倘不遵約束被兵弁攻擊或將該夷
拴獲治罪該夷自不得妄生觖望其餘善後章程
若仍遵前旨周密妥辦以副委任將此由五百里
各諭令知之欽此

六月二十六日奉到

83

365

六月十三日到
粵後十一次發

奕　齊　祁　怡

奏為海洋陡發颶風打碎暎夷香港房寮馬頭並
漂沒暎夷貨船兵船恭摺馳
奏仰慰
聖懷事竊暎夷自
恩准通商之後因大兵未退心懷疑懼又官紳各處
填塞河道勘修砲台暎夷貨船時或駛至黃埔
旋回泊裙帶路聲言欲在彼處交易不願來省
努當飭委廣州府知府余保純遴選明白通事
前往開導曉以中華誠信待人斷不加害上違
大皇帝曲賜矜全之
恩飭令傳諭去後尚未稟復茲據水師提督吳建勳

收

82

硃

366

大鵬營副將賴恩爵新安縣知縣彭邦晦前後
稟稱。六月初四日寅刻。海面颶風陡發。踰辰愈
加猛烈。海濤山立。大雨傾盆。日夜不息。各據差
探夷情兵丁民人回稱。查得是日尖沙嘴所泊
大小夷兵船。被風打壞三隻。貨船三隻漂泊石
塘嘴擱壞。沉失洋銀三十餘萬。又漂出大洋漢奸
大小華艇四十餘隻。不知去向。擊碎夷匪二枝
桅大三板十餘隻。其未被漂失者。尚存大小四
十餘隻。而桅舵檣旗均已損壞。內有八隻全行
砍去桅木。其接濟裙帶路等處匪徒各艇。沉溺
殆盡。淹斃漢奸夷匪。不能數計。凡先後續到之
夷兵船。於本月初三日。在尖沙嘴之懲膺砲台

忖

81

367

前。開架帳房廿五頂。登岸居住。所有帳房並裙
帶路大小寮蓬。悉被吹捲無存。僅餘貯裝棉花
櫃香者五間。未經全壞。所築馬頭二條。坍為平
地。所鋤之路。所造之屋。亦併拆毀。掃蕩一空。浮
屍滿海隨波上下。夷目僅嘰嗶一名逃至澳門。
餘者尚未有下落等語。弩等聞報之下官商紳
士軍民人等無不稱快此皆我
皇上至誠感
神海靈助順鯨吞鰲擲翦此么麽該夷船雖幸延
残息定皆震懾
天威心寒膽裂弩等同在省城是日風雨猛烈內河
浪高丈餘僉稱近年未有之事近城船隻亦多

80

砞

368

損壞人口間有淹斃外海師船撞碎二隻淹斃
把總沈家珍外委吳殿鼎二員兵丁七名已經
該副將賴恩爵打撈收殮照例撫卹辦理又據
稟初八初九兩日。颶風又作。較前更大。省城潮
汐翻騰。亦與所稟相符。餘剩夷船。想更無所逃
避。弩等現擬分詣各
神祠壇虔誠叩謝一面差委妥弁出海偵探俟得
確情再行具奏外合將唊夷遭風漂沒及香港
打碎房寮緣由先行馳
奏仰紓
宸廑伏乞
皇上聖鑒謹

79

硃

369

奏奉
硃批覽此未見未聞之
天貺朕寅感愧悚之餘欣幸何似即有旨諭
再粵省次第凱撤官兵前經
奏明在案茲湖南官兵業已行出粵境四川官兵
陸續分起行走船隻足敷駕用無虞擁滯現在
軍務將次完竣
御前侍衛珠勒亨等無可差委之處自宜飭令先行
回京當差所有前任叅贊大臣隆（覽之不禁泪墮）文關防一顆
又經撫臣怡　咨送前收貯已革總督琦善所
領
欽差大臣關防一顆封固妥協均交珠勒亨一併齎

三

78

370

繳等業已知照沿途按站照例給與船隻夫
馬定於十五日起行除將二等侍衛巴揚阿暫
留督帶後起健銳火器各營官弁另行起程外
合附片奏
聞奉
硃批另有旨欽此

以

77

371

道光二十一年六月二十九日内閣奉
上諭奕　等奏凱撤官兵陸續分起行走先令侍衛珠勒亨等回京當差侍衛巴揚阿管帶後起健鋭火器各營官弁另行起程等語著直隷山東江蘇安徽江西各督撫分飭沿途州縣按站照例給付船隻夫馬毋許遲悞並著該督撫等於凱撤官兵入境時傳旨令帶兵之員約束弁兵毋許沿途滋擾倘弁兵有需索搔擾等弊管帶官不能約束即著沿途督撫據寔条奏此旨即給與珠勒亨等閲看欽此

又二十一年六月二十九日内閣奉
上諭奕　等奏海洋陡發颶風擊碎嘆夷房寮馬頭

76

372

並漂沒船隻一摺據稱六月初四日寅刻海面颶風陡發海濤山立大雨傾盆尖沙嘴所泊大小夷船漂泊擊碎漢奸大小華艇漂出大洋所存大小四十餘船桅舵俱壞淹斃夷匪漢奸不計其數帳房寮篷吹捲無存所築馬頭坍爲平地掃除一空浮屍滿海等語朕披覽之餘感激
天貺既深欣幸更益悚惶該夷惡貫滿盈肆其荼毒多行不義竟伏
天誅此皆冥漠之中神明默佑餘氛掃蕩綏靜海疆允宜虔爇辦香以伸誠敬著發去大藏香二十炷交奕　等分詣各廟宇敬謹報謝並派惠親王綿愉恭詣
皇穹宇睿親王仁壽恭詣
皇祇室瑞郡

75

373

王奕誌恭詣
宣仁廟　凝和廟成郡王載銳恭
詣　昭顯廟　時應宮均於二十九日城內齋宿
三十日分詣行禮並著太常寺敬謹預備欽此

374

軍機大臣　字寄
道光二十一年六月二十八日奉
上諭據裕泰奏現在廣東所調各省征兵分期凱撤
回營恐有奸販賄囑不肖兵丁夾帶鴉片烟土請
飭嚴禁等語現在各省征兵由粵起程人數衆多
难保無夾帶烟土情弊著該將軍通行曉諭各省
官兵一體嚴禁倘有藉裝軍械為名不服搜查許
沿途經過州縣據寔稟辦並著飭令帶領征兵各
鎮將嚴加約束毋致烟禁懈弛以除積弊將此諭
令知之欽此

軍機大臣　字寄

道光二十一年六月二十九日奉

上諭本日據奕　等奏海洋陡發颶風將夷船吹擊漂沒並將寮房馬頭毀壞一摺覽奏之餘莫名欣慰此皆仰蒙昊蒼垂佑朕心寔深寅感已明降諭旨並發去大藏香二十炷著奕　等分詣各廟宇虔誠行禮矣據奏夷船漂泊無存所留船隻又皆桅舵俱折該夷等惡貫滿盈竟遭

天譴從此夷膽震懾不敢再有覬覦惟所稱義律逃往澳門著即探明在何處藏匿其所駕船隻盡已摧壞各夷又復淹斃安能隻身回國如竟逃出大洋

自不值窮追遠躡若查明果在澳門何難設法生擒倘罪人斯得即著迅速奏明請旨香港一帶該夷無可棲身著即趕緊收復暫時派兵看守該處濱海一切消息易於探訪初八九日颶風所損夷船共有若干隻著飭令文武員弁查明禀報據寔具奏所有淹斃把總沈家珍外委吳殿魁及兵丁七名著照例議卹將此由六百里諭令知之欽此

六月二十日到
粵後十二次發

奕　齊

奏為查明二次打仗守城出力文武員弁及擒斬

夷匪之紳士義勇等分別開單遵

旨酌保籲懇

恩施鼓勵仰祈

聖鑒事竊弩等於五月初九日承准軍機大臣字寄

道光二十一年四月二十四日奉

上諭本日據奕　等馳奏官兵抵禦情形一摺據奏

逆夷兩路分攻東西砲台經總兵段永福琦忠長

春張青雲等督率將士併力抵禦轟沉火輪船一

隻並被兵勇拋擲火箭火器焚其三桅兵船一隻東

砲台打折夷船大桅一枝震落夷人數名落水次

70

日又復擁至經遊擊伊克坦布等督率兵勇擊斃

夷匪數名夷人開砲自炸擊碎三板船一隻等語

該將軍等經朕面授機宜到粵以後調遣鎮將督

率弁兵兩次焚擊夷船多隻逆情甚屬倉皇洵屬

謀勇兼施不負委任可嘉之至惟續浦火船竟被

漢奸焚燒復於接仗時拋擲火罐火毬焚燒房屋

深堪痛限現據該將軍等拏獲多名訊明梟示此

種奸匪必須盡行誅戮剿辦方可得手著奕

等嚴密查拿獲到一名即於訊明時在軍前正法

慎毋姑息養奸據奏齊慎日內可到即令分駐佛

山石門一帶督率總兵等擇要堵禦均著照議辦

理此次打仗守城出力各員著奕　等查明具奏

69

379

候朕施恩。其東砲台打折夷船大艇之兵丁並著
查明奏請獎勵，傷亡弁兵分別奏咨賜卹。現在招
募福建水勇一千名，業經到粵，仍著該將軍等努
力防守，多備砲械，出奇制勝，奮勇剿洗，迅奏膚功，
同膺上賞，勉之望之。將此由六百里加緊諭令知
之。欽此。欽遵寄信前來。仰見我
皇上鼓勵戎行，徵勞必錄之至意，奴等不勝欽感。伏
查四月初一日初次開仗，所有打仗奮勉及督
率水勇文武員弁，經奴等核實開單保
奏，均蒙
恩准在案。其初三、初四等日打仗守城文武員弁及
擒斬夷匪之紳士義勇等，效命疆場，事同一律，

訓

68

380

均屬奮勉辛勤。謹擇其尤為出力者分別開單
恭呈
御覽。其餘其出力較次者，查照向例由奴等分別酌
給六七品軍功頂戴，發給執照，造冊咨部備查。
此外並有在籍刑部郎中潘仕成先經捐鑄五
千斤、三千斤、二千斤大砲四十尊，鳥槍一千杆，
復購買呂宋製造炸砲子一百九十八顆，現復
稟請捐銀一萬兩，自覓良匠，照戰船之式加倍
工料，自行監製戰船一隻，船底船身用銅鐵包
裹，布列砲眼，作為樣式，以期堅固。當經批飭趕
辦。該員急公報効，尚屬可嘉，為粵省紳士中最
為出力之員，是以併入單仰懇

奴

67

聖恩鼓勵以昭激勸為此恭摺具
奏伏乞
皇上聖鑒謹
奏奉
硃批即有旨欽此

再查廣東糧道朱崇慶先經督臣祁壎派委該道協同辦理軍需局事務嗣因奴才等委員設局招募水勇咨調來營經理支發水勇工價口食銀兩均能細心查覈隨時支發妥速無悮並於賊匪圍攻省城之際河道梗阻復派委該道前往花縣一帶招撫鄉民開通道路不辭勞瘁寔屬奮勉出力合無仰懇

天恩賞加陞銜以示鼓勵為此附片奏
聞謹
奏請
旨奉
硃批即有旨欽此

再參贊大臣齊　之孫齊偉隨侍該參贊自川來粵駐札佛山爾時夷匪猖獗省中商民紛紛遷避彼處地窄人稠多半露宿漢奸出沒其間勾引三板前往朝夕覬覦希圖滋擾經該參贊大臣督同總兵文哲琿派兵嚴密防守人心賴以鎮靜該參贊又復出示糾約鄉勇吳壁光等數百(餘)名並派令伊孫齊偉協同管帶在五汊河

一帶水陸要隘防守晝夜辛勤二十餘日寔屬
奮勉在齊慎以為伊孫効力戎行係屬分內而
弩奕　甄叙勞績不敢引嫌歧視查齊偉係捐
足府經歷不論雙單月遇用之員可否免選本
班以知縣歸部儘先選用之處出自
皇上天恩謹附片具
奏請
旨奉
硃批即有旨欽此
謹將查明在事出力文員內擇其尤為奮勉者
分別開單恭呈
御覽

廣東廣州府知府余保純查該員防守城垣督
率兩首縣晝夜緝巡不辭勞瘁逆匪攻城供支
軍火器械口粮悉臻妥善現在委辦夷務善後
章程俱極周密寔屬尤為奮勉出力之員
廣西差委候補知府王彦和查該員派赴石門
金山一帶編紮木排認真出力　在籍刑部郎
中潘仕成查該員捐資鑄造砲位船隻洵屬急
公報効以上三員均請
賞戴花翎
廣西差委候升知府周三錫查該員自廣西押
運木植到粵派同候補知府王彦和編紮本排
始終奮勉應請以知府遇缺升用　廣東候補

385

同知李敦業查該員派管軍裝局務支應軍火
均無貽誤現派善後填塞省河要隘請俟補缺
後以知府升用先換頂戴廣東即補知府易長
華查該員隨營審訊漢奸認真出力究出謀爲內
應陳亞培等多名　廣東前山同知張錫蕃查
該員收發木植督同紮排現派善後估勘興修
砲台以上下員請
賞加升銜
廣東南海縣知縣梁星源　番禺縣知縣張熙
宇以上二員請
賞戴藍翎
福建管帶水勇知州銜浦城縣知縣楊承澤

放

62

386

福建管帶水勇馬港通判同知銜俞益　安徽
管解火藥候補通判王鶴齡　管帶水勇候選
直隸州州判張開霽　管帶水勇候選主事馮
玉衡　廣東候調布政司照磨章錫麟　批驗
所大使長慶　候補鹽知事陳峻　候補從九
張震　陽江縣縣丞徐守和以上十員均請
賞戴藍翎
廣東題補高要縣知縣瑞寶請
賞加同知銜
廣東候補通判劉湜在局審訊漢奸不辭勞瘁
請免補本班以同知補用　廣東候補通判沈
英請以本班儘先補用　候補直隸州州判王

廿

61

387

治溥請免補本班以應升之缺升用　海豐縣縣丞冒芬　合浦縣縣丞沈玉麒以上二員請以知縣補用　廣東候補縣丞方用佐請以本班儘先補用　廣東順德縣都寧司巡檢施禹泉請以縣丞遇缺升用　廣東候補從九凌祿姚恭訓以上二員請免補本班以縣丞遇缺補

用　廣東澄邁縣典史周炳坤請以府經歷縣丞升用　候補布政司照磨劉炘請以本班儘先補用　候補從九張馥請遇缺即補　栢林司巡檢倪森請以縣丞補用　候補直隸州州判宋恪三請儘先補用　管帶水勇候選鹽運司運判姚衡請免選本班以同知不論雙單月

60

388

遇缺即選　江西鑄砲委員候補通判顏貽曾請免補本班以同知補用　江西鑄砲委員候補知縣曾獻沛請俟補缺後以應升之缺升用　江西鑄砲委員樂平縣典史譚祖綱請以府經縣丞遇缺儘先升用　江西南昌縣縣丞程元瑞請以應升之缺不論繁簡儘先補用　生

補江西永新縣縣丞曾承禧免補原缺以知縣歸部遇缺即選　江西試用未入流姚鑲請免補本班以縣主簿儘先補用　四川候補直隸州州判周聯科請免補本班以知縣補用　四川候補縣丞劉廷樑請以本班即用　候補縣主簿楊得質請免補本班以縣丞儘先補用

59

389

招募水勇候選府經歷何其泰　候選從九商嶺
候選從九品陳廷璋以上三員均請歸部
不論雙單月即選　隨營供事陸以耕　陸長
生　鄧祥　楊恩榮　楊承溥　周紹鎣　字
識王定安　郭藩　葉如松　金步清　周瑞
圖　沈祥熉　以上十二名均請以從九品未
入流不論雙單月歸部遇缺即選
謹將先後
奏明擒斬賊目呈獻器械盔甲船隻及撈獲砲位
義勇出力職員紳士義勇頭人開具清單恭
呈
御覽

211

58

390

藍翎即選府經歷縣丞陳棠請補缺後以應升
之缺升用　藍翎從九品職銜吳濯泉請以從
九品未入流即選　連州六品軍功潘世榮請
賞加五品頂戴
捐職州同銜宗諫　六品軍功吳樹勳以上二
員均請
賞戴藍翎
佛山義勇吳壁光請
賞戴藍翎以從九品未入流歸部即選
議叙府經歷馬永熾請
賞戴藍翎遇缺即選
都司銜蘇文錦　義勇吳乃炟　吳乃煌　俞

57

391

鎔以上四名均請
賞戴藍翎
唐夏卿義勇龍國昭　鄧國光　麥廷良以上
三名均請
賞戴藍翎
鑲黃旗漢軍記名委驍騎校蕭英　候選通判
蔡松根　生員李燮元　義勇陳荣斌　顏髙
勳以上五名請
賞戴藍翎
武舉何達海　六品軍功熙春　監生貴德
安興　閑散桂林　連緒　舒麟保以上七名
随营効力分派各處督带水勇義勇防守打仗

56

392

奮勉出力均請
賞戴藍翎
謹將遵
旨查明四月初三初四等日二次打仗防守城垣反
石門佛山等處各鎮將滿漢官弁兵丁内擇其
尤為出力者分别開单恭呈
御覽
廣州副都統裕瑞查該副都統自軍興以来督
率滿兵防守城垣晝夜辛苦當逆夷攻撲省城
之際西門尤為喫緊該副都統督兵開砲轟擊
西關一帶賴以獲安洵屬奮勉出力懇
恩賞戴花翎

55

393

貴州安義鎮總兵段永福　江南西贛鎮總兵
長春　廣西左江鎮總兵文哲琿、湖北宜昌
鎮總兵博勒恭武　湖南鎮箄鎮總兵琦忠
四川川北鎮總兵韓振先　廣西潯州協副將
盛筠以上七員統帶將弁兵丁或奮勇打仗或
小心防堵均能不辭勞瘁晝夜辛勤洵屬出力
總兵段永福等六員請交部從優議叙副將盛
筠請加總兵銜　湖南靖州協副將馬貴　推
升陝西西鳳營參將唐璥　以上二員請交部議
叙　貴州威寧鎮遊擊慶得請加參將銜　雲
南維西協副將關亮　廣東署督標中協副將
祺壽　撫標右營遊擊崑壽　中軍參將慶寅

54

394

廣西撫標中軍參將秦定三　四川永寧營
參將蔭德布　貴州台拱營參將春福　湖南
岳州營參將劉定選　雲南景蒙營遊擊伊克
坦布　廣西思恩營遊擊業璞崇額　湖北荊
門營遊擊尹希成　衛昌營遊擊佛隆　四川
松潘鎮右營都司譚學玉　貴州古州鎮守備
李英魁　福建提標中軍參將雙保以上十五
員請
賞戴花翎
湖北鄖陽鎮左營遊擊達三　廣東潮州鎮中
軍守備徐懷瑞　城守右營守備高殿甲　中
營千總黃者華以上四員均請

53

395

賞換花翎
即選都司馬辰請免選本班以遊擊儘先遴用
雲南鎮雄營守備陸發榮　湖南鎮溪營守
備李英　湖北提標左營守備王貴　宜昌鎮
左營守備鮑雲翥以上四員請以都司儘先升
用　四川署提標中營守備世襲雲騎尉譚賢
佐　湖北督標中營候補守備黃名謙　四川
軍標左營千總劉瀛　松潘營千總朱長春
提標中營千總王壽　城守左營千總余占魁
綏靖營千總許天貴　軍標左營千總馬耀
文　茂州營千總蘇登科　廣西慶遠協千總
麻長慶以上十員均請以守備儘先補用

52

許宗魁初次已保此次
係重保已奏明檢舉

396

廣西提標前營守備王浚　慶遠協右營守備
葉上雄　左江鎮標右營把總雷振坤　南寧
城守營把總陳振榮　外委李春暉　潯州協
右營外委陳振鳳　左江鎮標右營額外曾朝
陞
四川忠州營把總劉良超　額外朱雲龍　酉
陽營把總楊彪　額外宋忠魁　巴州營外委
唐興朝　夔州協左營額外彭輝廷
雲南東川營外委馬登榜　曲尋協外委李鍾
林　鎮雄營外委楊萬春
湖北鄖陽鎮左營守備張金華　千總許宗魁
左營把總譚添泰　荊門營把總饒文舉

51

籍金榜　外委劉尚烈　鄭維本　額外胡楚
魁　衛昌營把總雷世興　督標左營把總周
大鵬　右營把總黃金彪　外委劉萬泰
江西署撫標左營守備本營千總劉旭升　南
贛鎮標中營千總胡殿魁　左營千總胡啟標
中營外委吳廷瑞　興國營把總戴永泰
永鎮營把總羅玉祥　龍泉營把總尹亮洪
撫標左營把總鮑尊德　外委朱拔元
貴州銅仁協左營守備王朝用　署上江協右
營守備陳正坤　黎平營左軍把總程占春
台拱營把總王玉貴　都匀協右營把總夏登
高　銅仁協把總羅綸　長寨營把總林貴春

50

水城營把總龍應春　古州鎮中營把總達
天培　台拱營外委徐顯宗　銅仁協外委林
道珍　朗洞營外委曾海　安義鎮中營外委
聶正榮　定廣協外委鄧起發　下江營額外
彭世欽　歸化營額外楊定邦
湖南靖州營千總許勝貴　永州營千總武呂
顯　鎮筸右營守備王瑞　辰沅道標把總鄧
紹良　撫標把總趙鴻賓　提標右營外委王
定邦　提標後營外委陳占魁　順德協外委
羅夢元　係廣東營誤列入湖南已咨兵部更正
四川提標中營外委何世榮　慶寧營外委龍
上達　崇化營外委陳廷芳　提標右營八品

49

399

廕監生向承惠　城守右營額外武聯陞　川
北鎮標外委李元吉
廣東督標中營千總劉秉韜　城守左營千總
黃遇陞　城守右營千總張敏和　撫標左營
千總陳大安　外委葉家垣　督標左營額外
翟超羣　城守左營額外黎志清　督標水師
營外委覃光耀　督標左營外委伍龍瑞　以
上官弁七十六員均請
賞戴藍翎
湖南派防東砲台北帝廟打碎火輪三板夷船
兵丁向榮陞　曾友亮　楊秀烈　陳洪玉
以上四名請

48

400

賞戴藍翎以外委儘先拔補
四川兵丁程大齡　蘇光贊　唐玉仲　張宗
紳　孫良才　唐兆麟　廖明賢　達清安
唐現龍　程宗龍　陳正順　劉安祥　鍾朝
清　趙得春　陳慶有　余開湖　王汝春
沈國勛　曾純一　鄭學富　唐愈賢　龍嗣
楷　余舜基　吳萬林　張文光　楊鳳昂
亞光照　程萬春　劉鑑　魏勳　溫存衡
張增
湖北兵丁孫鏞　葉鴻舉　胡萬年　楊占魁
劉金魁　向鴻　沈應連　熊興發　鄧克
明　何萬啟　甄洪恩　王萬選　李長恩

47

楊得勝　何萬泰　常輝廷　張有泰　鄧金
榜　卯宏森
江西兵丁羅彥亨　王大林　張祥泰　羅福
麟　楊得勝　劉抜魁　譚祺齡　李集勳
陳孔福　蕭逢春　孫掄元　吳登朝　文方
來　李占先　戎慶
貴州兵丁田玉春　李安貴　游應龍　趙興
貴　向星垣　朱士標　張茂林　欒應中
劉輔臣　楊文才　江承恩　王興　劉勝景
段成林　張朝春　雷應春　岳廷梅　田
慶豐　楊通瑞　梁開貴　胥凌雲　劉興富
戴國珍　羅本立　陳炳剛　劉榮奎　鄧

文勳
湖南兵丁蘇上武　詹雲純　田慶業　馬福
權　常國恩　梁鳳岐　楊勝棠　田宗陽
田興奇　袁鵬　談金魁　范玉龍
廣東兵丁鄧國珍　佘振高
以上兵丁一百零七名均請
賞戴藍翎
健銳營　廂黃旗前鋒校文英　廂白旗前鋒
校海瑞　以上二員請以委前鋒參領升用
火器營　廂黃旗護軍校穆克登布請以空花
翎升用
廣州滿營協領董明文　全太　國蔭　以上

三員防守城垣晝夜辛苦均請
賞戴花翎
佐領錫麟　防禦承霖　黃世藩　以上三員
請以應升之缺升用
筆帖式諸爾松阿請以驍騎校遇缺即用　武
進士即用守備施溥　廂白旗漢軍驍騎校張
升和　前鋒武舉承惠　前鋒全貴　委驍騎
校前鋒惠麟　以上五員帶領砲勇在西砲台
打仗出力請
賞戴藍翎
廂黃旗滿洲前鋒武舉更音圖　正紅旗滿洲
馬甲訥勒和布　正藍旗滿洲前鋒武舉格綳

額　正黃旗漢軍領催袁景堯　廂白旗漢軍
砲手周文魁　廂紅旗漢軍砲手秦滔　正藍
旗漢軍領催武舉孔符玉　馬甲孫觀壽　廂
藍旗漢軍馬甲于建和　莫清吉　宋雲瑞
以上十一名均請
賞戴藍翎
廣東撫標右營千總黎福安　署撫標左營千
總田英　以上二員請以守備儘先補用

原任四川提督降補千總張必祿
查該員奏調來粵奴才等派往金山石門編紮
木排當夷匪竄入坭城該員督率弁勇竭力
保護將木排牽於上流未被全燬又發給三
元里鄉民火葯轟擊夷匪多名未敢沒其微
勞應請遇有四川都司缺出即行補用

原任廣東惠州營守備瞿三益
查該員前在惠州營守備任內與長寧縣知
縣高炳文同在縣署宴會被參革職
原任廣東降補守備盧必沅
查該員前在新會營參將任內因未請迴避
降為守備道光十六年經前任兩廣總督鄧

奏參休致嗣因夷匪滋事該革員等自備
資斧投營効力派往金山石門協同張必祿
保護木排甚為出力瞿三益盧必沅可否均
以千總降補之處伏候
欽定

407

道光二十一年七月初五日內閣奉

上諭奕　等奏遵旨酌保打仗守城出力文武員弁及捡斬夷匪之紳士義勇懇恩鼓勵開單呈覽一摺本年四月𠻳夷在廣東攻擊東西砲台經該將軍等督率文武員弁及紳士義勇等防守堵剿捡斬夷匪多名其尤為出力者自應量予恩施以昭激勸廣東廣州府知府余保純廣西候補知府王彥和在籍刑部郎中潘仕成均着賞戴花翎廣西差委候升知府周三錫着以知府遇缺升用廣東候補同知李敦業着俟補缺後以知府升用先換頂戴廣東即補知府易長華前山同知張錫蕃着賞加升銜廣東南海縣知縣梁星源番禺縣知縣

40

408

張熙宇着賞戴藍翎福建浦城縣知縣楊承澤馬港通判同知銜俞益安徽候補通判王鶴齡候選直隸州州判張開齋候選主事馮玉衡候補布政司照磨章錫麟批驗所大使長慶候補鹽知事陳峻候補從九品張震陽江縣縣丞徐守和均着賞戴藍翎高要縣知縣瑞寶着賞加同知銜候補通判劉湜着免補本班以同知補用候補通判沈英着以本班儘先補用候補直隸州州判王治溥着免補本班以應升之缺升用海豐縣縣丞呂芬台浦縣縣丞沈玉麒着以知縣補用候補縣丞方用佐着以本班儘先補用順德縣都寧司廵檢施爲泉着以縣丞遇缺升用候補從九品湯祿姚恭訓

39

409

著免補本班以縣丞遇缺補用澄邁縣典史周炳坤著以府經歷縣丞升用候補布政司照磨劉炘著以本班儘先補用候補從九品張護著遇缺即補柘林司廵檢倪森著以縣丞補用候補直隸州州判宋恪三著儘先補用候選鹽運司運判姚衡著免補本班以同知不論雙單月遇缺即選江西候補通判顏貽曾著免補本班以同知補用江西候補縣曾猷沛著候補缺後以應升之缺升用江西樂平縣典史譚祖綱著以府經歷縣丞遇缺儘先升用江西南昌縣縣丞程元瑞著以應升之缺不論繁簡儘先補用坐補江西永新縣縣丞曾承禧著免補原缺以知縣歸部遇缺即選江西試用

38

410

未入流姚鑲著免補本班以縣主簿儘先補用四川候補直隸州州判周聯科著免補本班以知縣補用四川候補縣丞劉廷棌著以本班即用候補主簿楊得碩著免補本班以縣丞儘先補用候選府經歷何其泰候選從九品商嶺陳廷璋均著歸部不論雙單月即選隨營供事陸以耕陸長生鄭祥楊昆棠楊承溥周紹鑾字識王定安鄭藩葉如松佘步清周瑞圖沈祥煩均著以從九品未入流不論雙單月歸部遇缺即選藍翎即選府經歷縣丞陳棠著以補缺後以應升之缺升用藍翎從九品職銜吳濯泉著以從九品未入流即選連州六品軍功潘世榮著賞加五品頂戴捐職州同銜宗

37

411

諫六品軍功吳樹勲均著賞戴藍翎佛山義勇吳
壁光著賞戴藍翎以從九品未入流歸部即選議
叙府經歷馬永熾著賞戴藍翎遇缺即選都司銜
蘇文錦義勇吳乃烜吳乃煌俞鎔唐夏鄉義勇龍
國昭鄧國光麥廷良廂黃旂漢軍記名委驍騎校
蕭英俱選通判蔡松根生員李燮元義勇陳榮斌
顏高勳武舉何達海六品軍功熙春監生貴德安
興閑散桂林連繕舒麟保均著賞戴藍翎廣州副
都統裕瑞著賞戴花翎貴州總兵段永福江西總
兵長春廣西總兵文哲琿湖北總兵博勒恭武湖
南總兵琦忠四川總兵韓振先俱著交部從優議
叙廣西副將盛筠著賞加總兵銜湖南副將馬貴

36

412

推升陝西西鳳營參將唐瓛俱著交部議叙貴州
遊擊慶得著賞加參將銜雲南副將閔亮廣東副
將祺壽遊擊崑壽參將慶寅廣西參將秦定三四
川參將舊德布貴州參將春福湖南參將劉定逵
雲南遊擊伊克坦布廣西遊擊葉璞崇額湖北遊
擊尹希成佛隆四川都司譚學玉貴州守備李英
魁福建參將慶保俱著賞戴花翎湖北遊擊達三
廣東守備徐懷瑞高殿甲千總黃者華俱著賞換
花翎即選都司馬辰著免選本班以遊擊儘先選
用雲南守備陸雲榮湖南守備李英湖北守備玉
貴繩雲翥俱著以都司儘先升用四川署守備世
襲雲騎尉譚賢佐湖北候補守備黃名議四川千

35

413

総劉瀛朱長春王壽余占魁許天貴馬耀文蘇登
科廣西千総麻長慶俱著以守備儘先補用廣西
守備王浚葉上雄把総雷振坤陳振榮外委李春
暉陳振鳳額外曾朝升四川把総劉良超額外朱
雲龍把総楊彪額外宋忠魁彭輝廷外委唐興朝
雲南外委馬登榜李鍾林楊萬春湖北守備張金
華千総許宗魁把総譚添泰饒文舉籍金榜外委
劉尚烈鄭維本額外胡楚魁把総雷世興周大鵬
黃金彪外委劉萬泰江西署守備千総劉旭升千
総胡殿魁胡啟標外委吳廷瑞把総戴永泰羅玉
祥尹亮洪鮑尊德外委朱拔元貴州守備王朝用
署守備陳正坤把総程占春王玉貴夏登高羅倫

34

414

林貴春龍應春達天培外委徐顯宗林道珍晉珻
聶正榮郭起發額外彭世欽楊定邦湖南千総許
勝貴武昌顯守備王瑞把総鄧紹良趙鴻賓外委
王定邦陳占魁羅夢元四川外委何世榮龍上達
陳廷芳八品詹監生向承惠額外武聯升外委李
元吉廣東千総劉秉韜黃遇升張敏和陳大安外
委葉家垣額外翟超羣黎志清外委譚光耀伍龍
瑞均著賞戴藍翎湖南兵丁向榮升曹友亮楊秀
烈陳洪玉均著賞戴藍翎以外委儘先拔補四川
兵丁程大齡蘇光贊唐玉仲張宗紳孫良才唐兆
麟廖明賢達清安唐現龍程宗龍陳正順劉安祥
鍾朝清趙得春陳慶有余開湖王汝春沈國勛曾

33

415

純一鄭學富唐愈賢龍嗣楷余舜基吴萬林張文
光楊鳳翥亞光照程萬春劉鑑魏勳溫存衡張增
湖北兵丁孫鏞葉鴻舉胡萬年楊占魁劉金魁向
鴻沈應連絕興發鄧克明何萬啟甄洪恩王萬逵
李長恩楊得勝何萬泰常輝廷張有泰鄧金榜卲
宏森江西兵丁羅彥亨王大林張祥泰羅福麟楊
得勝劉抜魁譚祺齡李集勳陳孔福蕭逢春孫掄
元吴登朝文方來李占先戎慶貴州兵丁田玉春
李安貴游應龍趙興貴向星垣朱士標張茂林欒
應中劉輔臣楊文才江承恩王興劉勝景陞成林
張朝春雷應春岳廷梅田慶豐楊通瑞梁開貴晉
凌雲劉興富戴國珍羅本立陳炳剛劉榮奎卲文

32

416

勳湖南兵丁蘇上武詹雲純田慶業馬福權常國
恩梁鳳岐楊勝棠田宗陽田興奇袁翥談金魁范
玉龍廣東兵丁鄧國珍余振高均著賞戴藍翎健
銳營前鋒校文英海瑞均着以委前鋒叅領升用
火器營護軍校穆克登布著以空花翎升用廣州
協領全太董明文國蔭均著賞戴花翎佐領錫麟
防禦承霖黃世藩均著以應升之缺升用筆帖式
都尔松阿著以驍騎校遇缺即用武進士即用守
備施溥驍騎校張升和前鋒武舉承惠前鋒全貴
委驍騎校前鋒惠麟均著賞戴藍翎前鋒武舉吏
音圖馬甲訥勒和布前鋒武舉格綳額領催袁景
堯砲手周文魁秦滔領催武舉孔符玉馬甲孫觀

31

417

壽于建和莫清吉宋雲瑞均着賞戴藍翎廣東千
総黎福安田英均着以守備儘先補用原任四川
提督降補千総張必禄著遇有四川都司缺出即
行補用原任廣東守備瞿三益原任廣東降補守
備盧必沅均著以千総降補又另片奏請鼓勵等
語廣東粮道朱宗慶著賞加塩運使銜候選府經
歴齊偉着免選本班以知縣歸部儘先選用該部
知道單併發欽此
查此次保人單內請
賞戴花翎者二十二人請
賞換花翎者四人請
賞戴藍翎者二百三十八人

30

418

六月二十日　奕　齊　祁　跪
奏為遵
旨查明覆奏仰祈
聖鑒事竊奴才等於六月初一日奉到
批廻承准軍機大臣字寄道光二十一年五月十八
日奉
上諭據奕　等奏查明續燒夷船及義勇擒斬夷目
一摺覽奏欣悅之至新安縣武舉庾体羣義勇顔
浩長龍國昭等先後在洋面焚燒夷船砍倒逆夷
先鋒嚧嗶並斬紅旗夷目一人黑白夷匪十餘名
該義勇紳士等志切同仇實堪嘉尚並前次斬獲
咱嘜之義勇紳士等該將軍等於派員查驗明確

29

419

後一併按格奏賞以昭激勸又另片奏夷船全行
退出虎門也將虎門橫檔各砲台收復等語夷船
現仍寄椗伶仃洋迤東之裙帶路地方著奕　等
即飭提督吳建勳將砲台基址及殘廢砲位踏勘
情形派兵防守以便委員查估辦理該將軍等仍
親歷查勘省河堵塞要隘以期層層固守其如何
堵塞之法隨便具奏至該省用兵自楊　及奕
等到後共焚燒夷船若干隻擒斬夷目及黑白夷
人約計若干名擒拏剿戮漢奸約若干名均著該
將軍等查明具奏將此由六百里加緊諭令知之
欽此欽遵寄信前來　奴才等伏查此次協剿夷匪粵
省各鄉村紳士及客民義勇等或焚燒夷船或

28

420

截殺漢奸夷匪或擒斬兵頭均屬奮勉仰蒙
聖諭嘉獎應即照格議賞當即飭局分別核議辦理
酬恤該紳士義勇等聲稱前次奉令糾約鄉勇
焚船殺賊實出義憤不敢仰懇
恩賞懇乞查明酌保寔為榮幸等情詳察該紳士客
民義勇等所禀出于誠心自應俯順輿情毋庸
議賞除業經保奏外擇其尤為出力者另行分
別開單
奏懇
恩施鼓勵以昭激勸奴才等復加詳查揀恭贊大臣楊
咨稱二月二十四日逆夷闖進省河先經總
兵長春在鳳凰岡堵禦擊沉三板船二隻擊斷

27

421

大船中桅一枝擊斃夷匪約有二十餘名落水淹斃者五十餘名所有砲位係廣東舊存二千斤之砲等語嗣于四月初一日經奴才等分派都司胡倖伸等督率水勇在西路白鵞潭海珠砲台十三行馬頭等處焚燒大兵船二隻大三板船四隻小三板船十餘隻又二沙尾雇覓水勇朱亞蓬等焚燒小三板船四隻又續報大黃滘迤北焚燒大三板二隻又西砲台經升任提督張青雲督兵轟沉大兵船一隻擊壞小兵船二隻初三日經總兵琦忠督兵在東砲台之北帝廟用砲擊壞火輪船一隻打折大桅夷船一隻總兵段永福長春候補副將唐永清等在靖海

26

硃

422

門天字馬頭均各用砲擊燬夷船一二隻不等初四日泥城地方經遊擊伊克坦布叅將春福等擊沉小三板一隻夷人開砲自炸轟碎大三板一隻又武舉庚体羣等于初四日在橫檔一路焚燒大兵船一隻、統計自二月二十四日逆夷闖入省河四月初一日開仗之後官兵用砲轟擊及水勇焚燒共大兵船九隻大三板十一隻小三板十八隻火輪船一隻當經飭局隨時分別酌奬賞銀兩在案查該夷大兵船每隻約可載人二百餘名火輪船可載人八九十名大三板船可載人六七十名小三板船或二三十名不等初八日迅雷暴雨傾盆下注登時衝殺在

24

北山各村擄掠之漢奸及黑白夷匪百餘名又三元里等村義勇鄧彰賢督率義勇顏浩長等砍斃先鋒嘜嗶一名又手執紅旗夷目一名黑白夷匪十餘名又前奏義勇陳棠吳濯泉紳士潘世榮等在附城左邊近拴斬大兵頭一名原報係屬咱嘜嗣拠通事驗看首級發變認識不出聞係嘆夷掌兵渠魁所獲寶刺等件用匣封固現交差弁賫京呈驗此外又有紳士吳壁光都司銜蘇文錦候選府經歷馬永熾等自備資斧招募義勇三百餘名在佛山一帶防堵四月初八日因逆匪截搶搬往佛山之婦女等渡船數隻該紳士等聞信即帶領鄉勇等前往救護追

田追至夜間探得夷匪四出擄掠該逆所據之龜岡砲台只有夷匪十數人該紳士等出其不意督率義勇分駕扒龍快艇四面圍攻夷匪開砲轟擊傷斃義勇數十名吳壁光等復於上風施放毒烟夷人不能張目該義勇等奮勇搶上砲台吳壁光首先殺斃兵頭一名餘匪均皆殺死又有救援夷匪飛駕三板船接應經該義勇等在黑暗中埋伏用鎗擊斃夷目二名殺死夷兵數名餘匪潰散割獲首級三顆並擒獲船隻盔甲圖印砲劍大萬旗鎗等物另單呈繳並拠稟稱爾時該逆攔阻河道不能進省就近隱匿村鄉未敢宣露茲聞夷船退出外洋是以來省

硃　　硃

425

呈驗等語，臣等以該紳士等稟報少遲，恐有捏
飾，當經密加查訪，龜岡砲台於初八日實有鄉
民於黑夜在彼截殺夷匪之事，是日省城亦曾
聞有砲聲，是該紳士等所稟尚屬可信，查驗首
級、奪獲軍械均屬相符，該義勇等奮勇殺賊，實
堪嘉尚，未便因具報遲延，遂至泯其微勞，自應
一併查明，量予獎勵。以上統而計之，其被砲火
擊傷、溺水淹斃及登陸截殺白黑夷匪九百餘
名，漢奸一千五百餘名，帶兵大小頭目約有十
餘名，內有㗇嗶嘶嗌吐嗦嚧嘰嗶噫嚬呻口吐
知其姓名者五人，批署廣州府余保純訪查，四
月初一等日，該夷用大兵船三隻載運夷匪屍

22

426

身出洋葬埋，此外漂沒未獲及受傷逃出被嚇
病亡者，不計其數，此皆仰賴我
皇上威福
神靈默助，得以殲除醜類，人心為之一快。所有紳
士吳壁光等呈繳夷物內，除螺絲連環銀花甲
一副，連環套扣螺絲銅甲一副，獅頭金線軟呢
甲三副，鑽石花金線夷帽二頂，大金花盔一頂，
洋鋼鍍金刺劍一口，花象牙鬼字印二顆，銅護
心鏡一面，遇便解京呈驗，其餘首級、夷帽、夷砲、
船隻、盔甲、刀鎗等件存粵備查。至於堵塞河道，
必須相度扼要，令可靠紳士會同派委妥員探
視河身形勢之深淺，總以無碍民田、無遏水道

21

硃

427

或以石塞沙壅或以木為樁作梅花品字形就
其淺深只容貨船出入前已會商於五月十八
日動工因入夏以來雨水過多西水大漲急切
不能一律完工稍俟水消趕緊督辦內河砲台
業已勘明現在購買磚石灰料次第改造其沉
失砲位前經飭委情愿自備資斧打撈砲位之
驍騎校蕭英監生李逸羣黃元憲水勇孫建勳
候選通判蔡松根生員李變元已革知縣徐序
經等先後在省河坭城大黃滘等處撈獲落水
堪用八千斤大砲三位三千斤大砲三位二千
斤砲八位一千斤砲十五位八百斤至五百斤
者二十一位統計撈獲大小砲位五十尊內有

20

硃

428

數萬斤重四十餘丈大鉄練二條三千斤大鉄
猫一個夷砲九尊將來於各砲台搭配安設尚
堪應用其餘不敷砲位已飭委妥員陸續鑄造
弩等現在會籌善後一切實力購求務期行之
無弊用垂久遠一俟議定章程奏明請
旨以便責成地方官認真經理弩等會同撫臣怡
等河水消落後親歷查勘不敢稍有草率上負
委任所有遵
旨查明各緣由理合恭摺覆
奏伏乞
皇上聖鑒再恭贊大臣楊　現在患病是以未經列
銜合併聲明謹

19

奏奉
硃批即有旨欽此

軍機大臣 字寄
欽命靖逆將軍奕 參贊大臣齊 兩廣總督祁
廣東巡撫怡 道光二十一年七月初五日奉
上諭據奕 等奏查明剿辦夷匪各情形一摺所有
酌保出力人員已明降諭旨分別施恩矣據奏撈
獲落水堪用砲位五十尊內有大鉄練大鉄猫並
夷砲九尊著即于各砲台配搭安置其餘不敷砲
位即委妥員迅速鑄造現在善後事宜最為緊要
著奕 等于河水消落即會同怡良親歷查勘悉
心妥議章程具奏將此由五百里諭令知之欽此
遵
旨寄信前來

431

再准兩廣總督祁　咨開五月十九日内閣奉
上諭廣東陸路提督著張青雲補授所遺四川川北
鎮總兵員缺著韓振先補授欽此欽遵咨照前来
當即恭宣
恩旨新授廣東陸路提督張青雲四川川北鎮總兵
韓振先望
闕碰頭叩謝
天恩訖除提督張青雲自行具摺謝
恩外拠總兵韓振先呈稱前由浙省遵檄折回改道
赴粵于閏三月二十九日馳抵廣東軍營蒙派
令辦理營務處事務数月以来毫無報効正深
悚惕仰蒙

16

432

皇上天恩補授四川川北鎮總兵沐
鴻慈之逾格非夢想所敢期聞
命自
天感悚無地理合呈請代
奏叩謝
天恩等情前来謹附片奏
聞謹
奏奉
硃批知道了欽此

15

六月三十日到
粵後十三次發
奕　齊　祁
奏為查探近日外洋夷船游奕情形並批報該國
領事曦哞草退田喚另差兵頭前來更替各緣
由據實奏
聞仰祈
聖鑒事竊孥等前于六月十三日將外洋夷船於初
四五等日陡遭颶風打壞夷人兵船華艇沉溺
夷匪漢奸甚夥又于初八九等日續起暴風飛
飭偵探先行馳
奏在案嗣據各路差探員弁及該管地方先後報
稱該夷自初四日猝遭風暴之後收攏大小兵
船在尖沙嘴一帶拋泊初八初九等日颶風雖

14

猛而正值潮水小汛之時該夷等先為防護僅
止打壞該夷兵船大桅數枝餘船均未損傷並
探得該國另遣兵頭續帶兵船來換曦哞回國
各等情正在查探間旋據報稱曦哞覲至黃埔
請令委員前往有面訟之事孥等當即飭委署
廣州府余保純前往查詢據義律聲稱現在既
蒙
大皇帝天恩准令照常通商何以於各河道插椿填
石塞河不令夷船往來相是偽許通商暗為布
置斷絕和好現在夷商貨船率多觀望疑懼不
敢進口並稱大事既未善定不便斷絕往來該
守答以修整砲台填塞河道乃善後應辦之事

13

435

斷非僞示通商加害爾等又抄義律稱現在我
國信来以我辦理不善將我革去領事令我回
國新来兵頭噗嘚喳水師兵頭吧咭陸路兵頭
㖷嘓副領事嗎嗲並隨帶兵船日內即到我想
前約議和息兵雖蒙
大皇帝恩准通商而內河堵塞傳聞和好恐非真意
他們新到必然生疑且從前議定繳還定海換
給香港馮頭迄今屢討未蒙允准撥給又從前
呈繳烟土係屬各國商人資本不能償還難以
了局該守答以既蒙
大皇帝恩准通商一切自宜照舊遵行若以討要香
港藉詞反復又生無厭之請不但不能代回上

12

436

司而上司亦不敢冒昧代奏義律又稱我已卸
事回國非我遽與前約一切我亦不能作主只
好聽噗嘚喳等辦理等語嘰咩當即駕船出洋
該守回省面稟前情奴才等伏思該夷自被創之
後經奴才等籲懇
天恩准予通商照常貿易并撥還商欠已屬
格外恩施
曲加寬宥該夷自當感戴
皇仁恪遵約束且颶風擊壞兵船漂溺夷匪該逆不
知益加警懼乃性等犬羊愍頑不化輒敢藉詞
稟阻善後詭詐奸謀情殊可恨誠恐該夷以新
換兵頭爲名暗添兵船尋釁反復意圖討要馬

11

頭以遂其欲均未可定經臣祁　派委員弁前
往澳門查探去後嗣于本月二十八日巳刻唊
夷新来兵頭噗嚕喳差人賫到給臣祁　公牘
二件一係具報更換義律回國一件內稱現在
雖經議和息兵而大事尚未善定伊係奉該王
之命来粵領事假以全權諸事均可自行作主
如現在各憲中有如伊之全權可便宜行事者
即請會晤面議章程仍照上年七月間在天津
遞給宰相文內所討之事如能全准便可息兵
其中如有變通之處亦可商酌辦理倘此間各
憲不能自行專主即不必面議定于七月初間
分船北上仍至天津一帶與

天朝宰相行文面議等語奴才等接閱之下不覺髮指
該逆惟利是圖貪得無厭動以分兵赴津恐嚇
無非牽制內地希圖挾制自應嚴詞峻拒曉以
大義明白開導以崇
國體當即由臣祁　擬定回文諭以
大皇帝已准爾等通商即不宜再赴天津且
天朝體制無論事之大小必須奏明
大皇帝定奪飭下方可遵辦內外臣工斷不敢如爾
國擅權妄為以干罪戾況爾所求皆不可行之
事去亦無益等詞繕發回文仍令署廣州府余
保純前往澳門面為曉諭開導藉探虛實觀其
動靜俟其回稟再行馳

439

奏。奴才等伏思夷匪桀驁，其所求各事，此間一經拒絕，勢必藉詞徑赴天津呈訴，更恐道經福建、浙江一帶滋擾，奴才等已飛咨直隸各督撫嚴飭各海口一帶体防範，奴才等亦密飭鎮將整頓砲火，並各鄉招集義勇協同防堵。現在雖已戢撤湖南、四川各起官兵六千餘名，尚有官兵一萬餘名，內除不服水土、染患時疫者，尚可挑選精銳六七千名，加以各鄉練勇，足資守禦，堪以仰慰

聖廑。所有近日查探夷船情形及新換兵頭具稟各緣由，理合恭摺先行馳

奏。伏乞

皇上聖明洞鑒。謹

8

440

奏

准軍機處知會，摺留本處備查。奉

硃批：琦善辦理不善之罪，深屬可恨，始終俾該逆得所藉口，要求狂吠。即有旨。欽此。

7

硃　硃

441

軍機大臣　字寄　二十一年七月十五日奉
上諭奕　等奏近日外洋夷船情形並嘆夷另差兵
頭前來更替一摺嘆夷犬羊性成肆求無厭前據
奕　等懇恩准予通商撥還商欠又據奏颶風擊
壞夷船漂溺夷匪嘰嗶逃至澳門等語此次又云
該國另換兵頭噗嘮喳前來義律當即駕船出洋
可見前此陳奏一切殊多粉飾現在粵省所調各
（硃添：不實一味）（深辜委任之至　硃添）
兵除減撤外尚有官兵一萬餘名內可挑選精銳
六（七）千名加以各鄉招集義勇足資捍衛該將軍等
惟當整頓砲火督飭將弁兵丁激勸義勇竭力堵
禦一鼓殲擒以贖前愆既往之咎或可從寬若將
就了事苟安目前不顧後患定將該將軍等從重

6

硃

442

治罪決不寬貸至香港為內地唇輔斷不准擅許
借給該夷居住此外如有要求絲毫不得允許即
該將軍等冒昧陳奏朕亦斷不允准至督撫係守
土大員保守地方責無旁貸該將軍等惟當與之
戮力同心為國宣勞以收復地方為事以殄滅醜
類為心倘漫無紀律任令兵丁等畏葸偷安甚至
欺罔粉飾致被物議國法具在恐不能倖邀寬宥
也凜之慎之（硃添）將此由六百里加緊各諭令知之欽
此

5

443

六月三十日發　　奴才奕　齊　跪

奏為請補副將等缺恭摺奏祈

聖鑒事竊查陝西定邊協副將韓振先欽奉

諭旨補授四川川北鎮總兵所遺陝西定邊協副將

一缺奴才等查照向例在于隨征各員內擇其尤

為出力者擬請升補茲查有前經奉

旨准其開復副將唐永清熟悉營務伍打仗奮勇堪

以擬補又湖北撫標左營守備馬紹國病故一

缺查有湖北鄖陽鎮標中營左哨千總薛升堂

堪以升補如蒙

俞允該員等均現在軍營應請

敕部先行發給升署劄付以便支食廉俸俟凱撤回

4

444

營再為補行送部引

見以符定制其升補守備所遺千總以下各缺由奴才

等遴選拔補咨明兵部照例辦理為此恭摺具

奏伏乞

皇上聖鑒謹

奏請

旨奉

硃批另有旨欽此

道光二十一年七月十五日內閣奉

上諭奕　等奏請補副將等缺一摺著照所請陝西

定邊協副將員缺准其以唐永清補授湖北撫標

左營守備員缺准其以薛升堂升補先行發給升

3

445

署劄付仍俟凱撤回營後再行送部引見該部知

道欽此

六月三十日奏

2

446

⑥

447

F.O.682/120

道光二十八年秋季分

軍務摺檔

第陸冊

82. A

448

82 B

449

81

450

一件奕齊祁怡奏夷船出洋北駛派員曉諭情形
一件奕齊祁怡奏寄 諭據奏夷船北駛派員
曉諭情形著加意守衛以備不虞、
附尼奈贊揚回湖南提督任起程日期
一件奕齊奏請補奈將以下各缺
一件內閣奉 上諭據奏請補奈將以下各缺
著照所請
一件奕齊祁怡奏分鄉團練丁壯招募水陸義勇
撤兵節餉
又附奏副都統裕等蒙 賞花翎議叙請代
奏謝 恩
一件奕齊祁怡奉寄 諭據奏分鄉團練募勇
撤兵著隨時預、備各丁壯認真訓練加以激勸
俾收寔效
一件奕齊祁怡奏籌辦善後事宜暎夷阻撓尋衅
嚴為防守情形
又附奏已革總督周 到粵派管湖北兵丁隨同
守禦
一件奕齊祁怡奉寄 諭據奏逆夷阻撓善後
情形著乘此生衅之時聲罪致討
一件奕齊祁怡奉寄 諭據奏裙帶路房寮被
颶風折毀與裕 奏迴不相符及關提督陣亡
時不肖黜砲並火門透水兵丁暨慶宇等下落
均著迅速查明具奏

86

451

一件 奕齊 祁怡 奏前奉
旨克復香港謹將粵
首內外一時不能兼顧情形陳明
一件 奕齊 祁怡 奉寄
諭據奏粵省內外一時
不能兼顧情形陳明現在義勇三萬餘名加以
各路精兵兵力不為單弱者乘時相機攻剿
一件 奕齊 奏查明大角沙角打仗陣亡官兵數目
一件 奕 奏湖北千摠許宗礎打仗出力請獎重
複自行檢舉
一件 奕 奉寄
諭據奏請獎重複自請交部
議處著改為交部察議
一件 奕齊 祁怡 奏查明颶風折毀裙帶路夷寮與
裕 奏不同及閩提督陣亡時並無兵丁受賄
施放空砲及濕透大門之事
又 附奏准裕 咨稱令粵省乘虛收復香港並以
厦門定海之失歸咎廣東之清還商欠謹將前
此辦理情形據寔陳奏
一件 奕齊 祁梁 奉寄
諭著確查閩提督陣亡
時首先散失之兵丁從嚴訊辦
一件 奕齊 祁梁 奏廣東水師改為陸路體察情形
未便遽議更變
又 附奏復經招回漢奸石玉勝等二百餘名及逆
夷船隻在新造河面遊奕情形
又 附奏叅贊特 到粵祇領閩防任事
一件 奕齊 祁梁 奉寄
諭據奏水師未便遽改

79

452

陸路者毋庸議至招回漢奸嚴防水陸務當明
定賞格以示恩信沙角橫檔各臺既有夷船駛
入尤宜激勵兵勇嚴防乘機懲創

78

453

七月初七日發　奕　齊　祁　怡　跪
奏為夷船出洋北駛及派員曉諭情形恭摺具
奏仰祈
聖鑒事竊奴才等前以英夷更換領事夷目呈遞夷書
飭委廣州府知府余保純赴澳門剴切曉諭
奏明在案茲據廣州府知府余保純回省稟稱卑
府于七月初二日黎明馳抵澳門探得新來㖑
夷領事噗喝喳並未在澳久住先于六月二十
九日乘駕兵船駛出外洋留副領事嗎嗏在澳
守候面文當將面文面交嗎嗏專人送投一面
傳諭嗎嗏該國所重在貿易現在將軍督撫業
已代爾等

454

奏明早經奉
大皇帝恩旨准照舊通商粵東文武官員一體保護
爾等貨物當安心遵守何得別有干求再行北
往且貿易處所向在粵東黃埔其他處港口並
無洋商通事亦無海關經理斷不能任外夷四
路營販至
天朝體統權自
上操無論事之大小悉應陳奏請
旨定奪凡在臣工一切不敢專擅當令通事吳祥傳
諭嗎嗏赴縣前往轉諭勸阻該副領事嗎嗏聽
聞之下點頭稱善惟口稱頭目噗喝喳駛出之
後正值連日南風恐已開行北上如能中途趕

455

上定當遵諭傳知等語隨據通事稟振嗎嗱即
于是日収拾開船赶往隨又傳到前領事嘰𠹌
照前諭嗎嗱之言令其詳晰寄諭嘰𠹌亦稱已
經蒙
大皇帝恩准通商伊當遵諭寄信勸阻等語並據余
保純探得唊夷連遇風災人貨沉溺與營縣所
報相符裙帶路蓬寮又被火燒幾盡白螞蟻突
爾群生食殘其貨該夷船旋移泊尖沙嘴游奕
不定奴才等伏思唊夷自退出省河之後疫疾風
火疊遭
天譴不知悔悟寔屬冥頑梗化總緣粵東臺砲無存
倉促辦難而請討馬頭之心念念不忘風聞噗

硃

456

嗚喳之來因嘰𠹌連年搆兵辦理不善是以前
來更換今噗嗚喳不待回諭即出洋北駛奴才等
臆揣必係嘰𠹌嫁禍之計不先告噗嗚喳以早
經通商詭使北上懇求馬頭倘開砲攻釁廣東
必絕通商杜絕通商必致兵端不息為己卸罪
亦未可料況漢奸附而不散以夷船為巢穴內
犯則搶掠外聚則走私種種煽惑殊堪痛恨目
下征兵存番禺餘奴才等又派委監司大員于沿
海州縣村莊。（此是緊要得力之處勉為之）鼓舞紳士。分鄉團練義勇。籌備砲
火。扼要防守。刻刻不敢稍懈以固省垣根本奴才
等受
恩深重惟有竭力愚誠堅忍以振士氣含容以固民

458

心隨時相機辦理以仰副
皇上委任之至意再粵省紳商呈請捐貲助餉者奴才
等未經
奏明槩不敢准而急公踴躍又恐阻其報効之心
可否准其輸納或比照捐例量授官職或賞給
翎頂虛銜以示獎勵之處伏候
旨遵行合並附陳伏乞
皇上聖鑒謹
奏于道光二十一年七月初七日具
奏奉
硃批即有旨欽此

73

硃

457

道光二十一年七月二十一日奉
廷寄
上諭奕
等奏英船出洋北駛及曉諭情形一摺據
稱新來英夷領事噗嗎喳開船出洋北駛酋副領
事嗎嗏在澳門守候田文該夷請討馬頭之心念
念不忘現已諭以貿易處所向在粵東黃埔其他
處港口並無洋商通事亦無海關經理斷不能令
外夷四路營販等語該夷貪得無厭詭詐百出現
在噗嗎喳出洋北駛無論其果否係蟻咩嫁福抑
甚或該逆另有奸謀
係藉端尋衅總當加意守衛以備不虞首垣晋存
征兵萬餘不為單薄該將軍等仍當于沿海州縣
村莊團練義勇水勇設法廣為招募俾紳士等羣

九 72

459

相鼓舞激勵衆心遇有緊急自能得力砲火器械
尤當豫為籌備扼要防守毋稍疎虞至粵東為海
疆要地各夷通商相沿已久俱有一定口岸豈容
暎夷妄求馬頭別滋流弊倘該夷遞呈乞恩妄生
希冀該將軍等斷不准冘為代奏所有粵省紳商
捐貲輸納惟當諭以爾等既知急公振効莫若團
練鄉勇保護地方為国家出力如果同心敵愾奮
勇擒渠必當加以官職從重賞賚不在區區輸納
為也將此由六百里加緊諭令知之欽此

71

460

再欽奉
上諭㕘賛大臣楊　久歷戎行懋著勞績昨因在廣
東患病當經諭令安心調理現在該㕘賛病尚未
愈若仍留廣東辦理軍務伊力疾從公轉恐不能
静養楊　著回湖南提督之任其所帶湖南兵弁
著一併帶回歸伍該㕘賛務當仰體朕心加意攝
養振国宣猷為日正長也等因欽此當經㕘録恭
照該㕘賛感戴
鴻恩自行具摺叩謝
天恩並聲明于六月二十九日起程回任旋于七月
初五日委員具文將㕘賛大臣關防一顆賫到
交署奕　敬謹收貯俟有便員再行㕘

70

461

繳為此附片奏
聞謹
奏奉
硃批覽欽此

k 69

462

七月初七日發
奴才英　翰　跪
奏為請補叅將以下各缺恭摺仰祈
聖鑒事竊查貴州台拱營叅將春福升補副將所遺
台拱營叅將一缺及升補所遺各缺奴才等查照
向例在于隨征各員內擇其尤為出力者擬請
遞相升補以示鼓勵另繕清單恭呈
御覽如蒙
俞允該員等均現在軍營應請
敕部先行發給升署劄付以便支食廉俸俟凱撤回
營再為補行送部引
見以符定制其升補守備所遺千揔以下各缺由奴才
等遴選拔補咨明兵部照例辦理為此恭摺具

十二 68

463

奏伏乞
皇上聖鑒訓示謹
奏請
旨奉
硃批即有旨欽此

464

道光二十一年七月二十一日內閣奉
上諭奕　等奏請遞補叅將以下各缺一摺著照所
請貴州台拱營叅將員缺准其以鄂勒和善升補
所遺貴州安義鎮左營遊擊員缺著胡俸伸升補
所遺兩湖總督標中營都司員缺著趙崇升升補
所遺湖北提標右營守備員缺著蕭聲揚升補以
示鼓勵該員等現在軍營著該部先行發給升署
劄付俟凱撤回營再行送部引見該部知道單併
發欽此

七月二十日發　奕　齊　祁　怡　跪
奏為分鄉團練丁壯招募水勇陸義勇撤兵節餉
以歸寔用仰祈
聖鑒事竊唤夷分船北駛奴才等已于初七日馳奏在
案又據香山新安等處稟稱唤夷于初七日乘
坐兵船一隻裝載妻子行李駛出老萬山向南
開行探無下落又稟稱香港洋面尚有夷兵船
十餘隻火輪船二隻停泊裙帶路尖沙嘴迤東
不定續又到五十門砲大兵船一隻等語奴才等
查唤夷屢次求為代懇馬頭奴才等拒絕不准又
不聽開導分船北上名為自行呈訴而反覆貪
狡已可概見香港一帶漢奸聚而未散以夷船

為護符借以走私而粵省自省河失防之後砲
械船隻皆為焚燬所餘水師巡船僅可哨探不
能抵禦況尖沙嘴路通九龍毗連內地新安一
帶陸兵單弱水陸兩路均為喫緊奴才等與水師
提臣吳建勳商造戰船式樣尚未完工若于此
時收復香港恐致四面受敵應援無具且各省
官兵不服水土加以痢疾疲乏之日形如其留之
不得力不若撤兵而多募勇壯蓋粵東善後非
倉卒可以集事而夷性桀驁宜隨時設備無論
客兵不可久居倘我集而彼散我散而彼集不
但財力耗于無用而事機亦必坐失是以奴才等
先經揀派紳士余廷槐黃培芳等分路前往四

467

鄉鼓勵士民抽丁團練隨又委高廉道易中孚
及候補道西拉本前往密查旋據該道等回省
稟稱南海番禺兩縣各鄉社逐村查驗已練有
三萬六千餘名按冊點看俱年力精壯器械整
齊分隊操演尚屬勇健並據紳耆等口稱二百
年來仰沐
朝廷深仁厚澤浹髓淪肌當此海疆不靖無不願
効前驅以振
聖主察其情詞寔出義憤各鄉各有章程如若調用
再行發給口糧當即分賞銀牌銀兩無不歡呼
踴躍等語查粵省良民自遭夷匪焚掠人人切
齒比戶同仇于斯可見况沿海中路當賊之衝

63

468

香山新安新會東莞等縣自去年以來深賴官
民互衛一律勸勉如果民心既固何患不衆志
成城等又恐小民勇于保家悍于征調窮鄉
僻壤呼喚不靈現擬一面撤兵一面募勇挑選
技藝嫻習熟識水性者分為水陸二隊分給砲
火刀矛雇覓拖風快艇派委文武員弁管束認
真訓練無事則護修砲台砲位以壯聲威有事
則分以禦敵再將各鄉團練丁壯分為三成一
成守村一成守隘一成赴援互為表裏截其歸
路斷其接濟繼以大攻可期得手以調兵之費
為招練戰勇之費一轉移間可以經久况貧民
輸力富民輸餉取于下而不損益于上而無窮

62

469

為今之計莫善于此所有各首官兵除酌留精
鋭外仍照原奏分撤至夷帶私物奴才等早嚴飭
冀長陞永福等諄諭帶管各官于上船時逐名
搜查出具切結方准開行然恐不肖兵役勾通
船户影射牟利沿途停逗復委派監司大員通（親）
赴三水韶州等處暗為訪察倘有前項情弊立
即稟明從嚴究辦再現在招練義勇大砲之外
抬砲為利粤省正防禦吃緊之時恐赶造不
能足用擬將凱撤各營之抬砲擇其堅固者留
粤備用容衆清数目估給價值回營另造在各
兵既免携帶之勞而粤勇可藉資抵禦之助所
有奴才等分鄉團練撤兵募勇緣由謹先將大槩

470

情形恭摺具
奏伏乞
皇上聖鑒
訓示遵行謹
奏奉
硃批即有旨欽此

471

道光二十一年八月初七日奉
廷寄
上諭據奕　等奏分鄉團練撤兵募勇一摺據称香港洋面尚有逆夷船隻戰船造未完工客兵不可久居現擬撤兵募勇分鄉團練等語逆夷反復無常必應隨時設備該省現練有水陸義勇三萬六千餘名並将各鄉丁壯分成團練此項練勇俱係民兵祁　怡　有守土之責著會同奕　等和衷共濟派委員弁實心認真訓練加以激勸俾收寔効所有前調各省官兵著仍遵前旨分撤其各營所帶抬砲著准擇其堅固者留粤備用至香港地方昨有旨令奕　等乘機攻復現在招練戰勇頗

作 59

472

効前驅正可一鼓作氣設法進剿該將軍等務宜妥速酌辦慎勿再失機宜致干重咎將此由六百里諭令知之欽此

作 58

473

再廣州副都統裕瑞蒙
恩賞戴花翎又總兵段永福長春文哲暉博勒恭武
琦忠韓振先等均奉
旨交部從優議叙等因欽此當經恭錄傳知查總兵
琦忠前帶湖南官兵凱撤回營除另行札飭遵
照外該副都統裕瑞總兵段永福長春文哲暉
博勒恭武韓振先等望
闕碰頭叩謝
天恩亟據情呈請代
奏前來理合附片奏
聞謹
奏奉

57

474

硃批覽欽此

56

八月初三日發　奕　齊　祁　怡　跪

奏為籌辦善後事宜嘆夷阻撓尋衅疾為防守情

形恭摺馳

奏仰祈

聖鑒事竊奴才等于七月初七二十等日先後將夷船

北駛及尚有兵船在香港尖沙嘴一帶停泊並

札飭各鄉村團練招募壯勇緣由先後奏

聞並飛咨沿海各省在案奴才等又飛飭水陸文武員

弁疾密防堵一面催令加工趕緊填淺內河通

海各水道以防闖駛旋于二十六二十七等日

准福建督臣顏伯燾撫臣劉　飛咨據稱七

月初九日酉刻逆夷火輪船兵船數十隻闖進

55

青嶼口呈遞夷書拆閱係兵頭璞姓巴姓郭姓

均未書名文稱照上年天津所討辦理請將廈

門城邑讓伊據守並諸事善定仍行繳還各等

語當即督率員弁開砲轟擊嗣因夷船蜂擁而

至廈門失守等情奴才等接閱之下不勝髮指嘆

夷狡獪異常心懷叵測總思擾我邊圍遂其要

請前既分船潛駛四散謠言復又暗招孟牙剌

新奇坡等處船隻遊奕海上不時窺探動靜奴才

等因粵東省河形勢散漫處處皆為要隘難期

專力控守是以籌辦善後必應由內及外先使

省城根本之地不能任其滋擾則民心庶免張

惶可以協力捍衛第內河南面東面海道處處

54

477

可通水面動輒寬數十百丈深亦數丈十數丈
不等應用木植碎石均須自他處購運非急切
所能竣工前經嚴飭承辦委員及紳士人等不
動聲息妥速經理自開工以來已及其半即有
漢奸偷遞信息前據水師提臣飛咨七月二十
六日吳有火輪船一隻三桅夷兵船三隻自外
洋駛泊橫檔海面開駕三板上橫檔砲台舊基
內有夷服說漢話者一人持單一紙聲稱填河
修台仍有準備交兵之勢因即縱火將看守兵
丁所住蓬寮殘屋墻垣等燬折又據營弁探報
有火輪船兵船五隻駛入大石四沙等處攔阻
填河將載石小船焚燒七八隻又至附近村中

53

硃

478

攫搶食物經該村民激動公忿鳴鑼聚眾趕逐
即行退避又探得在省各國貿易夷商陸續搬
避是該夷明知粵省砲台砲位戰船一時不能
驟復舊規而各鄉村民又經聯為臂指是以任
意阻撓使門戶無可關鍵則易于生事以遂其
挾制之心藉端聲言以挑釁也奴才等再四商籌
該夷等在粵所求不過貿易一節既已
恩准通商自應照常恭順而屢屢（他事斷不准議及）虛聲恫喝則以在
任諸臣僅許通商一事他無可言故曉曉潛蹤
匿跡而更易兵頭潛出滋事又恐一不遂願之
後粵省業已完固則跋前疐後不能雄視諸夷
是以疊起衅端務欲遂其所欲而後止奴才等體

52

479

察四鄉民情現已均知憤激首城為根本重地
所留各省精銳官兵尚有五千餘名奴才等惟有
嚴飭文武員弁鼓勵兵心固結民衆仍前加意
防範不令市井驚疑即可令各夷商安心貿易
若逆夷再敢駛入滋事即督飭兵勇奮力攻剿
倘知我有備退出奴才等仍勒兵一面寔力辦理
善後各事總期以守為戰不敢稍存懈忽俟夷
船全行退出外洋再行馳
奏至奴才等知識庸愚才具短淺且事多棘手以致
左支右絀頃奉到
諭旨令奴才等四人戮力同心以期有濟奴才等因奴才等聞
命之下同深悚佩現在奴才等四人隨時遇事皆係和

51

硃

480

衷商酌總期殫竭愚誠有裨軍務不但不敢稍
存推諉之心（朕所懸念者即在此也）亦全無彼此之見可紓
慈廑所有現在夷務情形謹繕摺馳
奏伏乞
皇上聖鑒訓示謹
奏于道光二十一年八月初三日具
奏奉
硃批即有旨欽此

50

481

再前任湖廣總督周　已于七月二十七日
到粵奴才等公同商酌該革督前在湖北任內訓
練營伍弁兵素極畏服茲挑撥湖北官兵四百
名交伊曾帶隨同奴才等相機守禦合併聲明附
片謹
奏奉
硃批覽欽此

482

軍機大臣字寄道光二十一年八月十八日奉
上諭本日據奕　等馳奏英夷阻撓善後情形一摺
據奏七月二十六日有大輪船一隻三桅兵船三
隻自外洋駛泊橫檔海面縱火燬拆逆寮牆屋又
有火輪船兵船駛入大石四沙等處攔阻填河焚
燒船隻並在近村攫搶食物現在加意防範等語
覽奏深堪痛恨前此准令通商本非正辦此時若
再有要求斷斷不准議及前據該將軍等奏南海
番禺兩縣村社練有義勇三萬六千餘名省城所
出精銳官兵亦有五千餘名如果謀勇兼施兵民
齊奮現在廣東英匪為數無多乘此挑釁生衅之
時聲罪致討激勵士民同仇敵愾將留粵夷匪痛

483

加剿洗收復香港擣其巢穴不但粵東海氛可期
永靖且先聲所至閩浙各處防剿事宜均易為
力勉之又勉將此由六百里諭令知之欽此

47

484

軍機大臣字寄道光二十一年八月十八日奉
上諭前據奕　等奏六月初四日海面颶風陡發所
有尖沙嘴裙帶路帳房寮蓬悉被吹捲無存所造
之屋亦被拆毀掃蕩一空等語是該處已無房寮
可住自不致仍有夷人在彼占據乃昨據裕謙奏
擒獲夷匪供稱香港地方現在岸上有兵一千名
兵房數百間與該將軍等所奏情形何以迥不相
符著即詳細查明據實具奏再閱　陣亡時不
肯點砲及大門遠濕水之兵丁必應嚴拏從重懲
治並慶宇達邦阿二員究竟如何下落均經降旨
飭查何以延未覆奏著即一並迅速查明具奏將
此諭令知之欽此

46

485

八月二十日發　奕　齊　祁　怡　跪

奏為欽奉

諭旨相機克復香港謹將粵中內外一時不能兼顧

情形據實陳明仰祈

聖鑒事竊奴才等于八月十六日承准軍機大臣字寄

道光二十一年八月初四日奉

上諭前據顏　等奏英夷船闖入閩洋廈門失守已

降旨令該督等設法克復矣前因逆夷占據香港

有旨令將軍等相機收復現在該逆滋擾福建粵

洋夷船自必減少若乘其勢分力弱之時皆率兵

勇痛加剿洗使彼首尾不能相顧但須謀定後動

計出萬全固不可坐失事機尤不可再有挫失再

45

486

該逆前踞定海經琦善議給香港始將定海退還

現在琦善伊里布均獲重譴此次該逆既占香港

又復攻擊廈門難保不故智復萌又思更換以售

其詭騙愚弄之計奕　齊　經朕特簡祁　怡

均有地方之責著即体察情形乘機進剿如能設

法攻復香港則從前辦理不善尚可稍續罪戾若

狃于前議觀望遷延又墮逆夷更換詭計則褫職

具在不能輕恕也凜之勉之將此由六百里加緊

諭令知之欽此遵

旨寄信前來奴才等跪讀之下惶悚難名查逆夷更換

兵頭駛船北上胆敢赴閩滋擾攻陷廈門旋又

闖竄入浙境怙惡不悛神人共憤而又恐狼貪

44

不致失其巢穴晋兵船十餘隻在廣東香港等
處洋面聚集漢奸數千人飄忽出入攔阻善後
其意以省河可以固守則挾制無具而虎門内
外砲台早經剗為平地彼此均無險要之可扼
水師無船無砲只有廣守陸路以防其掠而已
是廣東根本之計莫先于省城内河擇要堵塞
而堵塞又不敢絕流以遏水患必須留水三五
尺以為宣洩逆夷大船可断而三四號兵船及
两桅三板雖不能悉數阻隔亦不能再任猖獗
填塞之處在在須防而内河砲台除舊者改造
外尚須添築土墩土壘以為應援目下省河西
南一路業已將次畢工而東路二沙尾甫經下

胙 43

椿勒限趕辦統計八九月内可以全數振竣砲
位除加工添廠鼓鑄外統佛山省城計之可敷
内河砲台隘口之用而鄉村團練土墩土壘之
外凡有登岸要路皆須分砲安置以資固守是
目前要務尚多未備不能不慎之又慎使之無
從闖入省河然後出全力以申撻伐此不能一
時兼顧之寔在情形也蓋虎門以内守急而戰
緩虎門以外則戰守俱難得力以現在香港而
論克復尚不甚难而夷船得信麕集勢必愈肆
狂索悖無論内戶不固功敗垂成更恐扰及旁縣
愈增滋慮旋得旋失不惟不能分閫省之勢轉
慮速粤省之憂此咎等日夜焦思寢食不安者

收 42

株

489

也現在各鄉聯絡已有條規而紳士等感戴
天恩莫不踴躍共議抽丁輸餉民心頗為奮發較之
從前銳氣倍增奴才等另募水陸壯勇協同官兵
演練攻守之具覩釁而動近又暗中招回漢奸此係最要之機關不容髮要速為之
數粉飾是勸百名使之伺間策應前此香港寮蓬之燒即
係漢奸放火因夷人知而防之是以其党漸貳
尖沙嘴夷船被盜亦不敢停泊藉其同類之相
猜嫌餌詐貪之並使若此輩果能始終為用則
多方以扰之使逆夷不得安居香港不第虎門
內外砲台船隻可以修造即使逆夷兵船全數
返粵而分其党與知其動靜亦不至倉卒被其
豕突奔等受

41

490

恩深重仰荷格外
鴻施不加譴責少有人心何敢迴護前見自為地步
但權其輕重緩急如非計出萬全自不敢輕于
一試若有可乘之機亦斷不敢坐失機宜惟有
恪遵
聖諭刻刻相度機宜以固海疆以圖進剿仰慰
宸廑為此恭摺馳
奏伏乞
皇上聖鑒
訓示謹
奏于八月二十日具
奏奉

40

491

硃批如有可乘之機即行進取斷不准遲延觀望即
有旨欽此

492

軍機大臣　字寄道光二十一年九月初六日
奉
上諭奕　等奏相機克復香港一摺據稱現在粵省
內外不能兼顧自係實在情形惟水陸義勇既有
三萬餘人加以所留各路精兵數千名兵力不為
單弱一有可乘之隙自當相機攻剿動出萬全所
云招回漢奸數百名固可為耳目之用此最要之
機間不容髮務宜獎勵激勸妥速為之以收實效
至砲位為行軍要需趁此暇時督率工匠趕緊興
鑄無論大小銅鐵總期質地精純試放適用有準
是為至要將此由五百里諭令知之欽此

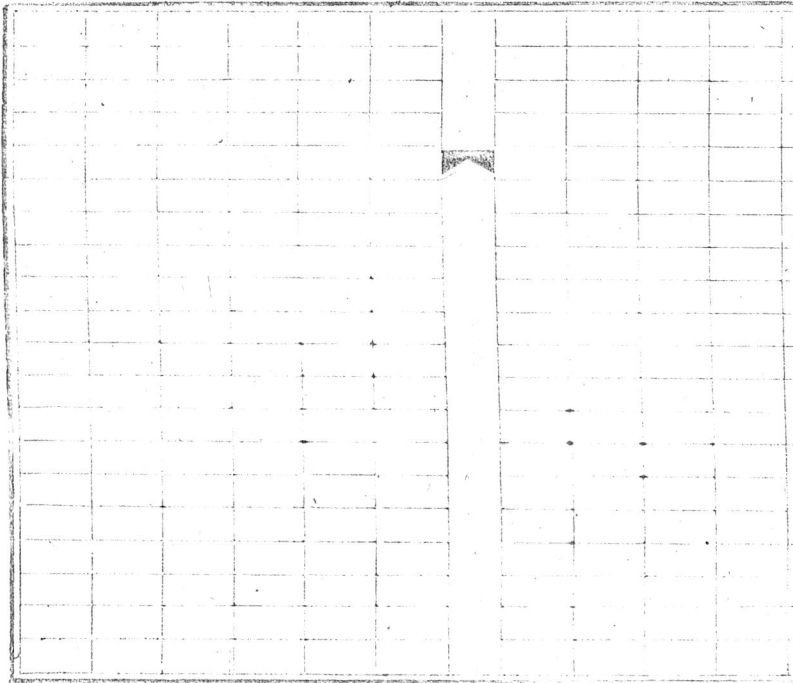

493

八月二十日發　　　奴才奕　齊　跪

奏為會同遵

旨查明沙角大角兩砲台打仗陣亡受傷各將弁兵丁數目恭摺具

奏仰祈

聖鑒事竊奴才奕　等前于途次欽奉

上諭前飭琦　查明陣亡將弁兵丁數目前據覆奏已降旨交部照例賜恤並將陳連陞父子加等議恤惟將弁傷亡甚多該兵丁陣亡恐不止此數著奕　等查明琦　所奏有無隱飾據寔具奏等因欽此當經移咨臣祁　臣怡　飭司委員確查從前傷亡將弁兵丁究有若干員名是否與前

494

署督臣琦　原奏相符詳覆核辦去後旋據廣東布政使梁寶常詳覆先後接據委員等並廣東撫標等協營查明分晰造具陣亡傷亡及受傷各弁兵銜姓花名清冊前來奴才等詳加核對各營傷亡將弁員名多與原奏單開相符惟水陸各營兵丁陣亡傷亡及受傷名數核與原奏頗有參差水師兵丁名數較原奏少開六名陸路兵丁名數較原奏少開四名奴才等恐所查尚有未確復飭司備移確查覆核茲據水師陸路各營查覆又由司列冊具詳奴才等覆行逐一詳核所有陣亡傷亡及受傷兵丁現冊與原奏名數參差之處係因前經受有輕重各傷續于琦

495

具奏後因傷亡故至水師營內尚少開造兵
丁六名先因查無下落称係陣亡漂沒嗣經陞
續回營以其並未受傷無憑造入冊內核對數
目適相符合惟陞路現查少造兵丁四名寔係
原奏單內多開自係琦　倉猝具奏未入細查
之故又查水勇項下現冊少開三名合之原奏
查無下落之壯勇水手三名數目亦屬相合相
應詳晰開列清單恭呈
御覽除另造姓名清冊由臣祁　送部查核辦理外
謹將遵
旨覆查緣由會同恭摺具
奏伏乞

35

496

皇上聖鑒敕部查核辦理施行謹
奏于道光二十一年八月二十日具
奏
硃批兵部照例辦理單併發欽此

34

497

八月二十日發

奕 跪

奏為遵

旨查明覆奏仰祈

聖鑒事八月十六日承准軍機大臣字寄道光二十

一年七月二十九日奉

上諭本月初五日批奕 等奏酌保打仗守城出力

力員弁單內湖北千揔許宗魁一員請賞戴藍翎賞

經降旨允准茲據兵部查明湖北鄖陽鎮標前營

右哨千揔許宗魁前經該將軍等保奏業已賞戴

藍翎此次何以復行奏請其因何錯悞之處著即

查明具奏將此諭令知之欽此奴才等跪讀之下無

任惶悚伏查湖北千揔許宗魁前于四月初一

四八 33

498

日開仗打砲奮勇出力經奴才等查明彙入清單

核寔保奏奉

旨賞戴藍翎當經飭知巽長轉飭遵照在案所有初

次保奏人員奏稿清單并歷次奏稿底案因恐

洩漏是以奴才奕親手檢收嗣于六月二十日

具奏遵

旨查明二次打仗及防守城垣出力人員案內因湖

北千揔許宗魁又復打仗奮勉經該鎮將開單

呈請鼓勵維時各鎮將所保人數甚多奴才奕

一時失於檢点仍將湖北千揔許宗魁列入請

賞藍翎單內以致重複今奉

旨飭查理合據寔覆奏除將重複緣由咨明兵部註

二九 32

499

銷外委奏 維時未能與底单詳細核對寔屬
疎忽應請
旨將委交部議處參贊大臣齊 此次雖經會銜惟
查初次酌保人員之時該參贊尚在佛山防守
未經會核無從覺察應請免其置議為此恭摺
具奏伏乞
皇上聖鑒飭部施行謹
奏奉
硃批另有旨欽此

三十

31

500

道光二十一年九月初六日內閣奉
上諭前據奕 等保奏湖北千總許宗魁打仗守城
出力請賞戴藍翎經兵部查該員業已賞戴藍翎
其因何錯悞重複當降旨該將軍等查明覆奏茲
據奏稱寔係单開重複著兵部即行註銷奕 自
請交部議處之著改為交部察議欽此

30

501

九月十四日發　奕　齊　祁　梁　跪
奏為遵
旨查明據寔具奏仰祈
聖鑒事竊奴等于道光二十一年九月初一日承准
軍機大臣字寄八月十八日奉
上諭前據奕　等奏六月初四日海面颶風陡發所
有尖沙嘴裙帶路帳房寮篷悉被吹捲無存所造
之屋亦并拆毀掃蕩一空等語是該處已無房寮
寮可住自不致仍有夷人在岸占據乃昨據祁
奏拴获夷匪供称香港地方現在岸上有兵一千
名兵房數百間與該將軍等所奏情形何以迥不
相符著即詳細查明據寔具奏再閱　陣亡時

五ㄟ　29

502

不肯點砲及火門透水之兵丁必應嚴拏從重懲
治並慶宇達邦阿二員究竟如何下落均經降旨
飭查何以延未覈奏著即一併迅速查明具奏將
此諭令知之欽此奴等前于閏三月初八日接奉
前
諭即向參贊大臣楊　面詢當日憑何具奏據該參
贊云得之傳聞因不敢阻于
上聞是以入奏其言自何人不能記憶適時逆夷分
踞內河黃埔以外聲息不通迨五月夷船全數
退出外海水師散失無從確查奴才等以提臣吳
甫經接任無所迴護可藉覈查陣傷亡故兵
丁之便密為訪察當日該砲台兵丁果否寔有

五三　28

503

不肯点砲之事未及田振該参賛旋即告病回
任将原奏
硃批恭移弩奕處弩等訪聞未確何敢以當日風
聞無拠之詞率行奏覆一面催飭提臣就近查
覆一面奏查原振拠水師参将李賢原禀称内称
逆夷自二月初五日至初六日虎門各砲台與
逆夷打仗俱被攻陷拠靖遠砲台把揔何居桐
田来振称閔提督及遊擊麥廷章是日同在砲
台親督弁兵奮勇攻擊及至臺被攻陷閔提督
與麥廷章均殁于陣弁兵多有傷亡又拠閔提
督家人孫姓帶到提督印信禀称跟伊主在台
防夷初六日早大幫夷船前来打仗自卯至未

504

伊主與麥廷章往来督兵開砲伊主身受多傷
口称上不能振効
朝廷下不能事奉老母忠孝全無令伊速帶印信回
緣免又遭害隨即陣亡倒地等語又查東莞縣
原驗屍傷前提臣閔　額顱及左手皆各受
刀傷左乳旁及右肋各受砲子傷均透内與麥
廷章枕藉而死詢之眼同収殮之貴州総兵段
永福以及當時防後之貴州兵丁詳細詢問所
言亦與李賢所禀大略相同又拠新任提臣查
驗傷亡兵丁數時因屡為訪察寔無水淹砲門
及受賄施放空砲之事惟前提臣陣亡時兵丁
不無散失是前提臣閔　寔係激于忠義毅

505

然誓死與台俱亡非兵心叛貳不得已而自盡
也即如奴才奕 臣祁 未抵粵時道路傳聞亦
云前提臣被砲傷而亡曾于三月二十六日附
片陳奏今訪察數月查核原振詢之目睹互相
印証始知參賛楊 之奏不為無因而水落石
出皆一時造言生事者信口傳播此奴才等詳慎
而不敢遽邇瀆奏之原委也蓋廣東五方雜處
良莠不齊地方有事爭思藉端以牟利頗募壯
勇則乾沒自肥頗招漢奸則走私犯法擯而不
用則匿名捏款互為傳揚以亂是非各處寄信
以惑聽聞此等澆風深為政蠹現在奴才等分飭
團練水陸設防深懼有名無寔詳慎用人不避

506

嫌怨者鑒于此也至在浙夷匪供出香港房屋
與粵中颶風情形不同一節奴才等查逆夷遭風
在六月初四日地方官印稟振到奴才等恐有粉
飾密委確探嗣因提臣振到前後情形符合始
敢繕摺入
奏
香港所修房寮係屬葵棚未遭颶風之前所造
鬼樓僅起基六七尺石路亦未足長地方營汛
原振掃蕩一空石路塌卸無存係指葵寮木棚
而言爾時瓦房尚未蓋就寔無捏飾六月底該
逆夷又復搭造二百餘間以為貯貨藏身之所
因漢奸此役挾嫌燒燬其半七月中又自外洋載
來磚木使漢奸招募工匠修造瓦房數處皆漢

507

奸廬並景為之料理意在招商走私以圖偷漏
課稅並藉為負隅之勢以牽制內地其兵船遭
風者皆出外洋修補其在香港者則以貨船改
造兵船貨船俱有砲眼啟去鉄板即可安砲其
木料堅固式樣大小並無區別嗣後新到逆夷
兵頭噗嘈喳所帶兵船皆自孟丫剌而來散泊
老萬山等處出沒伶仃汀洋面蹤跡無定前所
奏比駛三十餘隻亦不過自山上用鏡瞭望約
略言之其為新來舊存無從指識夫英夷之狡
悍非他夷可比而禽獸之性變動靡常到處思
修貯貨房屋到處思通貿易港路旋蓋旋棄不
惜糜費聞厦門古浪嶼又謀蓋造房間豕禽狠

508

噬隨泊聚居並無一定巢穴奴才等隨時聞見隨
時入
奏並不敢前後迴護預為地步以蹈欺罔之罪至
關　陣亡時首先散失之兵丁亦應嚴行懲
辦客俟查訊確寔另行辦理其慶宇達印阿二
員業經臣祁　撫臣怡　查明覆奏合併聲明
所有奴才等遵
旨查明緣由謹恭摺具
奏伏乞
皇上聖鑒謹
奏于道光二十一年九月十四日具
奏

硃批另有旨欽此

再奴才等准浙江巡撫臣劉　咨称逆夷自八
月十六日攻打定海二十一日失守等語奴才等
查來咨係由陸路抄後腹背受敵遂至不支又
前接
欽差大臣裕　來咨嘱令奴才等乘虛奪取香港搗其
巢穴又兩省當事諸臣皆以廈門定海之失歸
咎于廣東之清逐商欠奴才等四月辦理不善百喙
难辭何敢再行申訢但前後寔在情形非目睹
身受者不能周知奴才奕　臣祁　到粵虎門內
外礮械無存弁兵失散省河要隘為賊所扼直
逼城下逆夷立待逐其商欠准予通商一言不
決即行滋事爾時攻守無具壁壘入室環立欄

511

前拒之不得况能起捕然 奴才等以不戰不能息
兵釁承
庚諭何敢依違觀望遂激勵兵勇焚燒其船閣伏攻
擊相持五晝夜嗣緣該逆冒死登岸襲我後路
聲言求和息兵數日來砲響震天火光徧地漢
奸在藥局放火勢將內變城內居民痛哭呈懇罷
戰爾時 奴才等已拚一死與城俱亡伏念
恩深權重負荷匪輕倘省城有失全粵瓦解不但數
百萬生靈同遭大劫而恢復海疆恐千百萬粮
餉不能濟事是以 奴才等再四熟商徒死無益故
不避重譴冒昧入
奏請

19

512

旨遵行 奴才等天良未泯豈甘故出下策以求苟活此
前參贊大臣隆 所以憤懣成疾而 奴才等日思
圖報寢食不安疲敝精神以致支骨僅存者也
然
皇上能諒 奴才等苦衷而局外論事者曲為責備 奴才等
仍復何辭夫以素未被兵之地多方預備尚不
能當其先焰而廣東以殘破之區必使聚殲其
衆 奴才等自顧何能克當此任且夷人以剽掠為
性萬里深入有必死之心船堅砲利到處為害
並無一定巢穴即如香港亦不過藉以挾制內
地者必欲走居必不扤駃滋事總緣垂涎閩浙
口岸冀欲得之以為要脅以遂其欲並非廣東

18

513

子以商火即不抗害觀其始而阻撓填河繼而
廣積小艇屢添兵船招募漢奸何嘗一息不思
反噬且香港四面環洋不難于復而難于守如
其得而旋失必至速其內攻即目下水淺填塞
兵勇分扎不能長驅而入而新安東莞香山順
德必致受其屠掠人心一動匪徒竊發省垣根
本重地勢將動搖是爭一荒島撤壞大局非計
出萬全之道奴才等所以通盤籌畫不敢不為我
皇上剴切敬陳也現在各鄉團練俱能認真而後路
抄襲尤宜先備奴才等親往各處校閱莫不志切
同仇互為捍禦逆夷偵知紳民共憤水陸交防
現在該逆夷不復阻撓填河亦不敢遽行進內窺

17

514

伺省河南路堵塞將次告竣東路二沙尾等處
現在趕緊興工各處土砲台亦已相度地勢擇
要修造安設砲位俟內戶完固各大砲台即應
接續趕辦所有砲位隨鑄隨運此外尚有紳士
捐辦大小砲位百餘尊除撥給各鄉防守外其
餘僅足敷內河之用虎門各砲台修復後尚須
五六百尊年前恐未能鑄齊然不敢不併工趕
辦目下漢奸招回者不少其中恐有內應未便
安置省垣左近暫派在虎門以外乘機焚其船
房拴其夥首以冀修復外海各砲台逐層由內
而外庶不致進退無據奴才等渥受
恩施膺茲重任成敗利鈍所不敢計亦不能計惟有

16

515

殫竭愚誠以期仰慰
慈廑自贖罪戾而已謹附片具
奏伏乞
聖鑒謹
奏奉
硃批另有旨欽此

六六

516

軍機大臣　字寄道光二十一年十月初一日
奉
上諭前據祁　奏香港尚有夷兵房屋降旨令奕
等復奏茲據奏稱原報掃蕩一空係指蔡寮木棚
而言該逆嗣又搭造房屋貯貨藏身並圖招商走
私原奏寔無捏飾等[illegible]奏已悉其闗　陣亡
情情形卷查叅將李[illegible]泉稟並各處密為訪察闗
係激于忠義毅然誓死並非兵心叛貳以致自
盡惟當逆夷攻陷砲台之時兵丁散失致令主將
陣亡甚為可惡者矣　等將首先散失之兵丁確
查嚴訊從重懲辦又另片奏香港地方逆夷藉以
挾制並不久居現在填塞省河並不阻撓業已赶

六七

517

繫與工建台鑄砲等語浙江命將出師一經剿辦
難保不竄回廣東復圖滋擾現據奏稱該逆以貨
船改造兵船其心叵測該省砲台砲位必須及早
建鑄方可有備無患若此時稍存玩泄臨事再有
疎虞惟該將軍等是問該省各鄉團練義勇紳士
捐辦砲位果能衆志成城何患不捦渠殲醜至招
回漢奸固當防其內應若示以恩信不持散其党
與即可藉以殺賊著該將軍等明定賞格剴切曉
諭有能焚燒夷船捦斬夷目即行批寔具奏候朕
破格施恩至香港地面如有可乘之機仍著相機
收復為要將此由五百里諭令知之欽此

六八

13

518

九月二十一日發　奕　齊　祁　梁　跪
奏為廣東水師改為陸路體察現在情形未便遽
議變便更恭摺會議具奏仰祈
聖鑒事竊　奴才等前于三月二十日承准軍機大臣字
寄奉
上諭叅贊揚　片稱將來改水師為陸路亟添築寨
堡之處著該將軍叅贊督撫會同妥議具奏欽此
又于六月二十四日奉
上諭前批揚　奏請將水師改為陸路自係因近來
訓練不精不能得力之故此時固未便全改章程
其應如何變通酌劑之處該將軍妥議具奏等因
欽此欽遵寄信前來　奴才等伏查廣東設立水師

六九

12

防海之路有三惠潮為東路高廉雷瓊為西路
而以廣州為中路自虎門迤東大鵬營所轄之
佛堂門起至虎門迤西廣海寨所轄之大澳止
盜賊淵藪帆檣出入較之東西兩路形勢尤為
喫重該參贊楊　請將水師改為陸路自係專
為廣州中路虎門失守水師不能得力而言惟
是奴才等體察現在情形虎門內外砲台不能不
修各砲台四面環海即不能不藉舟師之力以資
捍衛況廣州所屬海港俱通大洋乘潮內駛在
在可入水師緝拏盜賊延防奸宄為用寔多不
僅如該參贊所云專為護持海商也至該參贊
所慮省城二沙尾鳳凰岡兩處大船可到欲于

七十

11

附近河岸靠山之處修砌營壘安兵駐札殊不
知二沙尾等處均係內河尚在黃埔以內虎門
扼中路之衝寔為外海藩籬現在填塞河道扼
險設防係權宜之舉以期由內而外而久經之
謀必須外戶加嚴若使盡改為陸不但自棄天
險而香山新安等縣聲勢不能聯絡賊艘必至
長驅而入並無顧忌果能內戶固守則近省東
南二路即可無虞總之承平日久人不習兵現
在砲船各項以之捕盜則有餘以之禦夷則不
足所以變通者攻守之具正未便因噎廢食徒
滋紛更奴才等悉心酌議統俟將來籌辦善後如
果水師內有應行變通之處再當通盤籌畫

七一

10

521

奏明辦理所有該參贊請改為陸路之處應毋庸
議謹將奴才等會議緣由恭摺具奏伏乞
皇上聖鑒再新任參贊大臣特　甫行抵粵未經
列銜合併聲明謹
奏于道光二十一年九月二十一日具
奏奉
硃批另有旨欽此

522

再香港逆夷招集漢奸其著名頭目盧亞景鄧
亞蘇何亞蘇石玉勝為之勾引煽惑前經奴才等
密購眼線先後招回黎進福等一千餘名安置
虎門以外暗聽調遣並派紳士兵弁潛往管帶
隨時查核防有間諜混入其中臨戰內應茲又
據石玉福持諭招回伊兄石玉勝等二百餘人
並呈繳大拖船三隻小船一隻砲位器械齊全
情願立功贖罪前來奴才等委員點驗屬實當即
優加獎賞以固其心並飭石玉勝供稱香港灣泊
大小兵船貨船有三十餘隻蓬寮燒後又復起
數十間並蓋有鬼樓等房十餘間近聞省中團
練壯勇甚多奸夷恐奪香港又招集漢奸數千

523

人祇風船四十餘隻並造平底三板船等語又據水師提臣申報九月初十日有逆夷三桅兵船一隻由沙角橫檔向口內駛進旋據行營探事兵勇禀稱駛進三桅夷兵船于十四日夜灣泊魚珠河面復有二桅三板船四隻在新造河面往來遊奕見沿河要隘安設砲位壯勇林立不敢深入即同伊三桅兵船一齊開出洋面而去等情是逆夷刻刻不忘反噬而石玉勝之供前後脗合洵屬可信臣等惟有督飭鎮將激勵兵勇水陸嚴防一俟河道塞竣內戶鞏固再行

馳

奏請

524

旨遵辦謹附片具

奏奉

硃批另有旨欽此

525

再參贊大臣特　于九月十八日馳抵廣東
軍營二十一日謹將參贊大臣關防一顆派員
送交祗領任事訖理合附片奏
聞謹
奏奉
硃批覽欽此

六六

5

526

軍機大臣字寄道光二十一年十月初八日奉
上諭据奕　等奏廣東水師未便遽改陸路一摺又
另片奏招回漢奸於防水陸各等語楊　前奏請
將水師改為陸路諒以其時虎門失守中路水師
不能得力之故茲据奕　等体察情形虎門扼中
路之衝寔為外海藩籬必藉舟師之力以資捍衛
若若改為陸路不但自棄天險而香山新安等縣
声勢不能聯絡賊艘益無顧忌所有楊　前奏著
毋庸議統俟籌辦善後事宜如有應行變通之處
再由該將軍等酌議具奏至逆夷招集漢奸為向
引煽惑之計既經該將軍等購覓眼線先後招回
一千餘名並有呈繳船隻砲位情愿立功贖罪者

七七

4

硃　硃

527

可見食毛踐土具有天良該將軍等務當恪遵前
旨明定賞格示以恩信散其黨羽即（不但可）所以自固藩
籬（相機仍可得力）現在沙角橫檔各口既仍有夷船駛入尤宜激
勵兵勇水陸嚴防如有可機乘之機即當加以懲
創方為不負委任將此由五百里諭令知之欽此

3

528

2

529

1ℓ

530

1R

⑧

531

F.O.682/120

道光二十二年春季分

軍務摺檔 第捌冊

56.A

532

56 B

533

55

534

一件梁奕祁奏遵旨通盤籌畫妥議戰守情形
又附奏咈嘞哂兵頭來者求為唉夷講和情形
一件梁奕祁奏省河要隘團練義勇及修臺鑄礮填
河各工完竣並將出力捐資紳士等開單請奬
又奕　附奏已革總督周　到粵後實力報效可
否准其免罪
一件梁奕祁奉寄
諭據奏籌議戰守情形並祁
奏每月軍需數目及應辦事宜著即嚴密防
範慎固封守兵勇亦著逐漸裁撤所需經費力
加撙節片奏咈嘞哂兵頭來粵解散等語仍須
防範勿墮奸計
一件內閣奉
上諭前據奕　等奏海疆出力
捐資各紳士自宜破格施恩以昭激勸

54

535

二月十七日發

奴才奕 臣祁 梁 跪

奏為遵

旨通盤籌畫妥議戰守情形據實陳明仰祈

聖鑒事竊奴才等於道光二十二年正月二十八日奉

到

批迴承准軍機大臣字寄奉

上諭前經降旨飭令奕 齊慎祁墳將現在辦理夷

務情形何時蕆事各抒所見分摺具奏茲據奕

奏稱廣東虎門炮台不能不修香港全島不能不

取現在香港漢奸頭目傾心報効者已有十之五

六必須順潮出其不意方可一炬而燼等語齊慎

奏稱已將水戰器械等物製備齊全現在挑選兵

53

536

勇俟新正風順即水陸並進等語祁墳奏稱虎門

砲台未修則香港大能復現在合計新築及修復

砲台共七處土台土墻約三十餘處虎門台砲十

處現亦尅期興工等語所奏雖有主戰主守之不

同而毫無確見則同為影響之談殊失朕望奕

等自派委辦理夷務以來已及年餘於此事竟全

無把握自古用兵之道無論或戰或守皆必確有

把握乃能迅速奏功若如奕 所奏既稱香港不

能不取何以又云必須能守而後能戰祁 稱為

嚴防省城大局似可無虞又云香港無陸路可通

不敢謂遽能得手似此游移無定徒以重兵坐擁

每月糜費軍需三十餘萬裨益毫無何所底止據

52

537

稱該省存貯及報捐銀數可敷數月之用究竟可
敷幾月亦未聲明仍係約畧之詞倘遷延日久不
能蕆功再請軍需豈復能邀允准耶茲特再行申
諭奕 祁 梁 會同妥議從長籌畫如省河
一帶漸次將砲台石樁等件修理鞏固是否足以
防禦外侮即使逆夷由他省受創豕突而來毋虞
竄入可以議和抑或兵勇器械等件均已訓練整
齊剋期進攻必能操勝可以議戰均著據實覆奏
朕亦不為遙制若再徒託空言支吾搪塞自問當
得何罪又稱威遠等十處砲台各用石修築兩月
可竣土築難以經久等語自應用石堅築以期久
遠將此由五百里各諭令知之欽此欽遵寄信前

四

51

538

來奴才等跪讀之下仰見我
皇上訓誨周詳諄諄告誡無非欲奴才等深思遠慮安
輯海疆又
天恩高厚不為遙制俾奴才等揆機度勢謀出萬全奴才
等稍有天良敢不殫竭愚誠籌定大局以慰
聖廑奴才等當會集粵東文武大員連日面商謹將現
在戰守規模敬為我
皇上陳之粵東自入
國朝以來通商設稅外夷從未有犯順之事承平
日久所有砲台船隻漸不講求僅以備內海之
盜壯觀瞻而已暎夷突然滋擾非盡兵弁畏葸
也實無抵禦之具因而致令猖獗耳虎門失守

五

539

直入內河省城受困炮台盡為瓦礫炮船為其殘毀二百年之設險蕩然無存所以 琴等自去年逆夷退出之後奏明先固根本水陸設防以為不可搖奪之計而造船鑄炮再為進勦之謀廣城外舊有軍功廠歲修米艇無造大兵船之木去歲四月之戰而廠在河南又為逆夷焚燒不得已秋間分派委員赴欽州一帶採買據禀洋面不靖安南木商不肯出海只好一面各處招商再於附近搜求堅實料物仿照外夷夾板作法令紳士雇覓巧匠作大小兵船三四隻以為式樣自去秋動工至今年正月始竣放入內河架砲試演甚屬可用若得三四十號便可與

六
49

540

逆夷出洋轟擊鑄造銅鉄大砲在佛山設立三廠鎔鑄攙和必須傾瀉數次始能去盡粗砂砲模一用不能再用而廣東十日九雨潮氣太盛砲模稍不乾透經鉄汁噴注熱氣鼓盪砲身必起蜂窩不能打放自開鑄以来晝夜督催委員三易除不堪安放退還之外其可用者五百五十餘尊統紳士報効及自購夷砲大小九百餘尊僅可敷內河各砲台砲墻船排之用尚有未安放齊全者船砲二項皆攻戰第一要件而倉促難就棘手如此 琴等日夜焦愁無可如何目前戰守把握論全局先戰而後守論時勢先守而後戰 琴等經營九月處處求可守實處處求

48
七

541

可戰守非徒守必能戰始有以拒之所以內河
之通海者必水陸聯絡防其衝突或設台於要
口列牆以為犄角或駐勇於近岸撥兵以為聲
援逆夷屢經窺伺自除夕以至上元三板各處
遊奕見兵勇林立砲聲連接斂跡而退此其明
驗惟搗巢之計奴才等寢食不忘原擬挑選兵勇
駕駛〔馭〕漢奸尅期舉事而逆夷深恐掩襲年前兵
頭嘜嘜喳自浙駛回香港添船自固又用詭計
將他國貨船邀往同泊懼用火攻一概虜寮撤
去葵笆竹片僅留瓦覆夷虜意在乘風不能盡
燃又揚言官兵若來攻勦必定害及同類為我
多樹仇隙藉以助彼羽翼其心〔可〕為狡險是我即

47 八

542

得手未必全復即令全復而各國環聚亦不能
守得而旋失徒長覬心多殘民命非我之利也
所以奴才等家飭毋得妄動致僨事機况紳商軍
民紛紛傳布大半云廣東去年蒙
皇上深恩保全沿海不受兵燹之苦無不感戴今大
憲若欲進勦能發不能收徒累百姓且富室一
逃人心惶懼不但所輸之餉無處追繳而捐納
各生聞風驚竄軍需不繼反成內鬨外侮不除
內患又作害不可言由此觀之戰之無把握夫
人而知之奴才等不敢強顏以為可勝也至於議
守省城可保無虞西南自登州潭州東北自九
龍鹿步皆星羅棋布密為預備又聯絡各村團

九 46

543

勇守望相助倘逆夷闖入必受大創惟虎門十
處砲台用土誠難經久粵中春夏雨多尤難成
土而用石興造匠役懼逆夷進阻俱不敢承辦
經 奴才等與水師提臣吳建勳熟商據云原築炮
台出水太高水道變遷炮門亦不當緊要各台
既無後路又不能相救易于失事必須先塞橫
檔西路海道移鞏固炮台於迤南之浮洲使逆
船不能繞出橫檔之後必由東路而進然後三
遠炮台及橫檔大虎小虎各台始能抵禦無兵
船護修必不能堅固如式若聽信招回漢奸海
盜包修定先支帑餉逆夷駛船阻撓彼先星散
藉口遺失料物帑餉盡歸虛無更屬不值奴才等

45
+

544

思無船既不能修而無船更難望守不如趕造
戰船然後動工雖遲時日可以萬全然不戰而
守為日甚長誠如
聖諭糜費軍需何所底止除將省庫存貯各項足敷
幾月另由臣祁 等詳細具奏外奴才等再四思
維惟有酌裁兵勇老留精銳內河雖港汊紛歧
而水面較之獅子洋形勢稍窄水陸可以夾擊
炮台炮牆既可遏其來路火船水勇可以絕其
歸途逐隘沙汰其有業歸農者可去萬餘客兵
四千八百餘名除廣西一千八百名服習水土
而貴州四川江西湖北之兵多半疾病師老氣
衰難期奮勵與其坐食行粮不如分別盡撤另

44
+1

545

挑撥廣東本省之兵協同義勇防守不但語言
相通性情相近而習見夷人胆力轉覺可用且
本省防堵口粮亦輕如此一轉移間可以節省
如蒙
俞允再酌量變通以歸畫一除此實無萬全之計然
兵貴乘机亦不敢膠執奴才等惟有督飭地方文
武嚴加防範務使逆夷他省受創而回必不能
長驅直入而隙有可乘再當搗虛攻瑕以期集
事奴才等苟蒙
簡任已近一載重洋之外寸功莫建實屬庸懦無能
而始終不敢粉飾以蹈欺罔之罪所有遵
旨籌畫現在廣東戰守情形謹合詞恭摺據實覆奏

43 十二

546

並將虎門炮台形勢繪圖貼說恭呈
御覽伏乞
皇上聖鑒
訓示遵行謹
奏於道光二十二年二月十七日具奏
奏三月初三日奉
硃批另有旨欽此

42 十三

547

再查佛囒西與嘆夷昆連疆界各為一國素稱强悍前因爭據地方搆有嫌隙彼此交兵多年後經議和該國亦與廣東向來交易上年十二月間據報該國新到兵船一隻兵頭嗔嘚嚙吐嗯唎啗駕來粵泊在香港對面尖沙嘴地方並云後尚有兵船未到等語正在密飭查訪間旋據報稱咈囒哂兵頭吐嗯唎乘坐小三板來省入館當經密飭洋商等暗為訪詢據云來省意欲面見官府有稟商事件不肯明言帶有素曉中華言語之和尚吐嗻哝哩吋二人同來禀稱該國兵頭有密商軍務不用通事傳語懇請當面禀陳等情𢘿等以該國向通貿易素稱恭順

41十四

548

乃嘆夷興兵犯順擾及海疆阻撓各國生意未始不怨恨嘆夷今既據禀請當面密陳軍務正可因勢利導駕馭覊縻為以夷攻夷之計當即於𢘿　奕　等會查河道舟至距城十里之半塘地方傳令來見詢其來意據稱該國感沐

天朝厚恩該國王因聞嘆夷與中華搆兵恐該國商船被其擾累是以遣伊前來保護並諭令到此從中善為解散𢘿等諭以爾國向稱恭順

大皇帝亦素所深知嘆逆如此頑梗不化肆行強暴將來爾等各國必受其害爾國王既遣爾帶兵船前來果能出力報効本將軍等必當據實奏明

大皇帝格外優待恩施據稱我門與嘆夷雖屬敵國

40十五

549

但現在新和無隙可乘不能妄動若無故攻彼
恐別國不憤不如息事罷兵早了此局方妥當
訊以爾有何息事之法據稱伊願與唤夷講說
伊若允從則已如不允從即向其藉詞交兵等
語努等諭以唤夷屢次犯順現在侵犯寧波定
海等處致干
聖怒簡派揚威將軍各路叅贊帶領各省官兵前往
剿辦此時本將軍等如何敢擅准令伊講說據
稱大人們既不敢奏我先出外洋與唤夷兵頭講
說如有何信息再來回報當即酌加賞賚該兵
頭及和尚旋即辭出外洋又據汛弁採報逆夷
兵頭噗鼎喳于工年十二月間由浙潛回香港

39 十六

550

又探得咈囒哂兵頭到香港與逆夷兵頭見面
二次旋據香山駐澳縣丞張裕禀稱咈囒哂和
尚咗嗻等面禀該兵頭現有要事於正月十六
日開船前往吕宋去看兵船留話給嗔畤嚩進
省禀覆二月初五日嗔畤嚩到行呈進說帖仍
以鮮和為辭希冀賞給唤逆馬頭努等察其行
事似唤逆新與連和咈夷思于中取利又恐分
地故為之居間夷情詭譎多端該兵頭雖陽為
恭順焉知不藉採內地虛實另生事端雖現在
該夷同咪唎𡁷各國夷商進省行照實貿易而
無故求和不能不疑遂以好言拒絕並導以不
可助逆玉石俱焚若能為中國出力

38 十七

551

大皇帝必加恩于爾國等語除嚴飭水陸壯勇嚴加
防範觀其動靜外所有咈囒哂兵頭来省情形
不敢壅于
上聞據實附陳伏乞
皇上聖鑒謹
奏
硃批另有旨欽此

37 十八

552

二月十七日發
奴才奕 臣祁 梁 跪
奏為查明廣東省河各要隘團練義勇及修台鑄
砲填河各工一律完竣足資守禦謹將出力而
又捐資之紳士人等核其勞績遴
旨分別開單保奏籲懇
恩施鼓勵仰祈
聖鑒事竊准軍机大臣字寄道光二十二年正月十
四日奉
上諭據祁 等奏核計存貯及報捐銀數僅敷數月
月之用等語該省現存銀兩究可敷幾月用度現
在辦理夷務尚無蕆事之期曠日持久虛糜粮餉
伊於何底著該督等通盤籌畫從長計議據實具

36 十九

553

奏所有洋商鹽商紳民人等捐輸銀兩及捐資鑄
砲築台置辦軍械並捐資出力各紳士均著該督
撫會同該將軍查明捐輸姓名銀數分別開單具
奏候朕施恩將此諭令知之欽此欽遵寄信前來
奴才等敬聆之下曷勝欽服除將粵省現存銀兩核
計可敷幾月用度由臣祁　等通盤籌畫另摺
具奏外伏查上年四月逆夷兵船退出省河以
後各處砲台均被轟擊折毀砲位多亦散失急
需補修添鑄近省河道港汊紛歧尤須填塞要
隘以嚴保障而資守禦先據隨營紳士在籍郎
中潘仕成員外郎許祥光編脩孔繼勳郎中盧
福晉舉人伍崇曜等會同捐資採辦石料填塞

35 年

554

東路獵德河道由該紳士等自行督修其石壁
河面係紳士雷耀廷等捐資設立水柵復有登
洲潭洲等處亦係紳士捐資建築土堡此外如
大石滘瀝滘及黃埔涌口三山滘等處河道係
委員採辦石料填塞均于上年歲杪查勘各工
一律完竣至各路砲台奴才等督同司道大員親
歷履勘或擇地新修或變通舊制東路如東砲
台及赤岡二沙尾洋桃地姚家圍五處南路如
大黃滘南石頭東塱鳳凰岡四處西路如西砲
台及永靖海珠新墩竹排頭坭城六處北路如
永康拱極保極耆定紅棉寺餑餑山六處或用
三合土或用大塊石料興築堅固每台可安大

34 廿一

555

砲數十位所開砲眼甚為合法其各海口要隘
另修土台土墩三十餘處均係委員暨紳士興
修亦俱查明一律完工所鑄砲位據署佛山同
知劉漢章會同委員監鑄者已有五百餘尊復
有紳士捐資鑄造銅鐵大砲並購買夷砲自一
萬二千斤至數百斤重不等另有捐資鑄造抬
砲及各項軍械已足敷分撥各內河各砲台之
用惟自上年五月興辦各工以來突有逆夷三
桅兵船駛泊横檔海面並疊次闖（篤）駛火輪船三
板船駛入大石四沙及赤瀝角一帶海面焚燒
載運石料船隻藉端尋衅任意阻撓節經努等
派委署運司易中孚署糧道西拉本並隨帶司

33 廿之

556

員派充翼長即選知縣李湘棻會同南韶連總
兵馬殿甲團練水陸壯勇分撥防守要隘當夷
船駛入大石四沙阻撓之際經該處偕帶義勇
紳士曾釗林福祥周其徵何達海督率壯勇防
護填河復有鹽庫大使俞鎔府經歷馬永熾首
先捐資團練健勇三千名分守各隘護修炮台
該逆探知壯勇林立水陸交防不敢闖入內河
滋擾而各工始得一律赶辦完竣又努等遵
旨曉諭粵東紳民努力輸將並派署藩司王庭蘭署
臬司王雲錦督同廣州府知府易長華南海縣
知縣梁星源番禺縣知縣張熙宇會同紳士等
廣為勸諭該紳民見有

32 廿三

557

恩施破格之
旨莫不踴躍輸將爭先恐後即據洋鹽二商呈捐銀
一百二十萬兩及紳民人等或繳現銀或捐資
鑄砲築台置辦軍械約計三十餘萬兩現既欽奉
恩旨准令臣等開單具奏除洋鹽二商捐銀俟按限
繳完之後並續行捐輸人員均隨後分別奏請
以及辦理軍需在事出力之官員紳士人等統
俟軍務大定另行奏請
恩施外所有現在捐貲各紳士均係向在軍營效力
之人核其勞績本應量予甄叙滋復捐資報効
尤為向義急公自應優加鼓勵俾後起者有所
觀感臣等悉心察核斷不敢稍涉冒濫謹查明

31

558

捐輸姓名銀數並聲叙勞績分別開單籲懇
皇上破格施恩以昭激勸不惟該紳士等感戴
鴻慈而聞風興起者更必踴躍輸將實於軍需大有
裨益再現奉吏部咨開新定捐輸章程自係專
指捐資未在軍營投効者而言此次各紳士均
係在未奉章程以前先行捐資且本係隨營効
力之人核與僅止捐資未經投効者迥不相同
是以臣等酌量保奏合併陳明除將修台鑄砲
填河練勇各事宜統俟歸於軍需案內查明何
者係官為辦理何者係紳士捐資另行分別奏
咨外所有查明出力捐資各紳士遵
旨分別開單具奏緣由理合恭摺

廿五 30

559

奏明請
旨伏乞
皇上聖鑒謹
奏道光二十二年二月十七日具
奏三月初三日奉
硃批另有旨欽此

29

廿六

560

奴才奕　片

奏已革湖廣總督周　自改發到粤之後經奴才
派帶湖北官兵並辦理守禦事宜該革督感激
天恩實力報効教演兵勇技藝點放大炮皆親身訓
練排聯大樹沉水堵塞鳯凰岡河道督修炮台
又復監造火箭毒火毒烟及一切軍械晝夜赶
置任勞任怨致致不僨兵勇憚其威嚴無不整
肅將來防守水陸係可靠之員奴才不敢沒其微
勞可否加
恩准其免罪仍留廣東効力之處出自
皇上天恩謹附片具
奏請

28

廿七

561

旨同日奉
硃批另有旨欽此

27
廿八

562

謹將自二十一年六月隨營差委紳士捐資報
效在事不辭勞瘁奮勉尤為出力各員姓名
除孔繼勳潘仕成馮贊勳區玉章另單具保
外所有許祥光等開列清單恭呈
御覽伏候
恩施以示鼓勵
進士即用員外郎許祥光捐資團練炮勇製造
戰船一隻總理填塞東路獵德河道前後捐
銀二萬兩又在軍需局籌辦勸捐事務均能
勤奮擬請
賞戴花翎
候補通判潘世榮前因殲斃夷目保奏

26
廿九

563

賞加五品職銜該員復請捐資報効洋槍洋火藥洋
銅價銀一萬餘兩又捐銀一萬兩修築炮台共
二萬餘兩始終奮勉擬請
賞戴花翎
布政司經歷銜許輝祖
州同銜原任順天宛平縣丞何紹曾
以上二員防守內河訓練炮勇復捐資填塞
河道銀七千兩擬請
賞戴藍翎並加升銜
候選內閣中書金青茅
候選光祿寺署正蔡文綱
都察院都事銜張日貞

25 卅

564

主事銜張日宣
直隸州州同銜張瀚海
候選縣丞沈光國
候選員外郎李宗泌
候選部司務李宗湛
布政司經歷銜胡夢麒
監生葉兆蕃
候選布政司理問陳兆垣
以上十一員團練炮勇防守內河復捐資修
鑄炮位購買夷炮共銀二萬六千一百餘兩
擬請
賞戴藍翎

24 卅一

禮部候補主事陳其錕督辦演炮填河軍需局
籌辦捐輸事務後出貲購備石料銀二千餘
兩認真出力請儘先補用免其試俸
加知府銜議叙同知周懷宗捐資填塞河道銀
二千兩擬請
旨優叙
團練局効力布政司經歷職銜孫福田捐修砲
台銀五千兩請以布政司經歷用分發省分
後遇缺補用
報銷局効力捐足通判徐繼鏞捐造戰船銀三
千兩請以通判不論雙單月遇缺即選
管帶水勇防守內河藍翎生員林福祥捐購

炮械火藥銀二千一百餘兩擬請
賞加五品職銜
軍需局効力布政司經歷銜甘槐捐修軍械軍
裝二百九十件捐炮一百尊請以從九品未
入流歸部即選

567

謹将出力紳士另单開列姓名請
旨定奪
刑部湖廣司郎中潘仕成前因捐資出力奉
旨賞戴花翎令又續捐填河造船鑄炮練勇銀二萬
八千五百餘兩又捐出坭城修鑄砲台地基
一段又自備口粮團練水勇三百四十名該
員兩次倡捐首先踴躍現在軍需総局籌辦
倡捐投効事務實心實力尤為奮勉查該員
曽任實缺郎中可否免補本班遇有部屬應
升四五品京秩缺出由部列名奏請
簡用之處出自
皇上天恩

21 廿四

568

前任太僕寺少卿馮賛勳査該員于十六年因
言事革職現在省城團練砲勇襄理填河在
東安砲台堵禦頗著辛勤而籌辦倡捐尤為
出力該廢員年力尚强辦事諳練惟曽任四
品京卿應如何鼓勵之處奴才等未敢擅擬出
自
皇上天恩
翰林院編修孔繼勳自去年英夷滋事以来捐
資團練砲勇暨塞河道製造排船合共捐銀
九千兩又在総局襄辦夷務不辭勞瘁本年
二月因守禦獵德砲台往来風雨中受寒身
故殊堪惻憫査該員現有長子生員孔廣鏞

20 廿五

569

可否量予

恩施出自

皇上天恩

員外郎銜吏部主事區玉章該員督辦團練守

禦稽查水陸壯勇襄理勸捐投効事宜甚為

出力可否

賞給優叙之處出自

皇上天恩

19 廿六

570

謹將未奉章程以前首先倡捐修置砲台砲位

船料軍械壯勇口粮踴躍急公紳士姓名開

列單清單恭呈

御覽伏候

恩施以示鼓勵

舉人伍崇曜捐塞河道銀一萬餘兩捐修砲台

銀三萬兩又另捐鑄一萬二千斤大銅砲十

尊繳銀三萬餘兩共計捐銀七萬餘兩擬請

賞戴花翎以郎中即用

內閣中書伍元薇捐修砲台戰船銀七萬兩擬

請

賞戴花翎以員外郎即用

廿七 18

571

候選郎中盧福普捐塞二沙尾河道銀一萬兩
造戰船工料銀四千兩又捐鑄砲造砲位銀
八千九百四十餘兩又捐壯勇口糧銀七千
餘兩共計捐銀三萬兩擬請
賞戴花翎
加知府銜候選員外郎黃鶴齡捐修砲台砲牆
銀三萬兩
加知府銜鄒之玉出洋購買夷砲四十七位並
捐造砲架共銀二萬二千三百餘兩
以上二員擬請
賞戴花翎
同知銜麥慶培捐買塞河大樹二百株又捐修

廿八 17

572

省城西砲台銀一萬餘兩擬請
賞戴藍翎以同知歸部即用
布政司經歷銜古連魁捐鑄大砲三十餘位尊
子母砲一百位共銀九千餘兩擬請
賞戴藍翎以通判遇缺即補
捐職布政司經歷李懋元捐鑄砲共銀五千兩
請以布政司經歷歸部遇缺選用
六品軍功王韶光團練壯勇製造軍器捐銀八
千兩請以府經歷縣丞遇缺即選
七品軍功王錫桓團練壯勇捐銀三千兩請以
從九品歸部即選
六品軍功錢福基捐買砲械籐牌銀二千三百

廿九 16.

餘兩
候選鹽知事李宗海捐造籐牌灰櫃長矛呈繳
新墩砲台地基紅契一張共銀二千二百餘
兩
以上二員請以鹽知事歸部即選

謹將自去年夷匪滋事首先捐資練勇三千名
分守各隘護修內河砲台部伍嚴肅不避艱
險在諸勇中尤為精健至今不懈所有管帶
捐貲各員開列清單恭呈
御覽伏候
恩施以示鼓勵
倡首捐貲招募總管團練最出力
藍翎山西河東試用鹽庫大使俞鎔捐制錢一
萬串
藍翎即選府經歷馮永熾捐制錢五千串
以上二員請免補免選本班以知縣遇缺即
選

575

捐貲團練分帶義勇協同出力
藍翎都司職銜蘇文錦捐制錢一萬串請
賞換花翎
藍翎即選從九品未入流吳壁光捐制錢二千
串
即選未入流倪韶書捐制錢一千串
以上二員請免選本班以府經歷縣丞遇缺
即選
六品軍功頂戴從九品職銜張基捐制錢三千
串
雲南候補府經歷胡汝開捐制錢三千串
千總職銜陳有功捐制錢三百千五百串

四十二 13.

576

以上三員均請
賞戴藍翎
議敘雙單月選用布政司經歷陳進修捐制錢
七千五百串請免選本班以通判遇缺即選
布政司經歷職銜勞兆綸捐制錢三千串請
賞五品銜
即選府經歷丁國恩捐制錢二千串請選缺後
以知縣補用
縣丞銜陳謨捐制錢三千串請以縣丞遇缺即
選
蘇州白粮幫千總馬玉衡捐制錢二千串請以
衛守備留標陞用

四十二 12.

577

六品軍功頂帶馬明昌捐制錢二千串請以衛
千總儘先選用
酌增倒雙月從九品唐福申捐制錢一千五百
串請以從九品不論雙單月遇缺即選
從九品職銜張嘉福捐制錢四千串請以從九
品遇缺即選
議敘候選從九品未入流俞均捐制錢二千串
義勇熊顯堂捐制錢三千串
義勇柴榮生捐制錢三千串
義勇盧葆元捐制錢三千串
以上四員名均請以從九品未入流遇缺即選
教習團練演放砲火常川訓練尤為出力五員

四十四

578

七品銜董作模並捐置連架擡砲一百尊
都司銜朱德均並捐置連架三百斤鉄砲五十
尊
六品軍功邱佐安並捐置連架三百斤鉄砲五
十尊
以上三員均請
賞戴藍翎
從九品職銜傅夔請以從九品遇缺即選
監生韋五林請以未入流遇缺即選

四十五 10

579

道光二十二年三月十七日奉到
軍机大臣 字寄
靖逆將軍奕 兩廣總督祁 廣東巡撫梁
道光二十二年三月初三日奉
上諭奕 等奏籌議戰守情形並祁墳等奏軍需數目應辦事宜各一摺據奏逆夷嘵嘵自浙駛回香港添船自固並邀他國貨船同泊議戰實無把握惟議守省城可保無虞各處星羅棋布密為豫備逆夷闌入必受大創等語覽奏均悉著即責成奕 等嚴密防範慎固封守倘有疏虞惟奕 等是問惟現在既難於議戰所奏添造兵船曠時糜費又係徒托空言殊屬無謂至虎門十處砲台據稱

580

無船不能護修若必待船隻造成始行動工為日甚長何時方可蕆事其酌裁兵勇一節准其將廣西兵一千八百名留東備防貴州四川江西湖北各兵著即分別盡撤另挑本省兵勇防守備本省之兵勤加訓練可資得力即廣西之兵亦可隨時酌撤再現存義勇二萬六千餘名既不議戰為數亦覺太多著該將軍等會同遴選擇其精銳得力者令其協同官兵分地駐守餘著酌量再行裁減仍須妥為安頓毋任別滋事端所奏每月需銀十三萬九千二百餘兩如能將兵勇逐漸裁撤經費自更節省著祁墳梁寶常力加撙節毋任虛糜又另片奏佛蘭西國王因聞𠸄逆犯順遣令兵頭

581

来粵解散等語夷情詭譎所稱善為解散恐難遽
信且該夷如何向唤夷講説即能解散之處又不
肯明白具禀況現在浙江集兵攻剿亦無廣東遠
作議和之理惟該國向通貿易素稱恭順現既来
粵逓禀著該將軍等傳諭該夷爾國向来恭順原
准照常貿易如果能為天朝出力大皇帝自必嘉
悦至被唤逆擾累自為保護及如何藉詞交兵等
情中國例不過問該將軍等仍須嚴密防範勿墮
奸計為要將此由五百里各諭令知之欽此遵
旨寄信前来

又同日奉到

582

道光二十二年三月初七日内閣奉
上諭奕 等奏出力捐資各紳士等請分别鼓勵一
摺著吏部議奏单三件併發欽此

又奉到
軍机大臣字寄
貴將軍等具奏单四件潘仕成等一件奉
硃批另有旨欽此餘三件奉
硃批覧欽此均留本處備
要為此知會

三月初三日發十七日到

道光二十二年五月十六日內閣奉
上諭前據奕山等奏海疆出力捐資各紳士等請分
別鼓勵一摺當交吏部議奏茲據該部查照章程
具奏請旨自係照例辦理惟現當籌備軍需之際
該員等踴躍輸將自宜分別破格施恩以昭鼓勵
舉人伍崇曜着以郎中即用並賞戴花翎候選內
閣中書伍元菘着以員外郎即用並賞戴花翎知
府銜候選員外郎黃鶴齡着賞戴花翎捐納鹽知事
李宗海着歸部即選員外郎許祥光五品銜候選
通判潘世榮均着賞戴花翎禮部候補主事陳其
錕着儘先補用知府銜議敘同知周懷裳着交部
從優議敘捐納通判徐繼墉着不論双單月遇缺

即選生員林福祥着賞加五品職銜山西試用鹽
庫大使俞鎔着免補本班以知縣遇缺即選即選
府經歷馬永熾着免選本班以知縣遇缺即選即
選從九品吳璧光着免選本班以府經歷縣丞遇
缺即選即選未入流倪許書着俟得缺後以應升
之缺儘先升用雲南試用府經歷胡汝周着賞戴
藍翎議敘布政司經歷陳進修着免選本班以通
判遇缺即選江蘇鎮江府經歷丁國恩着以知縣
補用捐納從九品唐福申着不論双單月遇缺即
選議敘未入流俞鈞着以從九品未入流遇缺即
選義勇熊顯堂柴榮生盧葆元着以從九品未入
流遇缺即選監生章五林着以未入流遇缺即選

都司職銜蘇文錦著賞換花翎千總職銜陳有功
著賞戴藍翎蘇州白粮幫千總馬玉衡著以衛守
備留標升用六品軍功頂帶馬昌明著以衛千總
儘先遴用其另單開列出力紳士刑部郎中潘士
成著加恩賞加鹽運使銜已革大僕寺少卿馮賛
勳著賞給五品頂帶生員孔廣鏞著賞給副貢生
員外郎銜吏部主事區玉章著交部從优議叙該
部知道欽此

587

588

(10) end

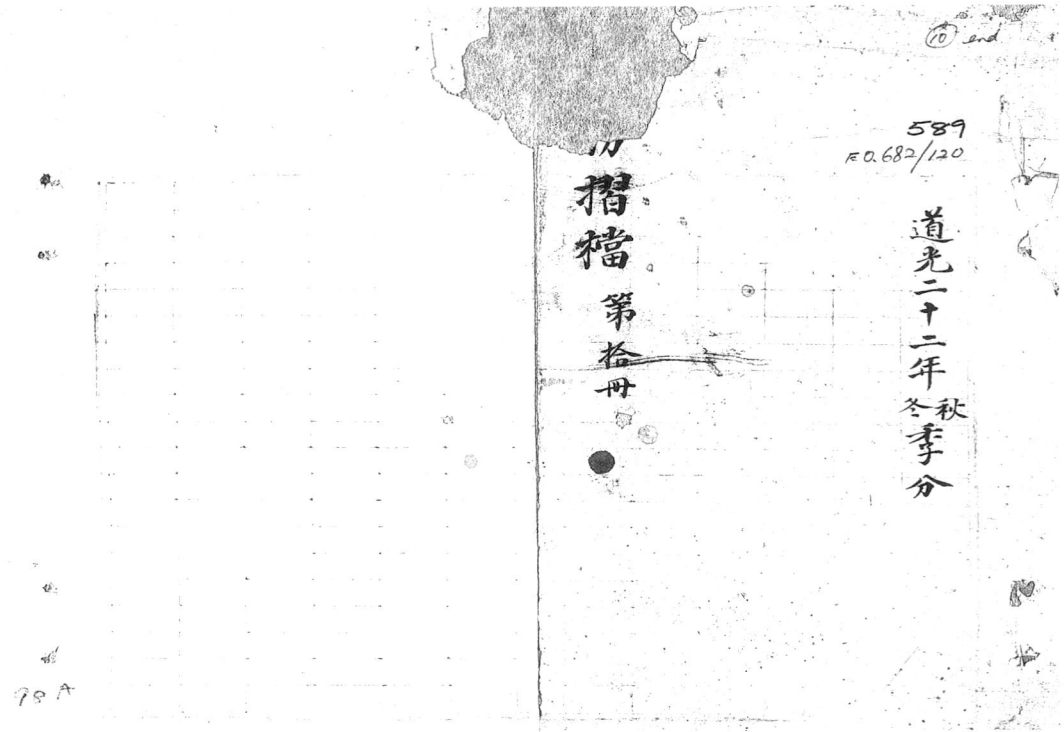

589
F.O. 682/120

道光二十二年秋冬季分

□摺檔　第拾冊

98A

590

98B

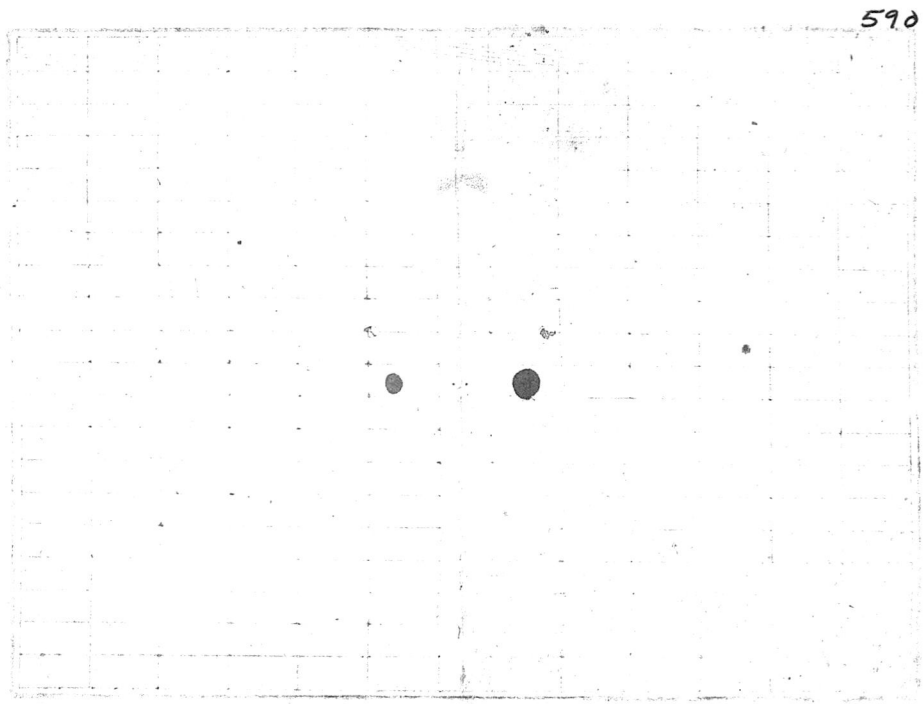

591

97

592

一件（祁奕梁）奏查明天竺等國夷船情形並現在籌辦夷務緣由

一件（祁奕梁）奏謝革職留任恩

又附奏（祁奕梁）周起程馳赴清江浦並呈請帶去廣東軍犯四名隨營效力

又附新授廣西左江鎮盛鈞呈請代奏謝恩

一件（祁奕梁）奉寄諭據奏查明天竺等國夷船並籌辦夷務均悉留防征兵著體察隨時裁撤

一件（祁奕）奉寄諭據全應麟條陳各項船隻情形（梁吳）著悉心體訪趕緊製造並著文激勸洋商設法購買夷船原摺鈔給閱看　附錄原摺

一件（祁奕）奏議覆全應麟條陳各項船隻情形暨（梁吳）現在籌畫製造戰船之法並官紳造成船隻及做照夷船式樣繪繕圖說進呈

一件（祁伊）（吳梁）奉寄諭據奕等奏製造戰船及停造例修師船一摺均著照辦並令再繕圖說三分咨交江蘇等省所奏潘仕成製造戰船堅實得力以後造船即著一手經理其鎗礮等項無庸泥守舊制總以精良適用為貴各緣由

一件（祁奕梁）奏查明逆船來往情形並現在酌裁壯勇緣由

一件（梁祁）奉寄諭據奕等奏查明夷船來

96

593

往情形並酌裁壯勇一摺著即體察將防兵征兵盡撤並將壯勇逐加裁汰酌留兵勇三四千人陸續收入行伍分飭將弁勤加教練堪資得力

又附奏李志和馬永熾等管帶籐牌兵壯各四名起程赴京

又附奏候補都司張必祿起程赴江蘇差委

一件梁寀和奏粵省夷務漸定裁撤兵勇並察勘虎門砲台剋期興工

一件梁和奉寄諭據祁 等奏裁撤兵勇查勘砲台興工等語著照所議辦理一切工程務臻堅固

又附奏投效軍犯二百餘名請免罪釋回

又附奏海關監督文 倡捐銀兩製造戰船砲位復勸令洋商購買夷船可否請 賞戴花翎

一件梁和奉寄諭文 奏曉諭洋商購買夷船試驗足以禦敵等語著撥歸水師旗營交提督吳 督飭操演並著曉諭多方購造

一件梁寀和奏查明丁拱辰演砲圖說及造船配藥各緣由

一件梁和奉寄諭祁 等奏查明演砲圖說現將更訂之本附報進呈等語覽奏均悉其潘仕成所製水雷如果造成試驗有效著即送京呈覽

95

594

又附馬鎮易道西道革勤出力請鼓勵

一件奕 奏交代善後事宜起程回京並開单請鼓勵出力員弁

又附奏報効通判銜董作模隨營最為出力可否請以通判用

94

七月二十八日發 奕 臣祁 梁 跪

奏為遵

旨查明天竺咈喃及呂宋等國夷船情形並現在籌

辦夷務緣由恭摺覆奏仰祈

聖鑒事竊准軍机大臣字寄道光二十二年六月二

十四日奉

上諭有人奏唊逆糾集天竺咈喃及呂宋等國夷船

數十隻同惡相濟請飭曉諭解散等語此等遠夷

被該逆糾合自係迫以威利未必真心相助果能

設法解散以孤其勢此事或有轉机著該將軍督

撫體察情形悉心籌畫如果各夷可以理諭即剴

切宣示曉以大義俾不為逆夷所愚但須斟酌盡善

然後舉行又須持以慎密斷不可少露風聲原片

著鈔給閱看欽此又于二十二年六月二十八日

奉

上諭奕山等奏查明經費銀兩數目並籌辦夷務情

形一摺據稱接奉諭旨通盤籌畫現在僅留各省

征兵一千六百餘名本省防兵二千六百餘名水

陸壯勇兵一萬七千一百餘名兵勇兩項月需經

費約七萬餘兩連各項費用合計不致逾十萬兩

之數等語該省此時防守情形本省防兵似已足

資調遣所留各省征兵仍著該將軍等隨時相度

陸續撤回勿致虛糜帑餉所奏查明來往逆船及

在粵洋停泊各船數目均已覽悉該將軍等務需

597

飭屬嚴密防範毋稍疏虞仍隨時查明奏報將此
由五百里諭令知之欽此欽遵寄信前來奴才等伏
查原奏內聲稱鎮海等處停泊夷船數十隻五
月初六日定海新到夷船二十一隻初九日又
到夷船四十餘隻或云來自天竺或云咈喃及
呂宋各夷等語查奴才等前次奏報逆船摺內自
四月至五月初六日止先後共出老萬山駛赴
浙洋者計四十七隻所稱鎮海定海兩處停泊
逆船自必即係四月內由粵駛往船隻但從前
據該營縣探報均稱該船係自𠸄逆本國駛來
並無聲明別國之說茲復細加採訪緣西洋諸
國總名為歐邏巴洲並無天竺國名目史載天

六

91

598

竺國一名身毒在月氐東南數千里其俗重佛
法又聞天竺一名印度嗌呀喇及喀布爾皆係
印度之一隅喀布爾即前此傳聞與𠸄夷打仗
之國嗌呀喇則𠸄夷屬國至咈喃國粵東未聞
其名亦無該國夷人來粵貿易惟咈囒哂每年
有貨船一二號到粵或即係咈囒西因夷語西
字是尾音以致傳寫不一本年春間咈囒西國
兵頭嗔嘚嚼及吐嗯喇管駕兵船來粵帶有素
曉華語之和尚咥嚧哝哩吋二人同來謁見曾
經奴才等將曉諭該夷情形奏明在案風聞該國
與𠸄逆兩不相下現因𠸄逆日強恐其蠶食早
已整頓兵船豫為防備呂宋在粵洋之東南該

七

90

599

國如赴浙江即由臺灣福建一帶北駛原不必
由粵洋經過有無船隻助逆無從而知聞該國
貧而弱自顧不暇未必能以兵助逆且該國商
船向在澳門貿易亦頗恭順惟訪聞海外各國
另有一種船隻名為西洋梛其船上多係黑夷
砲火俱備往往受雇於各外國代人打仗索價
數萬元至一二十萬元不等現在唊逆分授各
脊難保非此等船隻受雇在內該逆揷以旗號
即作為伊本國之船亦未可知 奴才等伏思咈囒
西與呂宋各國素稱恭順原可以理曉諭設法
解散惟該國是否與唊逆同惡相濟無從得其
確據且該國現無大兵頭在粵僅止小夷商貿

八

89

600

易自來便向其講說轉失
天朝體制查咈囒西兵頭于春間呈遞說帖本以代
唊逆講和為辭嗣因該兵頭吐嘿唎出洋後總
未再來 奴才等隨時體察情形如果有机可乘自
當因勢利導以靖逆氛而崇
國體至現在逆船情形自上次奏報之後由該國
續來小巡船一隻裝兵火食船一隻又夷目名
嚕七十餘門砲位大巡船一隻該夷目嚕即管
駕大巡船並十七號火輪船一隻及上年十一
月內來泊九洲之中巡船一隻均于七月初三
初九等日出老萬山向東行駛似赴江浙一帶
其在外洋瞭望由西南駛往東北外洋夷船計

九

88

601

三隻由東北駛回西南外洋夷船亦計三隻現
在香港尖沙嘴洋面尚泊嘆逆巡火各船四隻
港腳貨船躉船十五隻三板八隻另有嘆逆巡
火各船十四隻分泊于九洲潭仔內零丁三角
各洋面至本省防兵並水陸壯勇分撥各路要
隘三十餘處尚覺不敷守禦所有各省征兵一
千六百餘名仍應暫留調遣以期嚴密防範奴才
等自當隨時相度俟夷務大定即當陸續撤回
斷不敢虛糜餉帑餉仰副
聖主慎重軍儲至意所有遵
旨查明外夷船隻情形並現在籌辦夷務緣由理合
恭摺具

十

87

602

奏伏乞
皇上聖鑒謹
奏道光二十二年七月二十八日具
奏八月十三日奉
硃批另有旨欽此

十一

88

603

七月二十八日發　　奴才耆英臣祁𡊮梁寶常跪
奏為恭謝
天恩仰祈
聖鑒事竊奴才等於七月十八日接准兵部咨開道光
二十二年五月初十日內閣奉
上諭前因奕山等覆奏關天培陣亡時兵丁走散情
形跡近欺詐辦理錯謬當降旨交部嚴加議處茲
據該部議以革職定屬咎所應得奕山著革去御
前大臣領侍衛內大臣都察院左都御史從寬仍
留正紅旗漢軍都統與祁𡊮梁寶常均著改為革職
留任以觀後效欽此欽遵知照前來奴才等當即恭
設香案望

十二
85

604

闕叩頭祗謝
天恩伏念奴才等秉性庸愚賦質檮昧遂因讞獄之多
誤致干吏議之加嚴乃蒙我
皇上曲賜矜全量從寬宥
鴻施高厚欽感難名奴才等惟有激發天良竭盡心力
務使積愧生奮冀稍贖乎前愆庶幾帶罪圖功
藉勉期乎後效所有奴才等感悚下忱理合繕摺
恭謝
天恩伏乞
聖鑒謹
奏於道光二十二年七月二十八日具
奏八月十三日奉

十三
84

605

硃批覽欽此

606

再准兵部咨開内閣奉
上諭周天爵著賞給四品頂戴以知府候補迅赴江
蘇交耆英牛鑑差遣委用欽此又奉
上諭周天爵著馳驛迅速赴清江隨同麟慶朱樹李
湘棻辦理一切防堵事務欽此又准軍机大臣字
寄道光二十二年六月二十四日奉
上諭周天爵前已有旨發往江蘇以知府候補本日
復降旨令旨馳驛迅赴清江浦隨同麟慶等辦理
一切防堵事務著該將軍等飭令迅速啟程欽此
當即傳到周天爵恭宣
諭旨據周天爵呈稱前因奉職乖方致罹重譴圖效
未能悚惶正切迺蒙

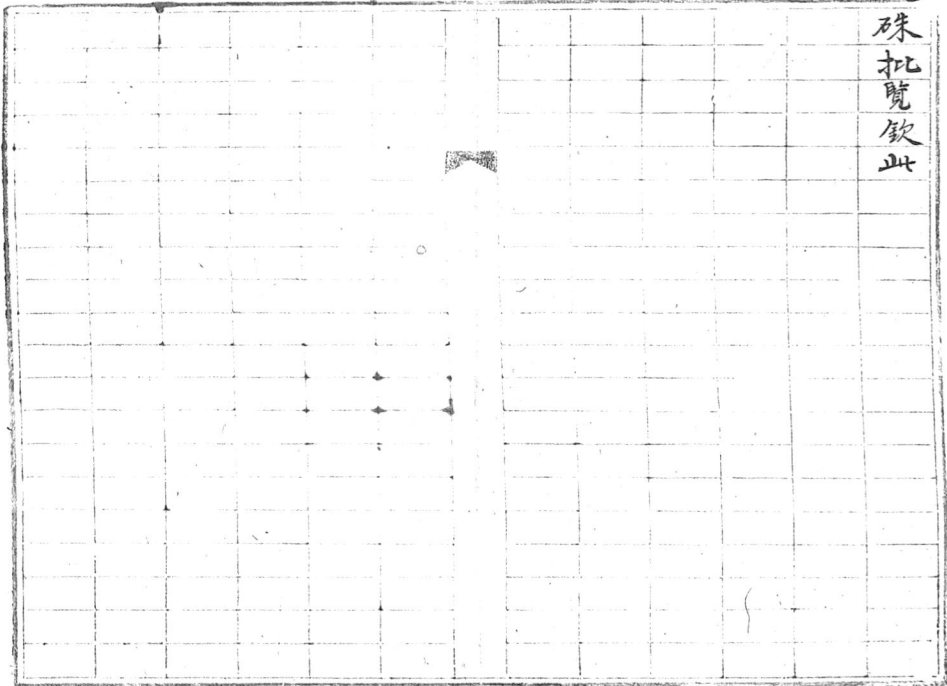

607

聖恩棄瑕録用感激汗顏跼蹐無地惟有竭盡駑駘
誓圖滅夷莫報
高厚于萬一理合呈請代奏叩謝
天恩又據周天爵呈称查有前發廣東軍犯孫培英
梁濟川陳文學劉廷隴等四名均能熟悉私梟
水手影黨及長江情形請帶赴清江浦軍前効
力等語臣等公同商酌自應准其將該軍犯等
帶往並催令該員即于七月十六日自廣東起
程迅速前赴清江浦謹附片奏
聞伏乞
聖鑒謹
奏奏

十六 81

608

硃批知道了刑部知道欽此

十七 80

609

再准兩廣總督祁　咨開道光二十二年七月
初五日内閣奉
上諭廣西左江鎮總兵員缺著感鈞補授欽此欽遵
咨照前来當即恭宣
諭旨茲據該總兵感鈞呈稱自上年調赴軍營派充
翼長一載有餘毫無報仰荷
聖恩補授左江鎮總兵沭
鴻慈之逾格非夢想所敢期惟有激勵戎行盡心防
禦仰報
高厚于萬一理合呈請抵情代奏叩謝
天恩伏查該總兵練達安詳辦理營務諸臻妥協自
應仍留軍營俟諸務大定再行飭令入都

十八
79

610

陛見謹將附片奏
聞伏乞
聖鑒謹
奏奉
硃批依議欽此

十九
78

611

道光二十二年八月二十九日奉到

軍机大臣　字寄

欽命靖逆將軍奕　兩廣總督祁　廣東巡撫梁

道光二十二年八月十三日奉

上諭奕　等奏查明天竺咈囒西呂宋等國夷船情形並現在籌辦夷務緣由一摺覽奏均悉天竺咈囒西呂宋等國既無聽從暎夷滋擾確據自可無庸究問至本省防兵並水陸壯勇據稱分撥各路要隘守禦其各省徵兵一千六百餘名仍請暫留調遣著該將軍等體察情形如有可以撤回之處著隨時陸續裁撤總期于防守無虞誤而帑項不至虛糜方為妥善將此諭令知之欽此遵

二十

77

612

旨寄信前來

廿一

76

613

道光二十二年八月初一日奉到

軍机大臣　字寄

欽命靖逆將軍奕　兩廣總督祁　廣東巡撫梁

水師提督吳　傳諭粵海關監督文豐　道光

二十二年七月十六日奉

上諭前因海疆防禦首重戰船降旨飭令粵省酌籌製造並將方熊飛原呈鈔給閱看茲復據金應麟奏請飭多備船隻其造舟之法如子母舟聯環舟及樓船走舸鬪艦海鶻游艇蒙衝並三層船兩頭船悶頭釘船皮船等項式樣不一著奕山等悉心體訪查明該少卿摺内所奏各船究以何項船隻最為得力即購備堅寔木料趕緊製造並將擬造

廿二 75

614

船式繪圖貼說具奏其該省洋商内如有深悉造船之法及力能設法購買夷船者並著文豐留心訪察加以激勸原摺著鈔給閱看將此諭知奕山祁塡梁寶常吳建勳並傳諭文豐知之欽此遵

旨寄信前来

廿三 74

615

大理寺少卿臣金應麟跪
奏為籌計水攻請
旨辦理事竊維逆夷猖獗皆由水兵畏懦無人以致
失事臣于道光十九年將鎮江兵船疲軟情形
具奏仰蒙
諭旨通飭在案伏思該夷所恃者舟前歲粵東由咪
唎㗰購得一舟拆而視之木甚堅硬用牛皮裹
包五層加以銅皮鉄皮又各包五六層其厚約有
尺餘方到木質是以砲子雖巨難于擊碎而桅
木極堅頂容多人可以施砲頗能及遠以此人
多畏之臣以為此乃中國之緒餘耳昔隋之攻
陳製為拍竿高五十尺敵舟近之無不立碎夷

616

人特稍變其法而牛革蒙船亦参用艨艟之法
無足異也夫籌議南省多以四川為根本川中
木賤兵強多不惜命較之湖廣更為得力今請
川造川舟楚造楚舟以運米為名預為之計即
使該夷潛通亦防江之要策聞粵等省亦以弭
盜為由各造船隻以資救應其造舟之法應参
用彼法而增損之大足勝小弱不敵堅或改或
造惟由所便如于母舟一項前長二丈後長一
丈五尺共三丈五尺兩边有板腹内空虛後藏
小舟連通連一覆母船艙内盡貯油砲艙前兩
腋各有釘鈎敵人迎拒即鈎其舟艙内縱火與
彼俱焚伏兵潛退開子船歸此宜備也如聯環

617

舟一項分為兩舟各三之一中聯以環前載大
砲毒火神烟舟首壯麗有倒鬚鈎後載之旁備
有數槳兵士逢賊釘住其舟順風縱火無往不
利前環既解後舟即回此宜備也如樓船一項
船上建樓共有三重各列女墻可置旂幟弩窗
矛穴砲車氈革無一不備安砲之地擂石鐵汁
形如小壘奔馳車馬亦所甚便倘逢暴風安錠
勿出此宜備也如走舸一項船舷之上列以女
墻所用棹夫皆係精卒如飛鷗往來甚速乘
人不及即襲其舟後多備金鼓用以號令此宜
備也如鬬艦一項百二十步受二千人以木為
城幔檣四開上可馳馬首畫怪獸以懼江神女

廿六
71

618

墻之式可蔽半身又各建棚與女墻齊後列重
墻亦置戰士上無覆背左右金鼓排立水次用
以爭戰此宜備也如海鶻一項頭低尾高前大後
小如鶻之形舷上左右置有浮板如鶻有翅用
助其船即逢風濤亦不傾側背左右蒙以牛皮
牙旂金鼓悉如常法此宜備也如游艇一項並
無女墻舟上設槳大小長短各隨其便或用車
輪激水轉捩回車轉陣其疾如風測候用之列
有攸往此宜備也如蒙衝一項用生牛革蒙船
首背加以銅片開掣棹空矢石難攻弩窗矛
穴近敵施之船不必大務在捷速乘人不防截
其歸路此宜備也有三層船一項竹木為包以

廿七
70

619

避矢石銃眼箭牕以之擊賊凡上下中分為三層首尾暗艙以通上下中層之內刀板釘板傍設坐槳來往甚速遇賊詐敗棄而與之精兵伏下待賊登舟机関一轉賊翻中層一逢刀釘無不皆倒此宜俻也如兩頭船一項縛之可轉兩頭製柁隨風可行外蒙牛皮内藏火炮用以設

伏敵所深畏此宜俻也如鬪頭釘船一項狀如板片並無傍墻中桅尾桅人在艙底柁工在上亦多掩蔽水拍船上不能沉沒其行甚速北人習之此宜俻也如皮船一項生牛馬皮竹木緣之狀如箱形烙之以火浮于水上一船二人以竿繫木相助而行此宜俻也凡此制度變而通

廿八

69

620

之推而廣之各因其宜各盡其用川廣之船足以制江閩粵之船可以防海此有俻無患之策也至於攻取之法先察風色夷砲在傍者多我師止攻頭尾如夷船頭南尾北有北風則攻尾有南風則攻頭若頭東尾西亦以東風攻攻西風攻尾既佔上風又避炮火而駛近夷船頭尾

我船又須斜向船頭撲攏船尾擺開方可多聚船隻火器亦不致悞擲如夷船頭東尾西我船察西風攻尾則近左者船頭應向東南其右者船頭應向東北恙用斜勢則炮火不致打入已舟餘可類推要在舵工轉舵之巧能者加賞數倍悞者戮及身家此不可不先習也須察潮勢

十九

68

621

潮順則得勝潮回則善避我軍得勢斜擊逆船首尾大約以四角分寄每角拖船不過容四隻其大者不過容三隻即四角合攻亦不過用十二隻至十六隻攻擊夷船一隻無不立燬此外多船亦可分擊他船不必聚於一處致多淩亂夷船吃水二丈之外我船不過數尺自遠處繞轉必能佔其上風如攻頭則必先打其頭鼻攻尾則必先開打其後艙後艙有玻璃者夷目所居火葯在焉破則火葯自發舵乃生銅所包炮打則斷舵斷鼻折則全船皆無主宰而拉篷之水手多在首尾擊之入海其船亦危此不可不先習也繼用燒法水艇五十上裝乾草油火配

卅

67

622

以火葯十分之二細以草繩蓋以葵席擊繫以鉄鍊冠以大釘甚極銳利泅者數人半身在水換槳而行船身甚低夷人炮火所不能及一經泉攏其木上以火然之無有不燬我船桅上再拋火罐揮用二人頭帶竹盔胸遮籐牌繫繩於背腰帶双刀備有火繩一人頭桅一人二桅其上之度窺與篷齊其下每桅又有二人拉以滑車預備火罐運拉而上桅頂之人隨時點放用之不竭船頭噴筒亦照此用我師遇船定可大勝此不可不也習也其餘避虛擊寔之法夷船長大吃水甚多船墻出水不過二三尺上甚空虛槍炮攻之每至落空專攻船墻以低為率萬

廿

66

623

無所逃逼近逆船必有毒烟甘草緼紅糖含之
立解夷船擱淺須用交帆以我帆檣交乱其帆
勾篙力挽彼不能出石擊船首亦所甚畏此又
不可不習也夫逆夷自嘉慶年間進貢之時言
語傲慢列發繪畫其包藏禍心已非一日有衅
固叛無釁亦叛今則犬羊之性更甚于前暫事
羈縻詎能久遠卧薪嘗胆肝食無休桑榆東隅
收功未晚寬以歲月持以定心無惜重賞無拘
文法蕞爾夷人有不足平者臣管見所及不揣
冒昧據寔陳伏乞
皇上聖鑒謹
奏

卅二

65

624

九月初七日發　奕　祁　梁　吳

奏為遵
旨議覆金應麟條奏各項船隻情形暨現在籌畫製
造戰船之法並將官紳等造成船隻及倣照夷
船式樣繪圖貼說恭呈
御覽仰祈
聖鑒事竊臣祁等承准軍机大臣字寄道光二十
二年六月十四日奉
上諭前據奕　奏廣東曾捐造大號兵船一隻頗能
駕駛出洋可見木料人工隨地皆有急公好義正
不乏人嗣後如有捐資製造戰船砲位者該督撫
查明保奏朕必照海疆捐輸人員從優鼓勵惟此

卅三

64

625

項船隻必難尅期成造事先務當審之又審斷不
可走漏風聲致有貽誤將此各諭令知之欽此又

奕等于七月十五日奉
上諭沿海向備戰船原以為巡哨禦侮之需近來各
省多年廢弛不能適用是以海氛不靖禦寇無資
廣東為沿海首要之區必應先行整頓前經降旨

諭令該省製造大號戰船自必早為籌畫妥密辦
理惟此項船隻無論大小總以堅固適用為主並
能於中間安放砲位若僅依向來水師戰船修造
仍屬有名無實著該將軍等極力講求雇覓工匠
迅將各樣大小戰船趕緊製造其式樣如何著先
行繪圖貼說馳奏呈覽如木料不能製堅寔製造

626

不能如法將來經朕派員查出惟奕　等是問倘
一時不克湊集如有可購買之處著即先行設法
購買欽此又于七月十六日奉
上諭前因海疆防禦首重戰船降旨飭令粵省酌籌
製造並將方熊飛原呈鈔給閱看茲復據金應麟奏
請飭多備船隻其造舟之法如子母舟聯環舟及
樓船走舸鬬艦海鶻游艇蒙衝並三層船兩頭船
問頭釘船皮船等項式樣不一著奕　等悉心体
訪查明該少卿摺內所奏各船究以何項船隻最
為得力即購備堅寔木料趕緊製造並將擬造船
式繪圖貼說具奏其該省洋商內如有深悉造船
之法及力能設法購買夷船者並著文豐留心訪

627

察加以激勸原摺著鈔給閱看將此諭知矣 初
梁 吳 並傳諭文豐知之欽此遵
旨寄信前來奴才等伏查該少卿金應麟具奏各項船
隻俱係徵諸載籍所論不為無稽惟是造舟之
法貴因時以通變尤貴因地以制宜往往有宜
于古而不宜于今宜于江而不宜于海者該少
卿奏称川廣之船足以制江閩粵之船可以防
海原非專指粵東一省而言而奴才等躰察粵
東現在情形自應專于講求防海禦敵之船以
期得力若如該少卿所称子母舟一項遇敵即
鈎其舟母船縱火與彼俱焚伏兵開子船歸聯
環舟一項分為兩舟中以連以環遇敵縱火前

卅 61

628

環既解後舟即回二者但可為焚燒敵船之用
又如走舸輕舟飛鷗海鶻如鶻有翅遊艇則回
單轉陣其疾若飛風蒙衝則開製掉空矢石难
破四者但可為掩襲敵舟之用至于樓船則建
樓三重可馳車馬闘艦則百二十步以木為城
但質体笨重昔人已慮其陡風暴起人力难制
又如三層船首尾造暗艙以通上下中層鋪刀
板釘板以設机關兩頭船兩頭製柁遇東風則
西馳遇南風則北馳以及閩頭釘船狀如板片
人住艙底每多掩蔽水拍船上亦不沉沒皮船
用生牛馬皮竹木緣之狀如箱形以竿繫木相輔
而行以上各項船隻式樣不一現在粵東者河

花 60

629

內如快蟹拖風及撈繒八槳等船似亦大同小
異然悉心體察僅可用之于江河港汊若施之
于茫茫大海則亦未見其盡善也匪特此也即
如粵東自上年造船以來紳士許祥光等捐造
船二隻左右設槳六十四枝輕捷便利若駛往
大洋又若于不能盪槳批驗所大使長慶承
造船一隻做照昔人兩頭船之法兩頭製柁中
設兩輪以激水左右設槳三十六枝以上三船
僅可備內河之緝捕之用廣州府易長華承造船
一隻較之例造大號米艇工價加倍雖可駕駛
出洋但木料板片未能一律堅緻亦難禦敵惟
查上年紳士潘仕成捐造船一隻做照夷船作

卅八 59

630

法木料板片極其堅寔船底全用銅片包裹以
防虫蛀現已調撥水師營弁兵駕駛逐日演放
大砲奴才等親往白鵝潭常川督令操練砲手已
臻嫻熟轟擊甚爲得力現在潘仕成續又造成
新船一隻照舊船加長工料亦仍舊堅固尚有
未造成二隻與此船同式督工趕辦約九月內
亦可造竣本年夏間有咪唎堅國兵船二隻護送
夷貨駛至黃埔該夷人告知通事等云伊外國
兵船結寔長大如
天朝官員想上船看視儘管來看等語維時南韶連
總兵馬殿甲署督糧道西拉本赴東路一帶稽
查壯勇與奴才吳建勲等登其兵船該兵頭呈獻

卅九 58

631

小三板船一隻伊國地理圖一冊隨佐加賞賚以示懷柔當即逐細察看該兵船分上下兩層安設大砲四十餘位均有滑車演放推挽極為純熟其尤靈便處中間大桅及頭尾桅均三截篷亦如之設值風暴即將上截桅篷落下較之我船桅係整枝尤覺適用譬如北風若行船自南而北即係頂風謂之折戧我船遲笨戧駛行似梭織夷船轉篷靈便戧駛畧偏風而行我船向用木碇棕繩若遇急流巨浪下碇不能抓地該夷船碇純用鉄造尤為得力隨覓巧匠照該船形勢製造船樣一隻奴才等公同閱看悉心籌畫逆夷恃其船堅砲利因我師船一能遠涉外洋

632

與之交戰是以肆行無忌監生方熊飛所稱額設船戰船例價甚輕監造者不肯賠累以致板薄釘稀難禦風浪係屬實在情形而該少卿所稱造舟之法寬以歲月持以寔心無惜重費無拘文法數語尤屬中肯此時如講求最為得力之船必須倣照夷船式樣作法庶堪與該夷对敵惟最大夷船砲位三層可安大砲七十餘位船身長十七八丈亦覺製造維艱茲擬就其中等兵船式樣如法製造並將官紳等造成各項船隻分別繪圖貼說恭呈

御覽伏乞

訓示祇遵至於採辦木料上年委員赴欽州一帶購

633

買擬稟洋面不靖安南木商不肯出海無從購
辦查堅實木料出產于外洋者居多現在設法
招商採辦並傳諭粵海關監督文豐曉諭洋商
購買夷船並據該監督呈稱轉據洋商稟稱現
在黃埔夷船俱係載貨來粵仍須原船載貨回
國未肯出售俟探聽進埔之船如有堅固願售
者再行設法購買等語至現在潘仕成造成戰
船一隻核實估價銀一萬九千兩該監督情願
指廉陸續發給無須動用帑項各等情理合一
併奏
聞再查製造戰船既取其工堅料實斷不能吝惜重
價必須先造大號戰船三十隻再造小號船三

四十二　55

此件未准錄送
硃批祇將十月十五日奉到
寄諭錄釘於後

634

四十隻既可為大船羽翼又可資洋面緝捕所
費實屬不貲臣等公商擬將粵東現屆拆造年
分例修師船暫停製造以冀節省經費為改造
大船之用惟每年節省為數無多容隨後籌出
款項再為奏明辦理謹合詞恭摺具奏伏乞
皇上聖鑒謹
奏

四十三　56

635

道光二十二年十月十五日承准
軍機大臣 字寄
欽差大臣廣州將軍伊 兩廣總督祁 廣東巡撫
梁 廣東水師提督吳 道光二十二年九月
二十五日奉
上諭奕山等奏製造戰船一摺據称快蟹拖風撈繒
八槳等船僅可用於江河港汊新造之船亦止備
内河緝捕難以禦敵惟在籍郎中潘仕成捐造之
船極其堅寔駕駛演放砲手已臻嫻熟轟擊甚為
得力並倣照咪唎堅國兵船製造船樣一隻現擬
酌照㖹夷中等兵船式樣製造並將年分例修師
船暫停節費為改造大船之用各等語朕思防海

53

636

事宜總以造船製砲為要各省修造戰船竟同具
文以致臨事時不能適用深堪憤恨此次所造各
船自不至拘守舊日式樣有名無寔據奏停造例
修師船改造戰船所辦甚合朕意均著照議辦理
惟海船大砲係屬懸放火藥發時勢必向後坐製
如何得有准頭現據該督等奏業已嫻熟得力著將
如何拖放之處再行詳晰具奏所進圖說各五件
著再繕就三分咨交江蘇福建浙江督撫本日已
有旨諭令各就該省洋面情形詳加覆勘何者合
用奏請製造並將原件發納（給）訥爾經額轉交托渾
布閲看如果合用將來均需粵省製造分運各省
據奏潘仕成所捐之船堅寔得力以後製造船隻

52

637

即著該員一手經理斷不許令官吏涉手仍致草
率偷減所需工價准其官為給發並不必限以時
日俾得從容監製務盡所長再俟夷就撫通商廣
東海口為夷船經由要道必應加意防範戰船現
已製造其餘槍砲器械應增應減無庸泥守舊制
總以精良適用為貴其口岸所安大砲及屯守兵
丁斷無令其終年擺列駐紮之理必應設法妥籌
期于有濟至臨敵之際如何逐層接應出奇制勝
水陸弁兵如何精選勤練務臻純熟船上岸上施
放槍砲各有機宜亦應分別講究並各處口隘如
何扼要固守種種善後事宜著伊　到粵後會
同祁　等悉心講求妥議具奏將此諭令知之欽

〇十六

51

638

此遵
旨寄信前來

〇十七

50

639

九月初七日發　　耆英　臣祁　梁　跪
奏為查明逆船來往情形並現在酌裁壯勇緣由
恭摺具奏仰祈
聖鑒事竊奴才等前奉
諭旨暎逆來往船隻必由閩粵各洋經過有無逆船
自粵赴浙抑或有逆船自浙南駛經過該二省洋
面之處著即探明隨時由驛迅速奏報各等因欽
此當經奴才等於七月二十八日將逆船來往情
形奏報在案自上次奏報之後忽于八月初六
初七等日有該夷九號十二號火輪船各一隻
回粵傳說在江寧停泊夷船有業經議撫之信
詢悉該船係于七月二十五日自江寧開行不

49

640

過十一二日即抵粵洋正在查訪間臣祁　等
適接
欽差大臣耆　等來咨以暎夷業經議撫所有被虜
夷人及被誘漢民一體懇
恩釋放二款欽奉
諭旨俱著准其所請等因欽此欽遵咨照前來始知
議撫之說確可憑信該九號十二號火輪船二
隻即于八月初九日駛回本國報信另有中巡
船一隻亦於八月十六日駛回本國其八月內
由該國新到夷船計裝兵船三桅大巡船及十
八號火輪船各一隻均停泊尖沙嘴又有十三
號火輪船一隻小巡船一隻中巡船一隻亦于

48

641

八月二十及二十六二十九等日由江南先後
回粵其十四號十六號火輪船二隻並十三號
火輪船一隻即于八月初四十二二十四等日
先後駛出萬老萬山前赴江浙一帶其在外洋瞭
望由西南駛往東北外洋夷船計二隻由東北
駛回往西南外洋夷船計八隻現在香港尖沙嘴
洋面尚泊有該該夷各項船一十一隻三板船五
隻另有該夷巡船裝兵船共十一隻分泊于九
洲潭仔內零丁三角各洋面察看情形尚為安
靜𠡠等伏思江南既經議撫從此即可息兵惟
該夷大幫船隻尚未全數駛回本國𠡠等先將
水陸壯勇酌量裁去四千五百餘名以節糜費

五十
41

此件未准錄送
硃批於將十月十五日奉到
寄諭錄釘於後

642

俟隨後接得江南來信如果夷情大定再体察
情形即將防兵征兵盡撤並將壯勇逐加裁汰
挑選尤為精壯者酌留三四千人分駐礮台防
守以便陸續收入行伍俾得食糧自効可冀悉成
勁旅所有𠡠等辦理緣由理合恭摺具
奏伏乞
皇上聖鑒謹
奏

五十一
46

643

道光二十二年十月十五日承准
軍機大臣字寄
兩廣總督祁 廣東巡撫梁 道光二十二年
九月二十四日奉
上諭奕 等奏查明夷船來往情形並酌裁壯勇一
摺覽奏均悉現在暎夷業已就撫著祁 梁
体察情形即將防兵征兵盡撤並將壯勇逐加裁
汰所有酌留兵勇三四千人分駐砲台防守以後
陸續收入行伍俾得食糧著照議辦理此項兵勇
務須認真挑選擇其年力精壯者分飭將弁等勤
加教練總期悉成勁旅堪資得力為要將此諭令
祁 梁 知之欽此遵

四十二

45

644

旨寄信信前來

四十三

44

645

再于本年七月二十九日承准軍机大臣字寄
欽奉
上諭聞推陞遊擊李致和現在廣東當差即選知縣
馬永熾亦在廣東帶勇該二員習知修築砲台訓
練籐牌等事著祁　飭令該二員挑帶籐牌手三
四名酌帶籐牌數十面來京聽用並著文　辦理
堅厚竹匳一百頂解交內務府造辦處毋稍遲誤
並傳諭文　知之等因欽此當即欽遵轉飭分別
辦理旋據推陞陝西遊擊李致和即選知縣馬
永熾具稟挑選善用籐牌兵丁四名飭令廣州
協外委姚麟管帶又挑善用籐牌壯勇四名並
製備籐牌八十面臣祁　當即逐加查驗繕給

五十四

43

硃批　此件未准錄送

646

洛牌並給發安家整裝銀兩飭令于八月十六日
自粵起程北上至應製辦之堅厚竹匳一百頂
臣文　亦已如數製辦併照式多備一百頂于
八月十三日專差家人齎赴造辦處交所納所
有臣等遵
旨分別辦理緣由謹附片奏
聞伏乞
聖鑒謹
奏

五十五

42

硃批 此件未准錄送

647

再于本年八月二十二日接准四川總督寶興
轉准兵部咨称道光二十二年六月十九日奉
上諭張必祿着迅赴江蘇交耆 差遣委用欽
此欽遵咨照前來努當即飭令候補都司張必
祿于八月二十五日自粤省起程迅速前赴江
蘇聽候差委理合附片奏
聞伏乞
聖鑒謹
奏

五十六

41

648

十月初一日發　奕 初一 梁
奏為粤省夷務漸定兵勇分別裁撤並查勘虎門
砲台尅日興工謹將辦理緣由恭摺具奏仰祈
聖鑒事竊努等前接江南諮撫之信當將壯勇裁撤
四千餘名並奏明俟續接江南信息如果夷情
大定再將兵勇分別裁撤在案茲于九月中旬
疊准
欽差大臣耆 等咨稱設法拊撫㖦夷業經奏明和
約條款並称夷船已于八月杪全行開駛由江
入海各等情咨照前來努等伏思江南夷務已
定自應將粤省兵勇酌量裁撤以節糜費當將
江西貴州廣西等省征兵一千五百五十餘名

五十七

40

649

分作三起撤回原營仍留各省官兵等四十二
名在軍營聽候差遣所有廣西征兵即派新授
左江鎮總兵盛鈞管帶營回營歸伍後該總兵
再行奏請入覲
陛見至本省防兵現已酌量裁撤陸續回營所有各
路壯勇前已裁剩一萬二千六百餘名現在截
至九月底止又裁去五千八百六十餘名因其
中多係遊手失業之人誠恐遣散後聚而為匪
酌留六千七百六十餘名分守各砲台要隘隨
後仍當逐加裁汰挑選最為精銳者三四千人
以便陸續收入行伍至於虎門砲台為省城保
障亟應修復前已委員矚辦石塊現准耆　等

五十八

39

650

咨称內地砲台墩堡城池次第修整該夷不得
攔阻等語自應乘時興辦以復舊規　奴才等于拜
摺後即會同水師提督吳　前赴虎門將各
處砲台週歷履勘詳加相度或擇地新築或變
通舊制總期形勢扼要足以資控制而固藩籬
容俟勘定後一面剋期興工督催趕辦一面將
勘辦如何情形繪圖貼說恭呈
御覽所有裁撤兵勇並親赴虎門查勘砲台緣由理
合恭摺具奏伏乞
皇上聖鑒謹
奏　十一月初九日奉
硃批另有旨欽此

五十九

38

651

道光二十二年十一月初九日承准

軍机大臣 字寄

兩廣總督祁 廣東巡撫梁 道光二十二年

十月十九日奉

上諭祁 等奏分別裁撤兵勇並查勘虎門砲台

即日興工等語所有酌留兵勇六千七百餘名分

守各砲台要隘著照所議辦理仍著該督等隨時

体察情形逐加裁汰排選精銳收入行伍至虎門

砲台為省城保障亟應修復著祁 梁 會同

吳建勳周歷履勘或照舊制修復或不拘舊制量

為通融辦理總期形勢扼要足資控制其購辦石料

並一切工程務臻堅固不准視為具文將就了事

652

事又另片奏請留李廷棻督修砲台等語各省官

員均有本任職守所有粵東督修砲台著該督

等另派幹員會同署糧道西拉本辦理仍責成吳

建勳督飭鳩工李廷棻著即飭赴新任毋庸留粵

將此諭知之欽此遵

旨寄信前來

653

再查上年八月間曾有前發廣東軍犯二百四
十餘名來營投効奴才等因思回疆軍營本有准
遣勇効力成案當將該軍犯留營派委遊擊郝
騰蛟督同弁兵教演技藝自為一隊前已將辦
理緣由奏明嗣後准軍机大臣字寄道光二十
二年五月初三日奉
上諭再軍犯二百四十餘名既挑該將軍等留營効
力自未便遽設解散著即責成管帶之員認真稽
察嚴行約束毋令別滋事端是為至要欽此奴才等
伏思回疆軍營調派遣勇防守出力曾于軍務
告蕆後奏請免罪釋回在案此次該遣勇投効
粵東軍營年餘以來極為慨奮出力現當夷務

35

654

大定自應援案奏請
恩施查有官犯原任山東知縣廖炳奎拔貢謝邦鈞
二名派充頭目認真稽查又軍流徒各犯羅鳳
祥等二百三十五名又前次奏明江蘇候補知
府周天爵帶赴清江浦軍犯孫培英梁濟川陳
文學劉廷隴等四名俱係在軍營防堵出力合
無仰懇
皇上天恩均准其免罪釋回如蒙
恩准奴才等即將該犯等分別咨送回籍交地方官嚴
加管束毋許出外滋事一面造冊咨送刑部查
核再查有廣東已革外委梁恩陞前因犯案發
遣新疆尚未起解即值㗋夷滋事經原任總督

34

655

琦善派令該革弁招集水勇定力堵禦嗣因打
仗出力經奴才奕　賞給軍功頂戴又因地方不
靖誠恐匪徒在洋面搶刼派令該革弁帶領快
蟹船數十隻梭織巡緝年餘以來拿獲要犯至
二百餘名之多實屬緝捕勤能奮勉出力亦應
請
旨准其免罪發遣仍准留營効力如果始終奮勉再
行拔補弁缺以示鼓勵謹附片具奏請
旨伏乞
皇上聖鑒謹
奏　十一月初九日准
軍機大臣處知會

656

貴督等具奏免釋軍犯片　件本日奉
硃批另有旨欽此尚未奉有
諭旨片留本處備查為此知會

657

道光二十二年十一月初十日准
兵部火票遞到道光二十二年十月二十一日
内閣奉
上諭祁　等奏官犯及軍流徒各犯在廣東軍營投
效出力懇恩准予免罪等語已革山東知府縣廖炳
奎著加恩准其免罪釋回所有軍犯流徒各犯羅鳳
祥等二百三十五名及軍犯孫培英梁濟川陳文
學劉延隴等四名均著加恩准其免罪釋回即將
該犯等分別咨送回籍交地方官嚴加管束毋許
出外滋事一面造冊咨送刑部查覈至已革外委
梁恩陞係聽從開設窑口從重發遣新疆之犯已
革拔貢謝邦鈞係吸食鴉片煙擬流之犯情節較

31

658

重梁恩陞著仍照例發遣謝邦鈞著不准其免罪
釋回該部知道欽此

30

659

再前奉
諭旨傳諭粵海關監督文　勸令洋商購買夷船該
監督首先倡捐銀一萬九千兩置辦夷戰船一隻
又捐銀三千兩鑄造戰船需用砲位砲架復勸
令洋商伍秉鑑潘正煒等各購買夷船一隻現
因黃布（埔）停泊夷船多係載貨來粵未肯出售俟
隨後探進穗進埔夷船如有堅固願售者仍當
設法廣為購買是其辦理妥速殊堪嘉獎在該
監督受
恩深重固不敢仰邀甄敘而勞等又未敢泯其勞績
可否將該監督文豐
賞戴花翎之處出自

六十九　八　29

660

皇上格外天恩謹附片具奏請
旨伏乞
聖鑒謹
奏　十一月初九日奉
硃批尚有應辦之事如果甚有成效朕自有恩施也
欽此

七十九　28

661

道光二十二年十一月初九日承准
軍機大臣 字寄
兩廣總督祁 廣東巡撫梁 道光二十二年
十月十九日奉
上諭文 奏曉諭洋商購買夷船一摺據稱洋商伍
敦元購買咪唎㗎國船一隻潘紹光購買呂宋夷
船一隻駕駛靈便又紳士潘仕成造成戰船一隻
試驗足以禦敵等語著祁 等撥歸水師旂營交
提督吳建勳督飭備弁等認真操演其船隻妥為
存泊毋任日久損壞並著曉諭該紳商等多方購
造務期木料堅固堪備捍禦之用為要將此諭令
知之欽此遵

七十

21

662

旨寄信前來

七十一

26

十月十九日發

奏為遵　　　　　　　　　　　　奕　祁　梁

旨查明覆奏仰祈

聖鑒事竊奴才等承准軍机大臣字寄道光二十二年

七月二十二日奉

上諭有人奏近得一書名演砲圖說係丁拱辰所著

此人曾在廣東鑄砲演試有準亦曉配合火藥之

法著奕　祁　查明是否寔有丁拱辰其人現在

曾否在粵所製砲台砲位果否堅固適用拟寔具

奏又聞廣東造得火輪船亦頗適用著即繪圖呈

進并將是否內地匠役製造每船工價若干一併詳

悉查明具奏將此諭令知之欽此欽遵寄信前來

七十二

25

伏查丁拱辰係福建監生前來軍營投効呈獻

象限儀一具測量演砲高低之法當經奴才等

于上年冬月間親往燕塘地方用象限儀測視

演放尚為有準因該監生頗知急公曾賞給六品

軍功頂帶以示獎勵在案嗣該監生著有演砲

圖說一冊係講求演砲準則如干配合火藥以

及修築炮台鑄造砲位等事亦只有論說未經

親為製造旋經署督粮道西拉本即就原書詳

加考校因該監生所論間有拘執及自相矛盾

之處逐條另為簽出與之講究該監生始行領

會該道復于團練壯勇之時或在平地低處或

于砲台高處先立範于水面用象限儀測視演

七十三

24

放大砲往往中靶者多該道與丁拱辰互相參
酌擇其演砲要法另擬圖說數則言簡意賅刊
刻多張懸掛砲台俾人人易曉現在駐守各台
壯勇俱能深明其法其台上砲架一律製造滑
車絞架推挽亦極靈便除另製象限儀二具文
齎摺差弁帶兵京呈進外茲將丁拱辰所著原
書及該道西拉本更訂數條各繕一冊先附報
便咨送軍機處呈進呈
御覽至于火輪船式曾于本年春間有紳士潘世榮
雇覓夷匠製造小船一隻放入內河不甚靈便
緣該船必須機關靈巧始能適用內地匠役往
往不諳其法聞澳門尚有夷匠頗能製造而夷

七十四 23

人每造一火輪舟工價自數萬元至十餘萬元
不等將來或雇覓夷匠做式製造或購買夷人
造成之船由臣祁　等隨時酌量情形奏明辦
理查查本年六月間紳士潘仕成獨力報效不
惜重貲雇覓咪唎嘿國夷官壬雷斯在僻靜寺
觀配合火藥又能製造水雷擬該紳士聲稱所
製水雷一物尤為巧(精)利用　弩等曾派人在彼學
習技藝俟將來造成後如果演試有效該紳士
自行派人齎送到京聽候閱驗合併陳明所有
弩等遵
旨查明各緣由理合繕具摺具
奏伏乞

七十三 22

667

皇上聖鑒謹
奏 十二月初一日奉
硃批另有旨欽此

七十六

21

668

道光二十二年十二月初一日承准
軍机大臣 字寄
兩廣總督祁 廣東巡撫梁 道光二十二年
十一月十一日奉
上諭祁 等奏查明演砲圖說係六品軍功頂帶監
生丁拱辰所著曾經西拉本更訂數條現將原書
及更訂之本附報呈進等語覽奏均悉火輪船式
該省所造既不適用著即無庸雇覓夷匠製造亦
無庸購買其紳士潘仕成所製火藥水雷如果造
成演試有效著即送京呈覽將此諭令知之欽此
遵
旨寄信前來

七十七

20

669

再查上年七月間招募水陸壯勇三萬餘名分
布各路要隘三十餘處設立團練局揀派鎮道
大員彈壓稽查(察)勤劳懋著現在軍務告蕆自應
查明尤為出力之員先行鼓勵以昭激勸查有
南韶連鎮總兵馬殿甲高廉道易中孚自前年
秋間派赴前山澳門等處防堵出力嗣復調回
省垣會同候補道西拉本辦理練勇事宜復週
歷各鄉勸諭紳耆分成團練該道西拉本因各
勇未嫻紀律會同總兵馬殿甲奔馳各隘口訓
練諄諄若父兄之教子弟而于鎗砲尤令加意
講求務臻嫻熟復于各砲台添製滑車絞架以
期演放得力年餘以來辛勤備至奴才等未便泯

七十八

19

旨在 奕將軍同日所奏起程回京並請鼓勵出力員弁一摺奉到上諭內

670

其勞績馬殿甲請
賞加提督銜易中孚請
賞加鹽運使銜西拉本係
京察一等記名欽奉
特旨留于廣東以道員候補之員請遇有廣東道員
缺出由軍机處提奏請
旨簡放並懇
賞加鹽運使銜可否量予鼓勵之處出自
皇上天恩謹附片具奏伏乞
聖鑒謹
奏 十二月初一日奏
硃批另有旨欽此

七十九

18

671

奏

奴才奕　跪

奏為粵省軍務大定兵勇分别裁撤謹將交代善

後事宜並起程回京日期恭摺奏

聞仰祈

聖鑒事竊奴才于十月初一日拜摺後即馳赴虎門查

勘砲台前已奏明在案初八日自虎門回省行

八十

672

抵東莞縣途次接准兵部咨開九月十四日内

閣奉

上諭奕　著來京供職所有隨帶人員俱著回京當

差欽此又准督臣祁　等咨稱承准軍機大臣字

寄九月十四日奉

上諭本日已明降諭旨令奕　來京供職其前曾帶

之兵丁練勇等著交該督會同提督分别應撤應

留奏明辦理欽此欽遵咨照前來伏查奏調來粵各

省征兵一千五百餘名已于九月秋分起裁撤

其隨營官兵四十二名尚有經手未完事件者

除咨部暫留外餘俱撤回歸伍其本省防兵由

督臣隨時酌撤至各路壯勇截至九月底止尚

八十一

16

673

存六千七百六十餘名自應仍照前奏逐加
裁汰以節糜費挑選最為精銳者酌留三四千
人收入行伍由督撫臣分別應撤應留隨時具
奏所有虎門各處砲台耆會同督臣祁　水師
提臣吳建勳週歷履勘詳加相度或地勢有未
宜或修造不如法必須酌量變通以期形勢扼
要方足資控制而固藩籬隨後由督撫臣將勘
辦情形繪圖貼說奏明辦理再查本年六月二
十八日奉
上諭該省西北鄉紳士聯名呈請于石井社地方建
立昇平社學糾合數十村莊居民捐措銀一萬餘
兩雇覓丁壯團練自衛遇警並聽調遣敵愾同仇

674

深知大義著查明首倡義舉之人如有才具堪勝
文武之任者即擬定保奏候朕施恩並剴切曉諭
該省各府州縣均應照此團練自衛並備調遣將
來如果得力自當從優獎賞即軍務告竣未經調
撥應用者亦必概加賞賚務期材力信出禦侮有
資方於海疆武備大有裨益各因等因欽此仰見
皇上鼓舞羣才微勞必錄至意查粵省自上年六月
撤兵以後夷船屢駛至大石四沙及赤灣角黃
埔一帶各洋面遊弋窺伺節經耆會商督撫臣
奏請招募壯勇分鄉團練欽奉
硃批此是緊要得力之處勉為之欽此又奉
上諭逆夷反復無常必應隨時設備該省現練有水

675

陸義勇三萬六千餘名並將各鄉丁壯分成團練
着派委員弁管束認真訓練加以激勸俾收實效
欽此欽遵各在案努會同督撫臣揀派鎮道大
員督率員弁勸得各路要隘三十餘處分佈水
陸壯勇勤加操練聲勢極為聯絡該夷雖屢次
尋衅見各處防範嚴密始不敢闖入內河肆行
滋擾日下夷情大定沿海各口岸安堵如常闔
省士民僉稱㘁夷此番滋事他省多受兵燹之
苦而粵東尚未甚遭蹂躪此皆仰賴
聖主鴻恩練勇衛民始得享昇平之福惟現在壯勇
尚未盡撤所有團練局在事出力之文武員弁
紳民統俟撤局時由督撫臣酌量奏請鼓勵其

八十四 13

676

奏
旨飭查石井社紳士首倡義舉之人以及各鄉自行
捐資團練之士民亦統由該督撫遵
旨查明核實保奏努自統兵到粵以來寸功未建咎
無可辭惟念調赴軍營員弁以及隨帶人員差
遣委用將及兩年備嘗辛苦查向來軍務告蕆
所有出力之人均得仰邀甄敘歷年辦理在案
此次出力員弁人數較多斷不敢稍涉冒濫亦
未便泯其微勞謹擇其尤為出力之員酌量保
奏繕具清單恭呈
御覽仰懇
恩施格外量予鼓勵以昭激勸努于拜摺後即率同

八十五 12

隨員貴州石阡府知府福　通判銜董　即

日起程回京覆

命合併陳明理合恭摺具奏伏乞

皇上聖鑒謹奏　二十二年十月十九日奏　十二月初二日奉

硃批另有旨欽此　十一月十一日內閣奉

上諭葉　奏自粵回京請鼓勵出力員弁開單呈覽

軍營文武員弁果能殺賊立功一經奏到朕必破

格施恩優加陞賞至隨營差委練勇防堵並未與

賊接仗若遽予議叙必致沿海各省紛紛濆請寔

屬冒濫所有此次單開各員及另片二件懇請鼓

勵之處均不准行欽此

八十六 11

謹將查明隨帶人員並調派軍營差委員弁將

及兩年始終奮不辭勞瘁擇其尤為出力者核

寔保奏敬繕清單恭呈

御覽

謹開

貴州石阡府知府福奎自上年隨帶軍營一切

差委均能奮勉出力該員老成謹慎練達安詳

可否請

旨記名以道員簡用之處出自

天恩

健銳營前鋒校德奎請以委前鋒叅領升用

湖南鎮筸鎮遊擊王灼請以叅將儘先升用

八十七 10

679

廣東饒平營遊擊郝騰蛟布政司庫大使呂樹
梘均請
賞戴藍翎
武進士候選營守備施溥請以營守備遇缺即選
廣東督標千總黃榮亮請以守備儘先升用
江蘇候補知縣丁國恩請以俟補缺後以應升之
缺用先換頂戴
拔貢候選直隸州州判顏士欽請免選本班以
應升之缺遇缺儘先即選
應補府經歷陳廷璋請以府經歷遇缺即選
六品軍功頂戴即選未入流高道生章恩海陸
以耕均請免選本班以府經歷縣丞遇缺儘先

八十八
9

680

即選
隨營供事莊廷栩六品軍功頂戴丁拱辰董為
楫均請以從九品未入流遇缺儘先即選
即選未入流喬元縉請俟選缺後以應升之缺
儘先升用
山東新城縣典史杜毅請俟到任後以府經歷縣
丞遇缺儘先補用
廣東候補鹽運司知事喬應庚請免補本班以
運庫大使批驗所大使遇缺儘先補用
廣東合浦縣巡檢陳昌言請以縣丞遇缺儘先
補用
廣東永安縣知縣錢燕詒合浦縣丞双祿即補

八十九
8

681

從九品張震即選從九品陸長生均請文部從
優議敘

九十

682

再肯前請將原任吏部郎中董作模仍留軍營
辦事于本年五月初三日奉
上諭奕 奏請將隨帶司員分別撤留等語董作模
著准其仍留軍營欽此欽遵在案查董作模從前
犯事原案係在郎中任內因聽受假道員浚
春台囑託商同司員德禧撥接案及請經浚春台
餽送銀一百兩嗣因查明係屬銷案自行檢舉
將浚春台奏請撤回惟未將受謝一節檢舉經
刑部科以自首不實之罪照事後受財律革職
擬發新疆奏調南路措辦文案查勘屯田經肯
歷蒙參贊大臣恩特亨額疊次保奏
賞給頂戴該職員自上年來營投効又因捐砲出力

九十一

683

保奏奏
旨賞給通判銜伏查新例內載文職人員除實犯貪
酷各款不准捐復外其餘常例不准捐復而情
節尚有可原者准其加成報捐等語茲核其原
案並非實犯贓私實係檢舉在先情有可原似尚
非不准捐復之員且查該職員自上年派在團
練局協同鎮道訓練各路壯勇又總辦大營奏
咨文案俱能經理裕如而于修台鑄砲造船之
法復悉心講求動中窾要海疆情形亦爲熟悉
年餘以來實係始終奮勉不辭勞瘁洵屬軍營
中最爲出力之人在該職員有悔過自新之機
在

九十二

旨在奕將軍同日所奏
起程回京並請鼓勵
出力員弁一摺奉到
上諭內

684

聖朝有棄瑕錄用之典況現值破格用人之際察看
該職員年力正壯不甘廢棄尚堪量加錄用可
否請
旨即以通判用出自
皇上格外天恩謹附片具奏伏乞
聖鑒謹奏二十二年十月十九日奏十二月初一日奉
硃批另有旨欽此

九十二 4

685

3

686 END

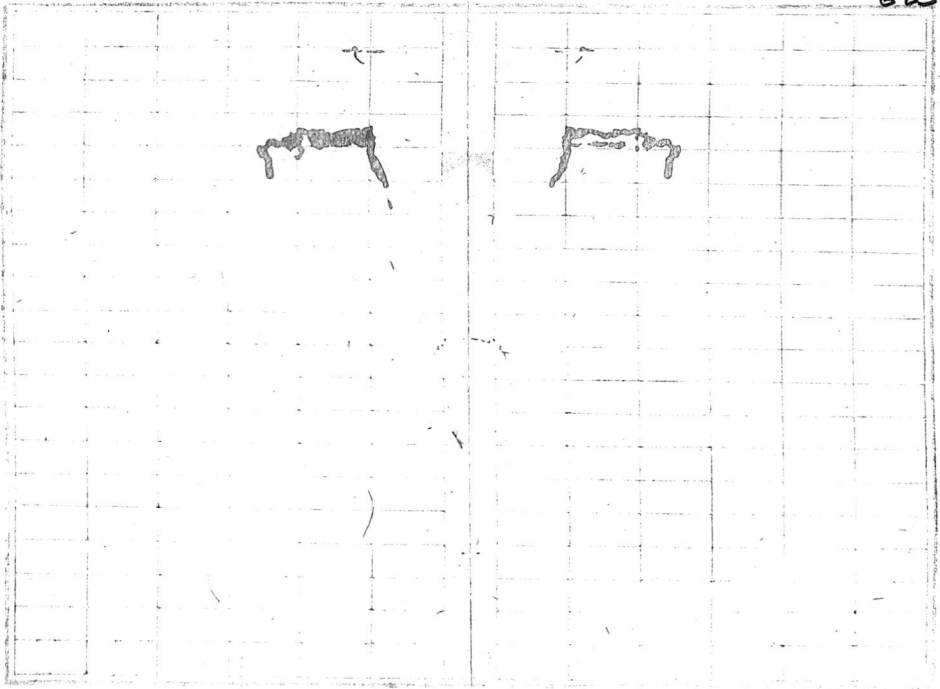

F.O.682/279A/6(56)

王漢標致祁相國信稿

再去冬奉
上諭令廣東捐資助餉　督撫兩憲當即行文各屬出示曉諭一面派各紳士就近在省城自備資斧設局辦理官階銀數悉照例定章程此外並無絲毫雜費並於局中紳士酌派數人分往各處以此次捐輸名爲廣西助餉寔爲廣東保障等詞力爲開導月餘來業經辦有頭緒遞呈紛紛頗爲踴躍已交庫者三萬餘兩未交者亦期在開春陸續呈繳適奉到部文只准捐官不准兼收常例又令廣東所收銀兩儘數解赴廣西由西省造冊報銷到部方准獎敘此示一出雲消雨散竟無有過而問者細詢其故僉云我等半皆商賈不曉做官所圖者不過頂戴榮身就近交兑一得庫收便可了事且省却多少雜費即以從九職銜而論此地祇需銀八十兩若兑京捐辦統計正項並兑費部費等項除印結外尚約需銀一百一十餘兩將來執到部照往往遲至一年有餘數既多寡懸殊時又遲速迥異爲此不便是以中止至其中捐官者百無一二兩部議此次籌餉事例四月一卯按卯開選廣東捐輸必令解赴廣西又俟廣西造冊報銷到部方准獎敘向來軍需報銷至速必五六年方能了結彼時始予獎敘則選補無期誰肯向前勇往況吾人竭蹷趨公亦大半爲鄉里起見若將此項全解廣西不留餘地萬一本省需用又將

何所取資此固小民愚見亦窒礙難行之實在情形也竊維
部議不過以常例移之外省一旦京餉不敷無從設措果爾
何不即令廣東將常捐收項仿照捐監事例儘數解京以充
餉用或恐各省紛紛效尤不成事體然此次廣東開捐係奉
特旨暫時交辦一俟大捐停止即概行截數并非永以為例且此
事亦唯廣東可行與他省情形不同似可無庸過慮至部議
儘數解赴廣西俟西省造冊報銷方准議叙誠為防弊起見
然俟西省造冊報銷時始給獎叙則捐生未免向隅似應量
為變通庶幾兩無妨礙　身在局中目擊情形不敢置之不
理又不敢苟且從事以致徒有虛名毫無寔濟不揣冒
昧覼縷附陳惟
夫子察而教之幸甚幸甚

F.O. 682/137/1 (28)

貴國将[illegible]
子遠離數萬里之外與我相爭兵連禍結
何時可了豈不大拂
上天好生之德乎
天道惡盈而好謙悖情理者
昊蒼帝佑我中國亦惟戒盈守謙成敗利鈍一聽
之於
天命
貴國最敬者
天最重者信倘得盡達隱情上邀
帝鑒同好棄惡休兵息民自今以後
貴國仍得享利無窮

貴公使之為本國効忠立功豈不更光明
磊落哉若夫兩軍對壘互有傷殘此皆各
忠其主不足為怨又況我中國本未興戎
因
貴國相攻而自為守禦
貴國遠來固多靡費我中國三年防守其
費不更相倍蓰耶本部堂一介書生未嫻
軍旅仰蒙
皇上畀以封疆重任不敢不竭盡心力報答
君恩而目擊生民流亡遷徙土匪到處搶刦寔
屬疾首痛心自問生平毫無所長惟此血

誠一片足以矢天日而告鬼神用特開誠

布公遣弁賫文投告望

貴公使權衡夫天理人情速決大計熟慮

而審處之倘本部堂有一語失寔神人共

殛須至照會者

右　照　會

大英國欽奉全權公使大臣璞

道光貳拾貳年肆月　貳拾　日

F.O.682/138/4(5)

[redacted]

遵將𠸄夷案內製造火藥每百觔需用例價工料銀兩開列清摺呈

閱

計開

淨硝捌拾觔每觔銀叁分柒厘捌毫計銀叁兩零貳分肆厘

淨磺拾觔每觔銀叁分壹厘計銀叁錢壹分

淨炭拾觔核用荒炭貳拾觔每觔銀壹厘伍毫計銀叁分

木柴肆拾觔每觔銀陸毫計銀貳分肆厘

水膠壹兩每觔銀肆分計銀貳厘伍毫

匠工捌工伍分每工銀伍分計銀肆錢貳分伍厘

碾具銀壹錢

以上需用工料銀叁兩玖錢壹分伍厘伍毫

謹將各營道光七年至二十二年公費案內支銷祭品羹費飯食燈油等項銀兩原冊造銷及奉駁刪減請銷各數開列呈

閱

計開

道光七年原冊造報請銷銀九千三百八十一兩六錢三分奉　部簽駁原冊共應核刪銀貳千叁百九十五兩九錢六分九厘五毫除前二次覆造刪減銀一百八十七兩四錢三分八厘現在請銷銀九千一百九十四兩壹錢九分二厘

道光八年原冊造報請銷銀九千零捌拾五兩七錢九分三厘貳毫除前二次覆造刪減銀二百零九兩四錢四分現在請銷銀捌千捌百七拾六兩三錢五分三厘二毫

道光九年原冊造報請銷銀九千零八拾八兩零八分三厘除前覆造刪減銀二百一十四兩三錢三分四厘現在請銷銀八千八百七十三兩七錢四分九厘

道光十年原冊造報請銷銀九千三百一十四兩五錢六分三厘除前覆造刪減銀一百一十六兩二錢七分現在請銷銀九千一百九十八兩二錢九分三厘

道光十一年原冊造報請銷銀九千一百四十九兩四錢六分二厘柒毫除前覆造刪減銀一百三十五兩二錢零四厘現在請銷銀九千零一十四兩二錢伍分八厘柒毫

道光十二年原冊造報請銷銀九千五百零九兩三錢零四厘除前覆造刪減銀壹百五十兩零八分六厘現在請銷銀九千三百五十九兩二錢一分八厘

道光十三年原冊造報請銷銀九千二百一十兩零三錢一分三厘除前覆造刪減銀一百三十九兩二錢九分九厘現在請銷銀九千零七十一兩零一分四厘

道光十四年原冊造報請銷銀九千零五十二兩四錢四分七厘八毫除前次覆造刪減銀三十五兩七錢九分五厘現在覆造再加刪減銀二十兩零一錢一分六厘八毫實請銷銀八千九百九十六兩五錢三分六厘

道光十五年原冊造報請銷銀九千五百六十八兩六錢五分五厘除前次覆造刪減銀二兩二錢八分一厘現在覆造再加刪減銀二十一兩八錢四分六厘實請銷銀九千五百四十四兩五錢二分八厘

道光十六年原冊造報請銷銀九千一百八十二兩六錢二分四厘除前次覆造刪減銀三兩五錢六分現在覆造再加刪減銀一十九兩九錢六分六厘實請銷銀九千一百五十九兩零九分八厘

道光十七年原冊造報請銷銀九千一百五十八兩零三分九厘除前次覆造刪減銀九兩八錢四分八厘現在覆造刪減銀二十兩零二錢二分八厘實請銷銀九千一百二十七兩九錢六分三厘

道光十八年原冊造報請銷銀九千三百二十二兩零六分八厘除現在覆造刪減銀二十一兩八錢零四厘實請銷銀九千三百兩零二錢六分四厘

道光十九年原冊造報請銷銀八千九百二十七兩四錢六分八厘除現在覆造刪減銀二十兩零一錢六分一厘實請銷銀八千九百零七兩三錢零七厘

道光二十年原冊造報請銷銀八千九百零七兩六錢五分九厘除現在覆造刪減銀二十兩零一錢五分五厘實請銷銀八千八百八十七兩五錢零四厘

道光二十一年原冊造報請銷銀九千四百零五兩四錢四分零五毫八絲八忽除現在覆造刪減銀二十一兩八錢零二厘五毫八絲八忽實請銷銀九千三百八十三兩六錢三分八厘

道光二十二年原冊造報請銷銀八千九百一十四兩七錢四分六厘除現在覆造刪減銀一十九兩九錢三分三厘實請銷銀八千八百九十四兩八錢一分三厘

F.O.682/112/2 (5)

[redacted]

今將二十一年奉調各省來粵防剿兵丁數目開列

計開

貴州省各營頭起兵一千一百零一名 紮北較場

貴州省各營二起兵一千零五十三名 紮北較場

貴州省各營三起兵五百一十七名 紮北較場

江西省各營兵二千零二名 內五百名紮城南之五仙門迤東一帶城上餘紮東西得勝二處

四川省各營兵二千名 內六百名分巡靖海太平油欄竹欄五仙等五門城下各處餘紮東較場

湖南省各營兵一千五百四十四名 初紮烏埇續紮城南之迤東永清門一帶城上又續分紮保釐砲台北營盤

湖北省各營原調兵一千五百零九名 分紮四方砲台一帶三處營盤

四川省各營續調兵一千名 紮東較場

湖南省各營改調來粵兵一千零四十名 紮燕塘墟營盤

湖北省各營改調來粵兵一千八百四十名 紮燕塘墟

廣西梧州協兵三百名 紮城南西水閘至五仙門一帶城上

雲南省各營兵五百零五名 紮北較場

廣西省各營續調兵二千名 紮佛山鎮改紮燕塘墟

四川省各營續調兵一千名 紮西砲台城下

以上各省各營共兵一萬七千四百一十一名

奉調本省防夷兵丁數目開列

計開

督標六營兵一千四百四十名另駐防兵二百名

撫標兵二百名

陸路提標兵一千八百名

惠州協兵一百名

南韶鎮標兵七百名

大鵬營兵一百二十名

三江協兵三百名

平海營兵一百二十名

增城營兵三百名

碣石鎮兵一百五十六名

清遠營兵二百名

永靖營兵二百名

順德協兵七百名

水師提標前營兵二百名

新會營兵六百名

香山協兵二百二十名

以上共調兵七千五百五十六名分紮各處砲台土台卡口營盤巡船快艇等處防守

招募壯勇數目

省城壯勇一百五十二名

洋行壯勇四百八十七名

天字馬頭壯勇四百餘名

潮州壯勇三百名

彭縣丞水勇五十名

以上壯勇共一千三百九十餘名

[redacted]

走私漏稅積弊久矣自封關以後為弊尤甚從前止於漏稅今則通外夷以困中土其害愈大其罪愈深此嚴禁之法所宜亟講也第揆時度勢不能禁於水并不能禁於陸我無師船與之爭鋒固無論矣即船隻聯絡橫截隘口而查私之艇即包船送私之艇試思五月初十日舟師未失利以前其貨物出洋如故也此水之不能禁也西關河南耳目切近挑運貨殖跋涉往來可禁也今則於窮鄉僻壤肩挑背負送下農艇墟渡轉遞夷船其村莊散處離城窵遠委員所不及稽查兵役所無從巡邏此陸之不能禁也為今之計惟有不節其流而清其源不追其去路而窮其來路或者尚可挽回於萬一乎夷人所需者外省客貨則湖絲大黃茶葉本地所產則土茶土絲白糖其大端也湖絲等類自湖南入樂昌境先抵韶州太平關若令韶關於報稅之時將貨物多少客商姓名字號詢其或往佛山或往省城居停是何行戶設號簿逐件註明給票券以憑勘驗酌定五日十日約為一帮派人押令同往到佛山則於同知衙門報明到省則於南海縣丞衙門報明由該同知縣丞轉報軍需總局其貨物並非出洋或轉售他客者仍不之禁但亦須就地方分別稟知以杜淆混如此則驅之走漏亦所不敢土絲則出於南海屬之九江沙頭官山等鄉順德屬之龍江龍山黃連勒樓甘竹等鄉者居多土茶則鶴山之某某鄉清遠之某

某鄉廣甯屬之岡屯地方者居多白糖則聚於東莞縣屬之石龍墟其次則歸善縣屬之淡水墟此其大較也凡出產之地查明共幾堡共幾鄉現在各有團練公局擇首事中之公正廉明者數人令曉諭俟夷務平定方可通商目前土絲土茶除本地自行買賣流通外概不准出洋求售違者送官治罪貨物充公並令查明某村收成若干積貯若干畝定五日十日分報地方官由官點驗清楚轉報省局仍許以辦有成效從優獎叙舞弊者從嚴革究惟白糖則東江一帶出產太多礙難稽核惟石龍淡水等處為萃滙之所兩墟俱有公局亦可責成紳士令設法杜其下河之路嚴立查察之方該處並非通都大邑即按船按渡檢核想亦較易仍令幾日一報地方官某店現收白糖若干舊貯若干即着該店出具不敢走私甘結呈官後轉報省局如此辦理似亦簡便所謂不節其流而清其源不追其去路而窮其來路者也此外則有懸立重賞之法密諭各鄉衿耆拏獲私貨者一半繳官一半充賞無論十萬數十萬之值概不吝惜計較則貪利之夫諒亦有聞而興起者矣以上畧就管見抒陳一二是否有當伏候

鈞裁

2

F.O.682/340B/3(1)

P.1

菊翁先生大人閣下頃奉
還書備聆一是弟昨赴陳村與黃鎮軍面商後即
回平洲此間逆匪兵火船隻均退大石大尾大黃
滘砲台之砲亦運下匪船大有竄逃之勢現已
准備退剿矣年賞一事黃鎮軍新到之船人數
未齊無從查開俟廿八九到平洲後再行查明奉

F.O.682/340B/3(1)

P.2

聞可也此肅即請
勛安維希
荃照不備　愚弟沈保頤頓首　廿六日

3

P.3 end

T.E.O.682/340B/3(1)

再啓者此處營帶紅單拖罟各船官弁及紅單船主已備席遍請過年約計酒席銀六十兩另外年費內只需船伍弁可以毋須發送年敬矣其南固頭之蘇海籌費時候之際自備固不在此處仍請照向年發送

尊意何如　頤子又

2

1

[redacted]

查道光廿二年夷務之初無論捐銀到官及民間自行興築砲台等事均照海疆捐
輸章程奏奬嗣後疊開河工屯田豫工各例所得實在官階與及現行常例所得職銜
銀数均與海疆捐輸例頓減數倍故據前督撫憲續奏請奬均請按照新開捐例銀
數核辦又續奉 上諭無論修船鑄砲建台均與出力將士無異着各請奏聽候破格施
恩等因故虎門各砲台有由官領銀建造或由紳民自捐興築者各皆按照捐例計
貲請奬奉准在案今若不援照籌餉新例請給實在官階不照現行常例請給職銜

18

而僅援照海疆經費予獎寔屬向隅此次文适等疊奉城西公局伍紳士等轉奉
中堂鈞諭命為勸捐督辦均各踴躍樂輸惟有仰乞 中堂仍賜查照現開捐例奏請
寔為公便　再此案只有文适首事等三人計資請給寔在官階其餘均係職銜封
典並無浮冒理合聲明
查紳士楊文适等捐建砲台係屬民捐民用並不交銀到官自未便援照從優請獎據詳
此次東省善後事宜如有捐修城垣砲台等項工程關係緊要有益于軍需者即准其
援照捐輸海疆章程給予獎叙毋庸從優請予寔在官階封典及指省分發補用
以示區別等情應即如詳辦理以杜冒濫而昭激勵仰即叙具妥請先行呈請具
奏俟奉
俞允再行轉飭欽遵辦理仍候
撫院批示繳

查二十一年撫夷銀六百萬元案内除商等認捐一百四十二萬元計重九十九萬四千兩外餘將公項挪墊銀一百萬零六千兩二十二年江南咨追商欠三百萬元案内除應還實在商欠銀二百三十餘萬元外餘將公項挪墊銀六十餘萬元約重四十餘萬兩二共約將公項挪墊銀一百四十餘萬兩均非商等應填之項不過當日仰體憲意暫行以公墊公耳故自裁商後商等屢將遺欠公項一百四十餘萬兩懇請設法調劑歷經稟明在案延至二十五年始奉　堂訊勒令商等認還分十二年攤繳其撫夷遺欠銀兩准以

奏請

恩施自二十五年起遞年已陸續完過銀六十餘萬兩現在未完遺欠各款數目謹列於後

計開

一欠借捐回疆軍需銀三十二萬一千餘兩

此款每年繳銀六萬兩計至道光三十三年限滿

一欠代還萬源茂生公項共銀三十一萬六千餘兩

此款限於道光三十四五兩年完繳

一欠糧道放關分頭共銀一十一萬九千餘兩

此款限於道光三十六七兩年完繳

一欠二十一年撫夷案内提撥庫款賞給英夷銀二百二十萬兩

此款現奉　部限自道光三十八年起分限十五年完繳

謹將各衙門辦理軍務經清各書姓名開列呈候

獎勵

計開

撫憲衙門

正稿房書吏九品頂戴宗聲揚　九品頂戴鄧清輝　書辦湯汝霖　九品頂戴何應矩

劉恒　郭滿

副稿房書吏余士瑚　馮仲榮　書辦梁芝　戴安　陳晋安

錢糧稿房書吏八品頂戴黄蘊玉　黄從濤　書辦吳玉銜　梁為泉

黄俊　文德昌　黄萬生

正本房書吏呂佩璇

副本房書吏劉鴻 羅大魁 書辦劉 樞 劉舜華

承發房書吏麥 鈞 湯福謙 書辦何進光

柬房書吏梁 森 譚 智 書辦陳藻鑒 鄧 安

卷房書吏趙 昇 何承禧 書辦趙熙錦

咨揭房書吏麥舉聰 杜德齡 書辦顏令言

牌票房書吏梁家麟 陳作善 書辦梁啟成

副稿等房書辦姚瀚鏡 龍泰光 羅 沛 湯秉康 譚錫綬

陳懋選

以上各書四十五名俱奉行彙併援案詳請獎勵內

有外賞頂戴各書四名可否請以九品職銜

無頂戴各書四十一名可否請以八品頂戴

均擬應咨部給

均擬請 貴衙

藩署衙門撥局辦理文案

聲息科經書彭　傑　清書麥　盈

兵房經書李友梅具前于道光二十一年辦理嘆夷軍需二十四年詳蒙 題奉 部覆准九品頂戴

清書李馭雲

工北科經書黃汝承　清書李持平

掛號經書陳　忠

以上經清書七名內李友梅一名可否請以九品職銜 擬請咨 部給以

彭傑麥盈等六名可否請以八品頂戴 均擬請 賞給

提調局經書李　震前于道光二十一年辦理嘆夷軍需報銷案內蒙保 奏奉 部以未入流劄定儘先選用並可否請以從九品不論雙單月遇缺儘先選用

清書鄧爲訓前于道光二十一年辦理嘆夷軍需報銷案內奉准外賞九品頂戴並可否請以九品職銜 擬請咨 部給

清書葉　平

葉春熙　以上清書三名可否請以八品頂戴 擬請 賞給

爵閣督憲衙門書吏朱
奉行局稟棄請獎

FO.682/68/1(4)

而已又聞英夷每以多人聞有供給牛肉之屠戶即將當職其事者

日必牛肉一千磅與英夷一千磅除此外一千磅不知從何名有能查出

有新安某牛肉店有多少存貨否知其詳者可付陸壽記帶出

信送呈

貴當家採納為幸之此信

附件走之

弟[illegible][illegible]具 十月廿九日

內函送交

黃翰齋六兄升啟

[illegible]

護

書

月落潮退時、用開平船或六隻、或四隻、每兩隻連環順流而下、將至鬼船放錨之處、令船尾鐵練觸扣其錨、即夾鬼船兩傍、縱火焚燬、每船一隻約用水勇六名、掉至其處、燃點火線、即可泅水埋岸、另用扁艇數隻前後遠遠接應、以保水勇無虞、

開平船載火具法

船艙先鋪泥漿在底、次將松柴鎮平、後將棉胎鋪面、棉胎以桐油濕透、以松明間架之、然後置樟腦油、硫磺、信石、羊毛、雞毛、椒粉、松香、颯藥、等物、又每船分配花荷三四十枝、其火必高騰數丈、鬼船之帷幔自燒、取勝可保、

開平船長約七丈、船尾鐵練約用二十餘丈、辦作販買往來、

月落潮退時刻

十二日夜間二點半鐘月落　一點半鐘潮退

十三日夜間三點半鐘月落　二點半鐘潮退

十四日夜間四點半鐘月落　三點半鐘潮退

此三夜月落潮退時、正鬼子倦歇之候、即可依時放號、

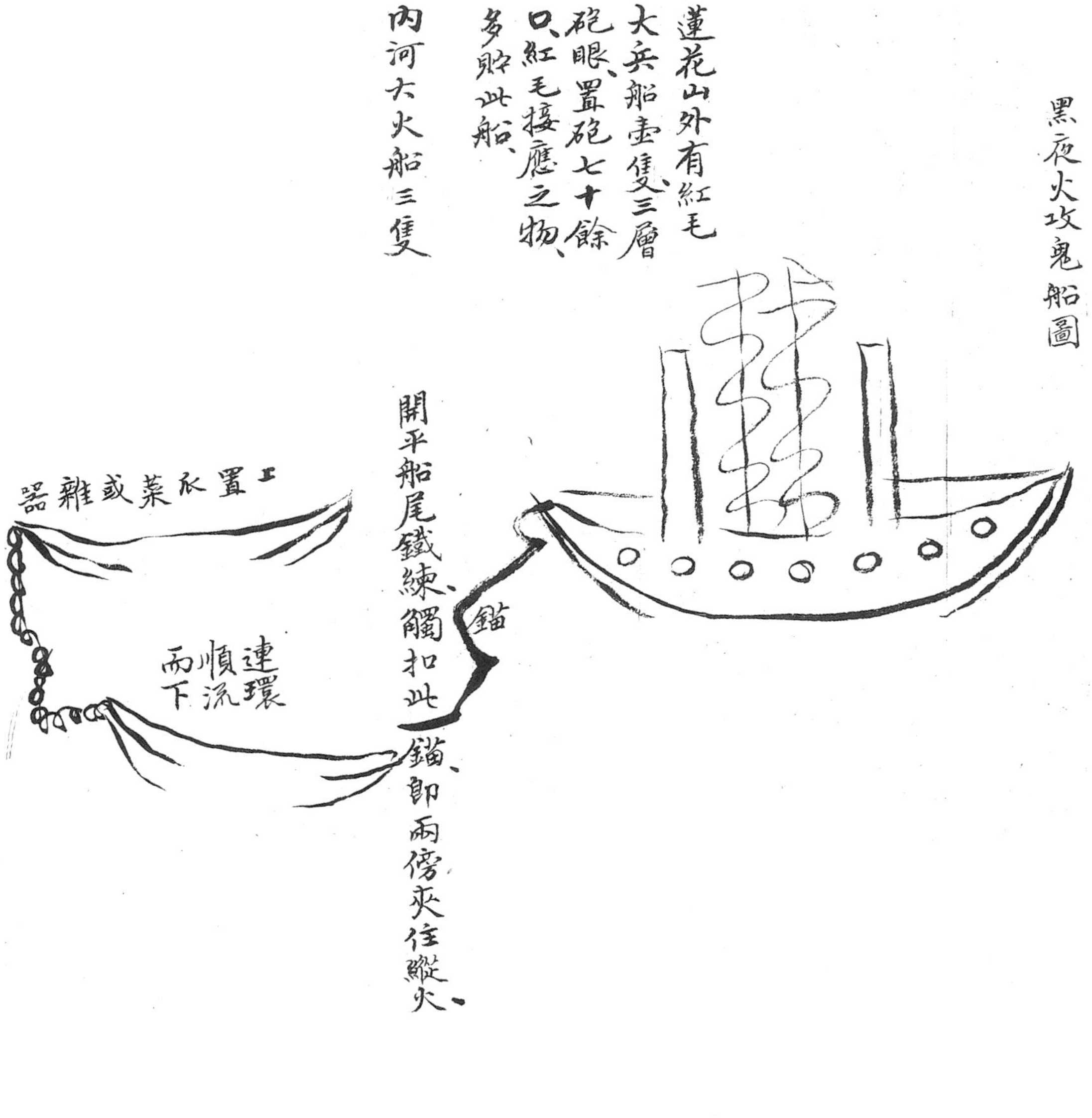
黑夜火攻鬼船圖
蓮花山外有紅毛大兵船壹隻、三層砲眼、置砲七十餘口、紅毛接應之物、多貯此船、
内河大火船三隻
開平船尾鐵練、觸扣此錨、即兩傍夾住縱火、
錨
上置衣菜或雜器
連環順流而下

謹將弁兵受傷酌賞銀數開列呈
覽核給
虎門兵
一等傷十名冊定每名八兩共銀八十兩現每名給銀四
圓共四十圓折實銀二十八兩八錢 又另給藥資約
銀一十三兩零
二等傷四名冊定每名六兩共銀二十四兩現每名給二
圓共八圓折實銀五兩七錢六分
三等傷二十五名冊定每名四兩共銀一百兩現每名給
一圓共二十五圓折實銀一十八兩
平海兵
一等傷三十八名冊定每名八兩共銀三百零四兩現
許給每名銀三圓多亦不過四圓共一百五十二圓
折實銀一百零九兩四錢四分
二等傷三十四名冊定每名六兩共銀二百零四兩現許
給每名二圓共六十八圓折實銀四十八兩九錢六分
三等傷三十二名冊定每名四兩共銀一百二十八兩現許
給每名一圓共三十二圓折實銀二十三兩零四分
以上通共照冊應給銀八百四十兩現共酌給銀
二百四十七兩計減銀五百九十三兩
外受傷各弁五名因無明文尚未定數

FO.682/325/4 (21)

一擬用草扁艇貳隻每隻載火葯拾伍擔上面蓋板以布捲火葯為引用善水壯勇貳名用鉄鍊拾伍丈兩頭綰住扁艇尾壹隻由火船北壹隻由火船南在上流而下一至火船橫架其鉄鍊必被火船鉄纜攔住則兩扁艇必被水流近火船身邊水勇用火点引下水而潛現查省河泊有紅毛火船叁隻共用扁艇陸隻相約同時而動另派小船壹隻瞭望見夷船被焚則放火號即駛紅單船捌隻到海珠南邊劄住用大砲擊上臺上隨用小船數隻渡水勇各携火礶軍械上臺捕獲如鬼子由北邊而走則用紅单船貳隻劄在海珠東北邊如有鬼三板及鬼子走出即以此兩船開砲轟擊繼率紅单船全帮而攻沙腰砲臺克復就在臺邊劄營並配兵勇大砲防守獵德肆臺亦調各拖船劄臺邊以護之

一擬克復沙腰砲臺先晚初更時候雇渡船叁隻配壯勇貳百名內鎗手壹百名牌刀手壹百名叁船分載貳隻泊在三山水口壹隻泊在白蜆壳候至次早見省河火船大火昇騰三山水口兩隻即作閒時渡船過往之様攏近新築之坭砲臺邊一齊擁上攻入白蜆壳壹隻又駕起桅帆駛近沙腰台大埠頭擁入兩頭夾攻此台現存鬼子不過叁肆拾名定能取勝如既取勝在沙腰台後豎大白旂壹枝

又於行事是晚初更雇長船貳雇鑚砲眼工人拾伍名配礪子數萬斤火葯數千斤俱用白布包住或伍斤壹包或陸斤壹包或二三斤壹包外用字號斤兩泊在白蜆壳候至次早見沙腰台後有白旂豎起即將兩船駛近台邊將礪子火葯起上台上以應大砲之用而得此貳百壯勇固守後駛紅单船護之

謹將擬請派員撥船駐守內洋各處河面以杜奸民接濟逆夷伙食逐一開
列恭呈
憲覽
計開
一內洋香山新會交界之竹洲頭卅海通九江甘竹江門陳村佛山西
南省城等處為奸民往來最要之區可否請派委員協同林司馬
帶林勇巡船十號前往專守竹洲頭並香山口芙蓉沙尾一帶河面
另撥林勇數百名堵守香山城截其往澳門陸路查此路係澳門西
之西海最要者常有漢奸出入宜嚴密盤詰
一派委員管駕紅單船六七號在新會屬之塔東河面扼守新
會一帶河面
一派委員會同順德協衛派營船數隻嚴守橫門河內截其
西入香山順德東入陳村省城之路以免奸民接濟
一派委員借撥順德協營船二隻管駕前赴紫泥內外河面巡守
盤查各船隻載運伙食
一派委員帶巡船二隻在斜西頭駐守東莞屬之斜西頭河面免
奸民接濟
一派員帶船二隻在淡水河內巡緝以截石龍增城船隻運濟伙食
一派委員駕船一隻在廣濟墟之平埔口盤詰奸民接濟